另一种声音

海外汉学访谈录

增订版

季进 编著

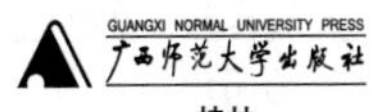

·桂林·

LING YI ZHONG SHENGYIN: HAIWAI HANXUE FANGTAN LU

图书在版编目（CIP）数据

另一种声音：海外汉学访谈录 / 季进编著. --增订本. --桂林：广西师范大学出版社，2022.7
ISBN 978-7-5598-4765-2

Ⅰ. ①另… Ⅱ. ①季… Ⅲ. ①汉学－文集 Ⅳ. ①K207.8-53

中国版本图书馆 CIP 数据核字（2022）第 028365 号

广西师范大学出版社出版发行
（广西桂林市五里店路 9 号　邮政编码：541004
网址：http://www.bbtpress.com）
出版人：黄轩庄
全国新华书店经销
北京盛通印刷股份有限公司印刷
（北京经济技术开发区经海三路 18 号　邮政编码：100176）
开本：787 mm × 1 092 mm　1/32
印张：14.125　　字数：280 千字
2022 年 7 月第 1 版　　2022 年 7 月第 1 次印刷
印数：0 001~6 000 册　　定价：69.00 元

增订版序

季进

大概从二〇〇四年开始，因缘际会，我的学术方向有一部分转向了中国文学海外传播的研究。我们曾在苏州大学策划了“海外汉学系列讲座”，邀请海外学者来苏演讲，同时作一些对谈，陆续整理发表了若干篇访谈，产生了一定的反响，特别是那篇《我译故我在：葛浩文访谈录》，可能是葛浩文比较早的关于中国当代文学译介的夫子自道，所以深受欢迎。虽然这些访谈有的内容或已时过境迁，但是敝帚自珍，我一直视为自己学术生命中的重要标记。这些访谈中的大量信息和思想刺激，直接影响了我们关于海外中国现代文学研究的反思。如果没有这些非常重要的基础性的访谈，可能也没有我们后来的《英语世界中国现代文学研究综论》这本著作。当下的海外学界已然发生很大的变化，但以访谈的形式见证中国文学海外传播的浩荡洪流，引介信息，反躬自省，以至积累文献，依然是海外中国文学传播研究的题中应有之义，也是推动海内外学术对话的重要方式，不可轻忽。

陈平原曾说，中国文学与文化的现代转型，不妨有一种声音的现代性。虽然他所关心的是演说，但同理以推，这些访谈或许也形塑了一种近似意义上的现代？比起那些高深的晦涩理论，这些回归语言现场的活泼言论呈现出一脉更为平易近人的治学理路，同时也大大弥补了海外汉学著作的翻译总要迟来一步的遗憾。更为重要的是，借着对话的形式，让这些海外学者夫子自道、自省自察，既省却了吾辈隔靴搔痒的揣摩猜度，也让文化的交流走向更深一层。这些海外学者致力于异域语境中中国文学的流播，既有中学的造诣，又有西学的烛照，乾坤浩荡，笔底澎湃，让海外汉学的中国文学研究与传播焕然一新，成为一道亮丽的学术风景线。

于我而言，每一篇访谈，都是一次美好的记忆和难得的缘分。记得二〇〇四年三月，我第一次拜访夏志清先生，在他家坐拥书城的客厅中，畅谈三小时。整理而成的《对优美作品的发现与批评：夏志清访谈录》，颇受夏先生好评。谁能想到，在夏先生身后，我竟有机会协助夏师母王洞女士整理编注了五卷本的《夏志清夏济安书信集》，现在又在继续做《夏志清夏济安学术年谱》。疫情之前，每年都要去夏师母家搜集资料，那间著名的客厅和纷杂的书房成为我熟悉而亲切的空间。人与人之间的缘分真是不可言喻。如今重读这些访谈，最想感谢的是曾经接受我访谈的老师和朋友们。即便在访谈结束以后，我也会不时在那些场景与时光中流连，品茗聊天，如沐春风，恰似孔子讲“风乎舞雩，咏而归”。虽然不用说“胜读十年书”的套话，但确实有时看似琐碎的闲话，却悄然渗透了这些学者深厚的学养，也透露了无限的话语机锋，正如龚自珍诗所云：“万人丛中一握手，使我衣袖三年香。”

二〇〇八年，我曾将部分访谈结集为《海外汉学三家访谈》，请乐黛云老师作序，交付出版。可是由于种种原因，三家访谈未能出版。二〇一一年有机会把其他访谈与三家访谈合并成集，由复旦大学出版社出版，再次求乐老师作序，乐老师依然一口答应，重改序言，老师提携后进的热情与宽容令我感动。乐老师从文化交流与文化融合的高度，充分肯定海外汉学的学术价值，明确海外汉学在推动不同文学的多元理解与融合方面的作用，高屋建瓴、丝丝入扣，成为我这些年研究中国现当代文学海外传播的重要指引。这个增订版，当然保留了乐老师的序言，在某种意义上，乐老师的序言既是学术性的指引，也是精神性的力量。

从二〇一一年到现在，转眼已经十年过去了，旧版本早已杳不可寻。承蒙广西师范大学出版社不弃，提议出版这本访谈录的增订版，我欣然同意。原因除了敝帚自珍的私心外，更重要的是，这些访谈中所提出的很多问题和思考，比如关于中国当代文学海外传播的挑战、中国文学的物质文化研究路径、中国文学与世界文学的关系、中国当代文学的翻译等话题的讨论，至今仍不算过时，甚至渐成热点。旧作新订，或许可以为相关的讨论增加一些花絮。此次增订，增加了近年新作的四篇访谈，即《说唱文学与文学生产：伊维德访谈录》、《全球化下的人文危机：李欧梵访谈录》、《退热？升温？中国现当代文学在法国：何碧玉、安必诺访谈录》、《关于概念、类别和模糊界限的思考：罗鹏访谈录》，其他一仍其旧。这些访谈曾经发表于《当代作家评论》、《书城》、《文艺研究》、《文艺理论研究》、《渤海大学学报》、《上海文化》、《南方文坛》等刊物，谢谢朋友们的支持与厚爱。谢谢我的合作者钱锡生、余夏云、胡闽苏、王吉、周春霞等朋友或学生。另外四篇附录，都是我指导博士生或硕士生所作的独立访谈，现承蒙他们的允许，一并收入集中，以便更好地呈现海外中国文学研究的面貌。可惜的是，一些曾经来访的海外学者，比如胡志德教授、田晓菲教授、黄英哲教授、罗然教授等，由于种种原因未能作访谈，希望以后还有机会弥补，让更多的声音参与到中国文学研究众声喧哗的话语场之中。

最后，特别感谢广西师范大学出版社编辑的精心编校，让这本小书有机会再次与读者见面，重新唤醒那些访谈和对话的美好记忆。此时的心情，真可以借用钱锺书《谈艺录·引言》中的那句话，“何意陈编，未遭弃置，切磋拂拭，犹仰故人。诵‘印须我友’之句，欣慨交心矣”。

二〇二一年十二月十八日于苏州

初版序

乐黛云

二〇〇八年，我为季进的《海外汉学三家访谈》写了一篇序言，可是由于种种原因，书稿没能如期出版。这两年，季进又邀请了不少海外汉学名家到苏州大学访问演讲，他的海外汉学访谈系列也越来越丰富。现在他将这些访谈重新汇编成集，索序于我，我精力所限，没有时间重新写序，而且原序中所讨论的问题、对这些访谈的观感，依然有效，所以只对原序略作修改，权充新序。

我很高兴地看到，季进的访谈对象，已不仅仅限于中国现代文学研究领域，还扩展到了中国古典文学研究领域。我正在主编一套海外汉学家的研究丛书，其中就包括了宇文所安、阿瑟·韦利等人，讨论中国文学海外传播过程中，这些汉学家跨文化、跨语际的立场所发挥的重要作用，这些访谈为我们的研究提供了第一手的鲜活材料。我希望有更多这样有深度的海外汉学访谈，能够既尊重文化差异和汉学家独有的文化视角，又以自觉的文化意识依托本土资源与之展开平等对话。这样的访谈以及相应的海外汉学研究，对于我们考察中国文学的海外传播、思考中国文化的输出战略、建构中国文学的世界性维度都是极有意义和价值的。

目前国内关于海外汉学的访谈著作并不少见，但在我看来，都不像这本《另一种声音：海外汉学访谈录》，能如此既概观全局，又深入核心；既通透历史，又执着现状；既有理论深度，又是朋友间闲话家常，娓娓而谈，使访谈内容于不知不觉间，渗入读者心田，臻于润物细无声的妙境。关键在于访谈者季进对海外汉学有着深厚的了解，对孕育汉学的西方理论也有较多的积累；又与这些汉学名家有较深的交谊和较长的交往，能在谈笑间摒除一般难以避免的隔阂、俗套和遮掩，直击心灵深处和事件核心；加以详密的准备，颇有技巧地将谈话循循诱导，使被访谈者沿着访谈者预设的思路，步步深入，并得到充分发挥。正因为如此，我欲罢不能地读完了《另一种声音：海外汉学访谈录》，颇得欣然忘食的喜悦，并有多处共鸣。

我想着重谈谈其中海外中国现代文学研究三大家的访谈。我们都知道，夏志清-李欧梵-王德威，连结成一个在美国研究、品评、传播中国现代文学的难以超越的轴心。我所谓难以超越，一方面是指他们三位之间的学术师承关系，以及三十余年来他们共同培育出来的一支遍及美国各地的中国现代文学的优秀师资和学者队伍；另一方面则是指他们为中国现代文学这一学科的开拓、深化、创新所作出的不可磨灭的贡献。

夏志清-李欧梵-王德威，三家轴心，在国外构成了一个与时俱进的中国现代文学研究的谱系，其研究成果形成了内在的衔接。他们对于中国现代文学学科的贡献当然首先是对该学科的拓展与建设，特别是关于现代性的论述。先是夏志清在他的《中国现代小说史》中对钱锺书、沈从文、张爱玲、张天翼（后来还有萧红）等给予了长期被忽视的、应有的高度评价，为中国现代文学研究确立了一个新的历史框架和新的批评标准。

接着，李欧梵对中国现代文学的现代性问题进行了深刻的研究，作出了独特的贡献。他首先强调，如果要研究现代文学，就必须界定什么是现代性，什么是中国的现代性。从这一点出发，他提出"五四"模式的路数似乎狭隘了一点，比较注重启蒙，比较精英，难以全面描述现代文学的全景。因此他从晚清出发，来寻找现代性与"五四"的关系，以及它对整个二十世纪中国文学发展的影响。他自己总结说:"我走的路不是理论的路，不是把现代性的理论作为一种理论来探讨，而是从史料里面，从印刷文化里面来研究。所以《上海摩登》里面前四章全是上海物质文明的东西，包括上海的建筑、上海的印刷、上海的报纸、上海的电影。从这个环境里面，我们才能够看得出来什么叫作中国文学的现代性。"李欧梵认为，当西方这一套现代的东西传入中国时，必然会受到中国人根据其自身的文学想象加以取舍，这种进入到中国文化领域里的"现代"

就马上变了质，变成中国特有的东西，“它既不是传统的东西，也不是西方现代的东西，而是一种四不像”，正是这种四不像大大扩展了中国现代文学的研究范围，也在一定程度上增益了中国现代文学的特质。在这个基础上，李欧梵进一步提出现代性的观念并不是某种移植，而是来自对历史的激烈对话，现代性的历史性应是“从事现代研究者最严肃的功课”。而历史性又不只是指过往的经验、意识的累积，同时也是指时间和场域、记忆和遗忘、官能和知识、权力和叙述等种种资源的排比可能。李欧梵说：“我做学问的方法，是把文化研究和文化史连在一起，希望自成一家。”他做到了这一点，因而大大开拓了中国现代文学研究的理论场域。

王德威进一步以更开阔的视野提出：“我认为中国文学的现代性不能以特定时期、公式、创作或阅读群体来断定，现代性的意义也不在于内烁真理的呈现，而在于对历史坐标的不断定位。”他认为在经历了一个世纪的理论、批评热潮之后，借着晚近中西学界对历史和叙述、历史和想象的重新定位，文学应该被赋予更多与史学对话的机会，并以文学的虚构性来拆解大历史的神圣权威，以历史的经验性来检验、增益文学创作和文学理论。文学和历史之间千丝万缕的关系，应该是建构和解构文学（后）现代性的最佳起点。王德威认为，在现代的情景下，应打开地理视界，扩充中文文学的空间坐标，尽量把华语文学的场域全部拆开，让它们都处于同一个平台，重新组合成文学对话的空间，而众声喧哗的复杂性、丰富性，正是华语文学深邃广阔的内涵之所在。事实上，在离散和一统之间，现代中国文学已经铭刻了复杂的族群迁徙、政治动荡的经验，难以用以往简单的地理诗学来涵盖。在大陆、在海外的各个华人社群早已发展了不同的创作谱系。因此，“衍生的国族想象、文化传承如何参差对照，当然是重要的课题”；而二十世纪九十年代以来的现代中国文学研究早已离开了传统文本的定义，成为多元、跨学科的操作。已有的成绩至少包括电影、流行歌曲、思想史和政治文化、历史和创伤、马克思和毛泽东美学、后社会主义、跨语际实践、语言风格研究、文化生产、大众文化和政治、性别研究、城市研究、鸳鸯蝴蝶和通俗文学、后殖民研究、异议政治、文化人类学研究、情感的社会和文化史研究，等等，尤其是电影或广义的视觉研究更是备受关注。相对于以往以文本、文类、作家、时代为核心的研究方向，这些议题无疑为现代中国文学领域注入源头活水。

我一直关注如何对待西方理论问题，特别关注成长于西方文化语境的学者如何对待这一问题，因为这毕竟是中国现代文学研究和比较文学研究不能不面对的一道难关。使我长期困扰的问题是：西方理论层出不穷，变化多端，真要完全掌握，直到精通拉丁文、希腊文，才能拿来应用吗？西方理论诸家并存，各有招式，真要进一家之门，沿一家之路，才能修成正果吗？西方理论各家自有一套概念系统，如果打乱这一既成系统，只取所需，会变得牛头不对马嘴吗？取其全套概念系统，用于中国文学实践，又是否会使中国理论有失语之虞？夏志清－李欧梵－王德威，三家轴心面对这一难关是怎样迈越的呢？他们的论述对我启发颇多。

夏志清一再强调要有自己的理论积累，他坚持“如果没有相当的积累，反而会被理论牵着鼻子走”。他说：“只要是优秀的批评家，我都学，才不管你什么派什么派呢。”他认为不仅要看批评家的东西，还要看他所批评的作家。这个理论好不好，不仅一定要看他的原文和他批评的对象，还要看他走的路，他怎么会这么评论。

李欧梵则进一步指出：“现在流行的是先看理论，几乎每一本书一开始就演出一招理论出来，如果你没有一个理论来开始的话，你这本书就好像是很传统、很落后的东西。”他抱怨说，“现在我们看得太多的研究都是建立在一种莫名其妙的理论基础上，用了一大堆新概念、新名词，可是却没有新材料、新结论”。他的方法与此不同，他是先找出一些没有办法解决的问题，然后参照脑子中储存的各种理论，得出自己的结论。他强调一个理论体系从一个地方传播到另一个地方，一定会发生很大的变化，这个变化的原因就是本地学者关心的问题和他们自己研究的需要。因此，必须“进行一种多元的探索，不停地辩证，不停地质疑，永远做各种正面反面的论战”，对于真正优秀的理论，“不仅是一个消化的过程，而且是一个对话的过程”，应“永远跟理论做对话，而不是把理论当作权威”。在这个过程中，他提倡“将眼光放远，不再执着批评和理论所暗含的道德优越性和知识（政治）的权威感，而专注于批评和理论所促动的复杂的理性和感性脉络，以及随之而来的傲慢与偏见”。他的思考对于反思一个世纪以来的理论和批评是十分有益的。

王德威则尖锐批评了某些海外学者追随西方的当红理论，并迅速转嫁到中国领域，以至于“理论干预”成了“理论买办”的现象。他认为对理论的关注，首先是为了磨炼批评的工具，以便更深入地探讨学术问题及其用心。任何理论和方法，其合法性应该建立在其是否能增进我们对某一文学现象的了解之上。好的理论所产生的历史观和诠释的确会令人耳目一新。因此，对西方主流的理论话语，不应该只是人云亦云的推崇或贬斥，而应是批判性的转化。最为难能可贵的是王德威作为一个在西方语境中培育出来的学者，却提出“我最希望看到的则是，我们在谈本雅明、阿多诺、布尔迪厄、拉康等人的同时，也能充分认识到同辈的中国学者在方法及理论上的独特建树”。他认为学界对二十世纪章太炎的既国故又革命、既虚无又超越的史论，陈寅恪庞大的历史隐喻符号体系，王国维忧郁的文化遗民诗学等，都还没有投注应有的心力。他说：“我们应该叩问在什么意义上，十九、二十世纪的中国文学发明可以放在跨文化的平台上，成为独树一帜的贡献。这未必全然是乐观的研究，因为在任何时代、任何文明，各种创造接踵而至，有的不过是昙花一现，有的是新瓶旧酒，有的证明此路不通，而最新颖的发明往往未必就能为当代或后世所接受。在审理海外中国文学研究的成果时，我们也应该问一问：西方理论的洞见如何可以成为我们的不见——反之亦然？传统理论大开大阖的通论形势和目前理论的分门别类是否有相互通融的可能？在什么样的条件下，中西古今的壁垒可以被重新界定，中国文学论述的重镇——从梁启超到陈寅恪，从王国维到王梦鸥——可以被有心的学者引领到比较文学的论坛上?”虽然近年来，中国比较文学研究者已提出中国比较文学百年发展的历史以及中学西渐等问题，但王德威提出的这些理论问题，依然发人深省。

读完这些海外汉学访谈，收获当然远不止此。其他诸如有关人文主义与知识分子边缘化的讨论，将中国现代文学中的抒情与史诗传统延伸为话语模式、情感功能和社会政治想象来研究，区分“再现”和“代表”的不同，指出“不能因为我的任务是再现中国，那我就真的代表中国”，等等，这些都是中国现代文学研究中的核心问题，也都给我以深深的启发。

最后，我认为王德威对于三家轴心的评论非常到位，他说:“我觉得我们的相同点，可以说某个意义上继承了一个海外的人文学的传统，尤其是欧美人文主义的传统。至于不同的地方，像夏志清先生在二十世纪五十年代求学任教，受到强烈的英美新批评的训练，还有欧洲人文主义传统的熏陶，而那是一个冷战的时代，在政治上每个人都有很大的承担，夏先生也必须作出他的选择。我和李欧梵生长在台湾，在探问文学现代性时，因为时代的改变，角度上自然有所不同。夏先生觉得很迫切的一些历史和政治问题，我们却要换一个方法来问，作出不同的结论。从这个意义上来讲，夏先生问的问题是感时忧国，李欧梵关注的却是浪漫主义或上海摩登，自然不一样。至于我，实在是后来者，把我跟他们相提并论，我当然很荣幸，但也感到很惭愧。我受到学术训练的时候已经是欧美的结构主义与后结构主义的时代了，所以我可能不像夏先生那一代，对历史离乱有切身之痛。我对文学、历史、政治的关系也很有兴趣，但研究的角度自然偏向多元、解构的看法。李欧梵对海派的关注，有他先天的优势，他对西方的音乐、美术从小就得到陶冶，那是家学渊源，所以我也写不出像《上海摩登》那样的书。我反而对表演艺术很有兴趣，我更偏向于诗学与历史之间的关系，我现在正在重新考察沈从文所代表的抒情传统和现代性的问题。我的抒情在定义上跟传统的定义很不一样，不是小悲小喜的抒发，而是希望把抒情还原到一个更悠远的文学史的脉络里去。”我全然同意这样的分析，并谨以此作结。

二〇一一年二月于北京大学朗润园

目　录

001　探寻中国文学的“迷楼”
宇文所安访谈录

025　面向西方的中国文学研究
艾朗诺访谈录

051　说唱文学与文学生产
伊维德访谈录

073　对优美作品的发现与批评
夏志清访谈录

095　文化转向与人文传统
李欧梵访谈录之一

127　全球化下的人文危机
李欧梵访谈录之二

145 华语文学：想象的共同体
王德威访谈录之一

169 海外汉学：现状与未来
王德威访谈录之二

191 当代文学：评论与翻译
王德威访谈录之三

215 抒情传统与中国现代性
王德威访谈录之四

241 我译故我在
葛浩文访谈录

267 我并不尖锐，只是更坦率
顾彬访谈录

289 退热？升温？中国现当代文学在法国
何碧玉、安必诺访谈录

311 政治小说的跨界研究
叶凯蒂访谈录

331 关于概念、类别和模糊界限的思考
罗鹏访谈录

附　录

361　现实与神话
高利克访谈录/余夏云　梁建东

379　反思汉学
张隆溪访谈录/梁建东

393　我有我的诗
奚密访谈录/董炎

413　天下中国
王斑访谈录/余夏云

探寻中国文学的“迷楼”

宇文所安访谈录

宇文所安（Stephen Owen），一九四六年生于美国密苏里州圣路易斯市，一九五九年移居巴尔的摩。一九七二年获耶鲁大学东亚系博士学位，并执教耶鲁二十年。一九八二年应聘为哈佛大学东亚系教授。现为哈佛大学James Bryant Conant特级讲座教授、东亚系与比较文学系合聘教授，是西方汉学界卓有成就、深具影响的中国文学研究者。主要著作有《韩愈和孟郊的诗歌》、《初唐诗》、《盛唐诗》、《中国传统诗歌与诗学》、《追忆：中国古典文学中的往事再现》、《迷楼：诗与欲望的迷宫》、《中国文学思想读本》、《中国“中世纪”的终结：中唐文学文化论集》、《他山的石头记：宇文所安自选集》、《晚唐：九世纪中叶的中国诗歌（827–860）》、《中国早期古典诗歌的生成》等，主编有《诺顿中国文学作品选》、《剑桥中国文学史》等。

二〇〇九年五月和六月，宇文所安应苏州大学文学院和海外汉学研究中心之邀，先后两次来苏州大学访问，盘桓近一个月之久。在此期间，除了几次正式的讲演与座谈，宇文所安就和我们混在一起，一起“吃喝玩乐”、“文化考察”，天南地北，无所不谈。其中比较正式的访谈有两次，一次是在太湖东山的一座中式庭院，那是我一个学生的家，所安特别喜欢，很想把他美国的大院落也改造得如此“中国”；还有一次是在常熟著名的寺院兴福寺，里面存有一块据说是米芾真迹的碑刻，这似乎给我们的访谈也浸染了绵绵的人文底蕴和霭霭的佛国气息。这两次正式的访谈都是我们用中文或英文提问，所安为求表述的准确就以英语回答。这篇访谈以这两次访谈为基础，又综合了平时的一些聊天内容整理而成。感谢章颜博士整理了两次访谈的录音初稿。

一、细读是一种手段

问：所安，你好！这些天我们闲聊了不少话题，这次是比较正式的访谈，但还是以聊天为主，主要想聊聊你的学思历程、学术体会，还有这些年你所从事的课题研究，另外也想就一些问题向你请教。你的主要著作除了少数的几部，都已经译成了中文，而且产生了相当大的影响。你在中国是不是体会到了明星般的感觉？

答：哈，明星！我很怕这种感觉的，还是我们这样比较自如。

问：这种影响正说明了中国学界对你的肯定啊！大家最熟悉的是你关于唐诗的著作，能不能先谈谈你最早怎么开始唐诗研究的？

答：很多人都问过我这种问题了。我从小就对诗歌感兴趣。十四岁那年，我们搬到北方大城市巴尔的摩，至少每星期都会去那里的市立图书馆浏览，阅读我能找到的所有文学书。有一天，我偶然读到一本英文的中国诗选，感到非常新鲜，一下子就喜欢上了中国诗歌。后来到耶鲁读书，我主要就是学习中国语言和中国文学，大学毕业后，很自然地就考进耶鲁的研究院，学习中国古代文学。

问：当时没有机会来中国大陆学习？

答：当时中国大陆正在搞“文化大革命”，没法到大陆来学习。当时不少学习中国文学的美国学生，要么到中国台湾，要么到日本学习。我也到日本学了一年，日本著名的唐诗专家吉川幸次郎给了我很多的指点。

问：唐代文学对日本文学本来就有极其深刻的影响，你到日本学习中国文学，虽说隔了一层，倒也合情合理。吉川幸次郎绝对是日本的唐诗专家。后来博士论文就是做的唐诗研究？

答：我本来是想做一部唐诗的编年诗史，后来发现内容太多，篇幅太大，无法作为博士论文提交，所以就集中精力写孟郊和韩愈。

问：为什么选这两个人？

答：我认为这两个人在中国诗歌史上的地位一直被低估了，他们其实开创了一种新的传统。孟郊在晚唐到北宋前期，评价比较高，后来却颇有争议，我很想讨论一下，对于孟郊这样复杂的诗人，是不是北宋后期的人已经不大能理解了？我希望通过我的讨论，来对孟郊和韩愈在中国诗歌史上的地位进行重新界定。也是在写作这本书的过程中，我感觉到要想说清这些问题，必须重新梳理唐诗发展的脉络，所以我就开始反复读《全唐诗》，开始写《初唐诗》和《盛唐诗》。

问：你的这些著作完全不同于国内传统的唐诗史的写作，更多的是从文本出发，试图生动再现初唐、盛唐诗坛的面貌。你自己在《初唐诗》中译本序言里也说，你远离中国学术传统，也不能充分借鉴中国的学术成果，但也正是如此，才获得了不同的角度、不同的自由，你所用力的中国诗歌研究，也是想抛开文学史的定评，“精细地探讨中国诗歌那些无法为文学史所解释的方面”。从我们的阅读经验来看，你都是在文本细读的基础上，建立起一些具有普遍意义的命题，看起来很琐碎的解读，却一步步引向一个命题。这正是你著作的魅力所在。

答：有人总是简单地把文本细读跟新批评等同起来，不是的，所有的深入阅读都是文本细读，文本细读没有特殊的理论依据，它是启发所有理论的动因和灵感。但是你要记住，贴近文本是没错的。你看中国十七世纪的文学批评实践，都是细读。细读甚至不像我们认为的那样和新批评有什么特别密切的联系，而是一种一直以来都存在的阅读方式。

问：钱锺书所说的“涵咏本文”，其实也是一种中国传统的批评方法，这跟你说的文本细读应该是一致的。听你这么一说，我脑子里马上冒出钱锺书的这四个字，看来你跟钱锺书的方法是一样的，是非常典型的“涵咏本文”，都是仔仔细细琢磨每一个字、每一个词。

答：这种方法既是西方式的，也是中国式的。有时候美国的文学批评方法其实特别有中国特色，中国人却说那是西方的文学批评。我们都有方法，人们相信方法，这种方法、那种方法其实都是一样的。事实上方法是要根据具体的研究对象、根据新材料和新问题来不断改变的。所以，与其说细读是一种方法，不如说是一种手段。

问：不管是方法还是手段，都得取决于你的材料和你的问题。

答：对，每种文本都会告诉你该如何去阅读。

问：中国的学者在讨论唐诗的时候，更多地要考虑到有哪些前人曾对此发表过评论，他要把所有相关的东西都读完了，然后再在这个基础上有所发挥，而你却往往是比较彻底地重新衡量，大胆地提出自己的观点，这可能也与你的这种方法或手段直接相关。

答： 对的，如果一个东西、一种方法我认为很重要，我会一直强调。当然，前提是我认为它非常重要。我想我现在感兴趣的话题都是非常难的，我也不知道哪一种方法是最重要的。我只能说，当你最终准备做某件事情时，你就要相信它。有一些意义不稳定的文本很难处理，我们只能求助于细读。我们知道传统是停留在过去的，古人习以为常的生活方式如今早已经发生了巨大的变化。同样，我不能确定一个不稳定的文本世界，文本世界同样是不断变化的。我们不能像唐人那样直接读唐诗，因为我们不能回到过去，我们不能确切地理解它当年的意思。我们拥有的每个物品，我们所阅读的每一个文本，都是不断前行的历史中的一部分。它本身是很有趣的。所以有时候我特别注意考证，但有时候一点都不作考证。考证太多会有人批评我，不考证也有人批评我，这让人无所适从。所以干脆只管自己去做，不管别人的意见。

问： 所以你在演讲中提到过，我们不可能回到以前，必须通过文本进行细读，把它们都勾连起来，我想这其实是在重构文本原初的生产语境。是不是出于这种探求的兴趣，你的研究对象也在不断地变化与扩大？一般学者都是在一个相对狭窄的天地里精耕细读，比如专门研究唐诗的，专事研究宋词的，专攻白话小说的，但你的学术跨度却比较大，唐诗当然是你最主要的研究方向，但是你也做魏晋文学研究，甚至更古远的《诗经》研究，并且不断有新的发现。你为什么会不断地变换研究对象，又怎么会有那么大的驾驭能力?

答: 这是因为如果老是在一个世界里会觉得特别乏味，一天到晚做同样的事情特别沉闷，特别讨厌。因此必须不断地向前向后，让自己超拔出来。这样当你回顾的时候，你想问题的方式就不一样了。研究东方和西方的问题其实是一样的道理，关键就是要一直变动不居。

问: 从你的表述中可以看出，我们无法给你的学术历程作出明确的阶段性划分，你总是根据每一个论题或研究对象的不同而采取不同的方法，也就是说方式是根据研究对象的不同而变化的。

答: 正是这样。我觉得试图划分阶段的努力，不是件有趣的事情。我想我并没有什么清晰的阶段，只有一些打算。我写一本书，写完了，如果不喜欢这个方法，下次就换另外一种方法。如果不喜欢这个话题了，下次就会跳到另一个话题。所以我想我写的所有东西都不是完全相同的，只有《初唐诗》和《盛唐诗》可能有点像。我认为我总是在不断地回顾过去，就像有一幅地图，你在地图的不同区域中行进，而后又重返这些区域。这并不是一种好的工作方式，我并不推荐。所以，我的研究并没有什么阶段，迄今为止，我所做的事情都是不一样的。无论新的或是旧的研究方法都会用，其中有一部分是旧的，有一部分是新的。比如说很多人都喜欢《追忆》，但我不会一辈子都去写《追忆》，写完一篇又一篇，没完没了。

问： 其实，这可以概括成你学术研究方法的多元性。从你著作的文本形态上来看，你更多地用散文化的形式来撰写学术著作，即使那些严格意义上的学术论文，可读性也很强。你这是有意为之吗？

答： 散文形式是很重要的，好像有人曾经说过，散文可以把学术普及化。如果我们的学术著作没人看，那就是没用的，如果学生没有兴趣，我们的学术研究也是没有价值的。散文化不是通俗化，散文化更不等于通俗化。把思想和学术都混在一起，再注意表述的优美，那这样的学术著作肯定更受欢迎。如果说得激进一点，学术的特殊性是要求越没意思、越轻松越好，表面看起来没有意思，其实背后有很多东西。我们唯一能做的事情，就是好好思考学术的问题，然后写出优美的文章来，让读者能够读懂这些文章并且能够内化为他们的思想。有些学术太“隔”了，就是王国维所说的“隔”与“不隔”。

问： 你的意思是说，学术化的文章也可以采用一种散文化的形式。虽然是散文化的，但是它最大的效果却是“不隔”，能够最直接地与读者沟通，否则再好的东西没有读者也就没有用了。学术研究也还是要考虑自己的读者和受众，不能把研究成果完全变成一种孤芳自赏的东西。这种散文化的形式，对于你的著作在美国的销售有没有帮助？

答： 除了教材印得多些，一般也只有几百本上千本。一本学术著作能印一千五百本，在美国就不算少了。纯学术的研究性著作，只有专业性研究者才会读。当然，我的著作也不是给普通老百姓写的，我是给普通的知识分子、西方的知识分子写的，他们常常对中国诗歌、中国文学感兴趣。有不少人曾经写过关于中国诗歌、中国文学的著作，可是非常没意思，非常死板。如果中国文学本来是这样的，而西方学者却把它们写成另外的模样，这就会产生出“隔”来。如果你了解读者，你就不会这样做，反正我自己是不会这样做的。

问：尽管你的几本关于唐诗的著作最初都是为西方普通知识分子写的，可是在中国却获得了巨大的反响，不仅普通的知识分子，不少普通读者也会去看你的书。你怎么看待这个现象？

答：这不是一个奇怪的现象，反而是好现象。可能我的写法比较特别，跟国内学者不太一样，有些文学爱好者，以及那些特别了解文学、喜欢唐诗的人，也可以欣赏我的作品。我也希望不同层次的读者都能在我的书中找到自己感兴趣的东西。

问：我想这已经不是希望，而是事实了。跟你著作相关的另一个问题是中国古典诗歌的翻译。我们知道有不少影响很大的中国古典诗歌的翻译，比如阿瑟·韦利（Arthur Waley）的翻译、庞德（Ezra Pound）等意象派诗人的翻译。有人会觉得把古诗翻译成英文以后，失去了中国诗歌特有的韵律，读起来索然无味。你也翻译了大量的中国古典诗歌，你觉得把中国古典诗歌翻译成英文的时候，诗歌中所蕴含的那种微妙的韵味能不能体现出来？

答：谈到诗歌的翻译问题，那就会有很复杂的回答。曾经有人问过我，你是怎么翻译中国古诗的？我的回答是，我唯一能做的就是我必须翻译出诗中的所有意思。美国读者、欧洲读者阅读翻译过的中国古诗，都是把它们笼统作为中国诗来阅读的，也就是类似于“杜甫的诗是中国诗，李白的诗是中国诗，王维的诗也是中国诗”。因此，好的译者翻译的时候必须突显各个诗人、不同诗歌之间的差异。每首诗都有不同的背景，翻译成英语之后也必须体现出这种差异。英语其实也是表意丰富的语言，应该充分发挥英语的这种功能来翻译中国诗歌。我翻译诗歌的时候，也会考虑到不同读者的差异性。翻译中国诗歌，你应该理清不同诗歌类型之间的关系，即使你不能精确地分辨各种类型之间的差异，至少也要能看到、注意到类型间的差异。这个很难解释，举个例子：每一首诗的结尾都在最后一行，而一些词的结尾有时可能要两三行，这时候你该怎么处理呢？用英语来表达某些类型的诗的段落很容易，但是词你要考虑到音韵和词语的表意性，有时可以在英语中找到对应的字词，英语有些字词发音听起来与中文发音相似，这是一种比较好的解决方法。未必翻译就不如原作，有时候翻译者要比原作者做得更好，译作要比原作好，这种情况全世界都有。我知道有时候我能翻译得更好。

问：中国的诗歌有着自己的特殊性，在翻译的过程中仅仅追求形式的相似是不够的。你大概是希望好的翻译能够在这个基础上再进一步，而不是局限在固定的形式当中。可是诗歌中的押韵问题怎么处理呢？

答：这是诗歌翻译的难点，即使是对英语读者来说也有困难。我觉得中国古典诗歌的翻译不必强求押韵，为什么呢？因为现代美国诗，并不追求押韵，相反差不多所有的押韵的现代诗都是反讽的，读者读押韵的诗，总是会产生特别的感觉。我知道很多中国人把中国古诗翻译成押韵的现代英语，可是这种翻译在美国大概很少有人愿意读。其实这些押韵可以有其他的修辞性方法来处理，我们可以用另外的方法来表现中国诗形式上的差别。有些人翻译诗歌总是用一些套话、陈词滥调，这当然体现不出诗歌的差别。所以，很多人认为诗歌是不可译的。第一个说诗歌不可译的是施莱尔马赫，大概是十九世纪初期，以前没有人这样说过。诗歌之所以不可译，是因为诗歌总是与民族语言、民族文学，还有国家制度、国家主义等等混在一起。如果你回到清朝，在康熙或乾隆之前，你问别人懂不懂中国诗歌，每个人都会说懂，这是普遍的知识，是中国伟大的文学遗产。而现在的人谈论唐诗头头是道，却未必真的知道那些诗到底是什么意思。这当然就使得诗歌变得不可译了。所以你看不管是美国人，还是欧洲人，他们把中国诗翻译成他们的本土语言，几乎都是差不多的面貌，笼统都称为“中国诗”，而我翻译时会找来不同的版本，力求翻译出不同诗人、不同诗歌背后的东西和彼此之间的差异，要让一个美国人或英国人一看我的翻译，就立刻知道这是杜甫的那是苏轼的，而不是其他人的诗。每个时代，每个诗人，问题都不一样，所以最重要的工作是把差异翻译成英语。

问：有道理。如果没有这种差异，也就模糊了中国诗歌的面目，中国诗歌的英译与英国诗歌、美国诗歌也就没有了什么区别。那么在你已经出版的著作中，你自己最满意的是哪一本？

答：很难说最满意的是哪一本，可能比较喜欢《追忆》。很多人特别喜欢《追忆》，我当初只是想为英语世界的读者写一本别具风格的书，现在不但外国读者很喜欢这本书，许多中国读者在读过这本翻译得很棒的书之后，也非常喜欢它，甚至有人说我用英语创造了中文的价值，我当然很高兴啦。

问：按照你刚才的说法，每本书的方法都不尽相同，《追忆》是一种方法，《初唐诗》、《盛唐诗》、《晚唐》又是一种方法。

答：其实《晚唐》的方法和《初唐诗》、《盛唐诗》又有很大不同。《晚唐》不能说是特别理论化的，可是你可以看到其中的理论运用是不一样的。比如李商隐的诗好多是读不懂的，但问题是李商隐希望别人读懂他的诗吗？为什么我们希望读懂诗歌？懂是什么意思？或许难懂正是诗人想要传达的效果。当你在读的时候，就不是懂的问题，而是一个大体的印象。如何来描写神秘？如果你想表达神秘的感知，有些东西用整个人生都难以表达，这是多么难？你如何去写呢？因此，理解并不是目的，但是我能感觉到它是多么重要。就像《他山的石头记》里面讲的，一个人在长安看一本书，这本书讲了一个故事，故事的主角柳枝是一个洛阳商人的女儿，李商隐的堂兄曾向她吟诵《燕台四首》，她就说，这是什么样的人？我要认识他。我问的问题就是，柳枝这么一个商人的女儿，没有受过什么教育，也许不能看文本，可她听懂了《燕台四首》，听懂了什么？如果问过自己这样的问题，你就会意识到柳枝可能什么也不理解，这些诗是这么神秘或者说几乎难以理解。我认为李商隐的读者也不能完全理解他的诗，我想李商隐也知道读者理解不了他的诗。我想这些问题的提出会使你的文学史研究发生一些变化。诸如此类的问题的处理，使得《晚唐》的文学史研究较之《初唐诗》或《盛唐诗》上了一个更高的层次。

二、充满想象力的文学史建构

问：这里涉及了你对文学史的独特认知。我特别喜欢你《他山的石头记》里面的那篇《瓠落的文学史》，质疑我们既定的所有的文学史的建构，要重新回到历史的语境当中，然后通过文本、通过材料进行还原，建构它们之间的一种关系。你所主张的文学史，似乎是充满历史想象力的、无定无常的文学史。你们正在进行的《剑桥中国文学史》会体现这种文学史观吗？

答：我只是主编之一，但我希望会有部分的体现。虽然我们在一起开会，互相讨论来决定怎么写，但每个人还是会有自己的写作方式。这里面几乎包含了所有的写法，以前的文学史写作通常不用这些写法，但这次我们是有意为之的，我们试图呈现历史的一些瞬间。我总是在想，当我们在写历史或文学史的时候，有些很有意思的方式，或许可以在写中国文学史时用到。以前的中国文学史，是一个人写明代诗，一个人写明代散文，一个人写明代戏剧，一个人写明代小说。可是你想想，这些诗、散文、戏剧、小说其实是产生在同一时期的，它们之间是相互联系的，你把它们分开来写，当然就无法还原它们内在的联系。

问:《剑桥中国文学史》打破了体裁文类的界限来写文学史，呈现的是文学史的原生态，是文学史的整体，对吗?

答: 这个整体就是我经常喜欢说的“文学文化”，是关于文学出现的整个文化世界。我们知道什么？我们拥有什么？要回答这些，我们只有回到文本所处的那个大环境，用英语的一个词表示就是economy（系统，组织，机体）。

问: 对，还是要把研究对象放在一个整体中来加以考察，加以表述，特别注重彼此之间的联系，这种文学史的叙述方式的确跟以前是不一样的。而且你们的文学史好像也不是以朝代来断代的，现在大家也比较认同这种做法了。朝代只是一种政治的、社会的分期，而文学史却有自己内在的逻辑。

答: 正是这样。文学史写作中用朝代分期有时候管用，有时候不管用。所以有些时候我们依循朝代分期，有时候不依循。比如撰写上古部分的作者柯马丁（Martin Kern）就一直从春秋、战国的金文写到西汉。他这样做是有道理的。我们现在所了解的上古文本都是经过西汉人编辑处理的，而且尽管经过了秦代，西汉的书写系统还是同以前一样，以简帛为主，技术也不是特别发达。到东汉开始有了纸，文字的传播途径有了极大的改变，所以上古时期完全可以延伸到西汉结束。再比如第二章的作者康达维（David Knechtges）从东汉开始写到三一七年西晋灭亡，因为该时期的文学仍然处在东汉的世界中，尽管东汉的天下已经分崩离析。而到了东晋，则完全是一个新时代，有了很大的变化，在这里用朝代来划分文学史才是有意义的。田晓菲执笔的第三章从东晋、南北朝一直写到唐太宗去世，把隋代和唐太宗时期都看作北朝后期的遗绪，因为它们的文学和文化的确属于北朝的世界。我从武则天掌权写起，这是一个新时代，一直延续到北宋早期。我个人觉得武则天是唐朝最重要的人，她以强硬的手段打破了那些北方家族上百年的权力控制，把他们一个一个地杀掉，然后起用自己的人。她发展和完善了隋以来的科举制度，放手招贤，还首创了殿试和武举制度，为更多更广地发现人才、搜罗人才创造了有利的条件。这一点非常重要，因为这样许多人可以从外部进入朝廷，在唐太宗的年代，除非你是名门之后，否则你没有希望入仕朝廷。但在武则天的年代，你即便是生活在苏州这样的地方，也有可能在朝廷谋得一官半职。武则天的重要还在于，她挽救和保护了唐朝。北朝的政权，都是到了第二或第三代就开始衰落，唐朝确实也是在三代之后开始衰落的，可是武则天没有创建新的朝代，她的孩子仍旧姓李，这让唐代得以延续和幸存。如果是某个异姓大臣篡权，唐代那时就结束了。所以在描述唐代文学的发展时，如果用断代的方式，一个时代结束了，另一个时代开始了，你就看不到那种并存性；如果你把唐和之前的时期放在一起，就会看到北齐、北周到隋、唐，这是一个较为一贯的世界。只有到了武则天才把这一切都打断了，到了她的时代才有了大的转变。

问：真有意思。我们对《剑桥中国文学史》中全新的文学史叙事充满了期待，希望它能早日问世。《剑桥中国文学史》完成之后，你个人还有什么计划？你的这些研究与写作，有没有什么完整的计划呢？

答：我是个特别乱七八糟的学者，我有太多的计划，开始写这本书，开始写那本书，有时我能深入研究下去，甚至开始动笔写了，但最终还是没能完成。有时我有了一些想法，很想把它们写下来，但是当我动笔的时候又发现我的想法已经改变了，所以我需要一个计划，但不会完全照着计划来研究和写作。

问：上次你说在做杜甫全集的翻译和注释？这是一个浩大的工程，按照你的做法，每首诗的翻译应该不是简单的翻译，而是综合研究考证之后的再创造。你最喜欢杜甫什么样的诗？

答：对，目前最重要的工作是把所有的杜诗翻译成英语。工作量太大，只能慢慢来做，但是很有意思。我最喜欢的是杜甫晚年写的诗。我们一般认为杜甫所有的诗都写在某件事情发生之后，安史之乱的诗一定是在安史之乱的时候写的，秦州诗一定是在秦州时写的，成都诗一定是在成都写的。但是你们也知道杜甫特别爱改写自己的诗，尤其是晚年没什么事情可做，改得特别多，可是他晚年的思想不一定是当初写诗时候的思想。他的一些诗其实是经过不断修改的。最明显的例子就是《自京赴奉先县咏怀五百字》，写到那个玄宗朝代的危机，我不知道这是不是安史之乱以后写的，可中国的学者就说：看，杜甫那个时候就知道危机的存在了。这种推测就是认为杜甫每一首诗歌都是在事情发生之后马上写的。不过我认为不能这样推测，也许有的诗是他后来写的。所以，我首先就要注意到诗歌写作的时间，通过这个来探寻诗人个人的经历和写作之间的关系。这很有趣。

问：我们总是把杜甫的诗称作“诗史”，以诗证史，实际上它的写作年代不一定是确定的，杜甫自己也是在不断地进行文本的改写。我觉得你最大的特点就是一直在不断质疑，而且敢于质疑，往往在质疑中发现很多文学史的真相。你刚才讲到了王国维的“隔”与“不隔”，也就是中国人所讲的“知人论世”。你现在翻译杜甫的诗，但杜甫从成都夔州下来这一路的山川你都没有感受过，完全是一种想象的方式，这会不会让你在阅读与翻译的时候也有点“隔”的感觉呢？

答：你不可能回到唐朝，回到当时的情境，杜甫生活的年代，那些风景名胜对那个时候的他来说有不同的意义，非凡的意义，能亲眼看见那些地方固然好，但是我们需要考虑的是，他们的一些感受实际上离我们是很遥远的。我想这里有一个问题，那就是中国学者与文学史的距离太近了，我觉得他们需要一点“隔”。我们必须努力保持一些距离。古代文学为什么好？正是因为你无法触碰它，就像你站在一面玻璃前，却不能触摸。虽然距离极为接近，但你却不能到那儿，所以在你眼里它看起来才格外美。如果你觉得杜甫在这里待过，我也必须在这里待过，这样我们才是一样的，这是很危险的。

问：换句话说，你的“隔”与“不隔”是相对的、辩证的。那么除了杜诗翻译，你还有什么计划吗？

答：我还想写几本书，但不知道最终会不会写出来。比如这段时间一直关注北宋的散文，尤其是北宋散文中体现出来的溢余、所有权和命名的问题。我举个最简单、最明显的例子，就是《六一居士传》。什么事让人快乐？就是拥有的物，还有名字，以前他给自己起的名字是“醉翁”。翁，并不一定是老。这是什么样的名字？现在起的名字是“六一”，“六一”又是什么样的名字？在北宋的文章里能看到很多很多这样的问题。《沧浪亭记》、《醉翁亭记》、《丰乐亭记》、《独乐园记》，都是谈这些的，没有人注意到溢余的问题，常常是跟所有权、命名混在一起的。我在《中国“中世纪”的终结》中稍微涉及一点，诗人择取价值微末的原材料，对它进行诗意加工，把它打造为较原来价值更高的成品；而添加上去的价值溢余，属于诗人。这是一种确认所有权、标志某物为己有的方式。诗歌写作过程中，事物的部署调度、空间的安排，都属于诗人机智的溢余，自然也就是他的占有物。一些物质的东西可能随时会被剥夺，而诗人创造的这些溢余却是无法占有的。另外，我还想写“杜甫与吃饭”，现在做杜甫的翻译，还要做大量的注释，把杜甫所有的东西全部研究一遍，发现里面写了很多吃的。不一定是好吃的，有的是他想吃却没有吃到的东西。这些都是特别有趣的题目，可是我不知道有没有时间去写，也不知道会不会开始写。

问：还有你一直在写的《未成词话》？

答：还在写，没写完。现在都在我的电脑上，你怎么知道啊？

三、地方知识与普遍知识

问：《他山的石头记》里面提到过，田晓菲的一本书里也提到过啊。你没出版的书，我们都知道。你是英语世界从事中国古典文学研究的权威学者，你给我的数据资料中包含了不少中国学者的研究论著，那么你对中国学者的古典文学研究有什么评价吗？

答：我很认同他们的研究，特别有用，有的特别好。就我所看到的一些研究而言，他们都做得相当好，对一些新问题的研究表现出很敏捷的思维，是了解中国文学的很好的途径。我想一些学者试图重建中国的知识传统，很多问题见解也比较深刻，我们一直在学习他们。但中国学者的思维在某种程度上受中国教育制度的影响很深，中国有自己传授中国文化的体系，从很小的时候就统一对国家文化的认识。这种教育的模式总是给你灌输各种知识和观念，传统的课程重复同样的内容。他们都相信重复的东西，认为中国文学是中国的身份，一定要保护它，避免发生实质性的改变，避免变成死的东西，这就要不断地重复同样的内容。不能不说，一个人的研究方式，跟他具体的学习、生活方式是有关系的，有一种很强大的力量促使他们做研究的时候相对来说显得保守。中国人总是对我说，你的知识真丰富，其实不是我丰富，而是他们的观念往往是静止的，甚至是保守的。我不喜欢“传统的中国文化”这个概念，因为中国文化是一个历史，它是一直在变动不居的历史。我们没有中国学者那样的历史包袱，不用一直重复一些内容，就像他们总是说的那样，“杜甫是伟大的中国儒家诗人”，等等。如果我教美国学生中国文学时只教这些套话，他们没什么兴趣，没有人听课，我就没有钱拿，所以我必须教一些真正有价值的东西，必须让学生认识到这是中国文化的一部分，为什么这些东西是好的，为什么值得研究，为什么唐诗这么有价值。

问：我能理解你对中国古典文学研究深切的关心。我知道你既是东亚系教授，又是比较文学系教授，我个人感觉你的中国文学研究之所以与国内学者不同，可能与你比较文学与世界文学的立场与视野密切相关。比如说，你在哈佛教的

“世界文学”课程，属于通识教育，中国文学只是其中的一部分，这当然就带来了比较的视角与世界文学的视野。

答：你说得有道理。中国文学在世界文学课上不算是一个小部分，但也不是一个大部分，可以说各国文学的分量是基本公平的。比方说印度文学和中国文学的分量就差不多，普及程度也差不多。中国是一个中心，印度是一个中心，希腊是一个中心，他们以自身为中心建立了各自的文学与文化体系，然后扩散到别的地方。通过这些跨越式的学习，学生的视野就会开阔很多。实际上不仅仅是这样的问题，它还涉及翻译，涉及多种语言，古代汉语、梵语、希腊语，等等，所以翻译很重要，要通过很精巧的翻译，通过不同国别文学的比较，告诉别人这样的文学是多么的有趣。许多华侨子女的父母都跟他们说，李白、杜甫是我们的伟大诗人之类，可这是特别没意思的话，同学们特别不爱听。先别管古代文学代不代表中国文化，先要让同学们感受到这些诗人的诗特别好，他们就会说：啊，我们中国文化不是那么沉闷的，不是爸妈跟我们说的那么沉闷的，还是蛮有意思的。所以我才说我们要尽量避免说套话。

问：在某种意义上说，中国文学的研究如果没有世界文学视野，是难以深入的。从古到今，整个世界文学应该是一种不断交流与联系的状态，哪怕是一种想象性的联系。每个国别文学都只是世界文学的一个部分。

答：对，即使国别文学试图与其他文学区别开来，也仍然无法挣脱它与世界文学的联系。永远都在那儿，永远都处于那个语境之中。可惜很多国家的文学传统都是只看自己国家的文学，连翻译都不要看，就只看自己国家的作家。在美国有个研究，研究不同国家的书店里翻译书籍所占比例的转变。我想中国的书店里有很大比例的文学书籍都是翻译的，英国伊丽莎白时期，书店里一半书都是翻译的，从法语、从意大利语、从拉丁语翻译的作品。可是如果你看英国文学史，只有小小一章谈到那个时候的翻译。不得不承认，那个时候翻译是那么普通。世界文学的交流一直是有的，比国别文学更广阔。国别文学总是想封闭自己的领域，只关注本国的作家，现在看来这不符合文学史的实际。当然，对于唐诗来讲，它是相对封闭的。我借用一个生物学的名词“roots”（即原籍、原典，大意为古代的解经传统）来表述我的意思。人们根据roots衍生出一些书籍，但是这些roots的流传通常只有一个方向，那就是印度来的佛经流传到中国，然后再从中国流传到日本、韩国、越南等，可是很少看到日本、韩国、越南的书再搬回中国。这种单向的输出同样出现于十六、十七世纪的意大利，那时意大利的书不断翻译成西班牙语、法语，可是没有一本西班牙语或法语书翻译成意大利语。这种现象到了十九世纪才完全转变过来。

问：如果我们都能从这个宏阔的视野来思考，那么我们应当说中国文学与中国文化不再是单纯的“地方知识”，而应该是属于世界文学与世界文化的“普遍知识”。

答：正是如此。在全球化的语境下，中国文学与中国文化的传统将成为全球共同拥有的遗产，而不仅仅是一个国家的所有物。比如《堂吉诃德》是一部西班牙小说，它植根于西班牙文化，但是当一个美国学生读到它的时候，它只不过是一部“伟大的小说”。我知道很多教授中国文学的老师都把中国文学当成是中国文化的优秀成果来传授，而不是把它们当成伟大的诗、散文、戏剧和小说，所以问题的关键不是把中国文学变成中国独有的东西，而是应该把《红楼梦》与《堂吉诃德》都视为同等伟大的小说，使中国文学成为一种普遍的知识。只有这样，中国文学与中国文化才能永远保持它的活力。

*本篇最初发表于《文艺研究》二〇一〇年第九期。

面向西方的中国文学研究

艾朗诺访谈录

初夏的姑苏，气温骤升骤降，直到五月才展露出她温婉的一面。二〇一〇年五月三日，加州大学圣巴巴拉分校艾朗诺（Ronald Egan）教授应苏州大学文学院和海外汉学研究中心的邀请，来此访学一周。艾朗诺教授是海外研究中国文学的名家，选译过钱锺书的《管锥编》，主要著作有《欧阳修的文学作品》、《苏轼的文字、意象和功业》、《美的焦虑：北宋士大夫的审美思想与追求》、《钱锺书之古典解读方法》等。

艾朗诺在苏期间，我们除了有幸聆听他关于北宋笔记和李清照的两场演说，还近距离地作了一次集中而深入的访谈。访谈地点选在十全街临水的河岸咖啡馆。下午的阳光正好漏过那些刚刚崭露新芽的枝叶倾泻在河面上，波光粼粼，屋内徐缓的音乐营造出轻松愉悦的氛围。但我们的话题却并不轻松，对一个传统、一个时代乃至一种文化的理解与误解、洞见与不察，始终贯穿于海外中国文学研究的发展历程。曾低头探问，城上三更，该向谁行宿，到今天我们依然有着类似的困惑。我们的访谈也就在这样的困惑与探问中展开。

一、钱锺书，一位被误解的天才

问：Ron，你好！谢谢你接受我们的访谈。我们知道你曾经是白先勇的学生，一九七六年在哈佛大学东亚系获得博士学位后，一直从事中国文学的研究。你从一个中国文化的热爱者，成长为一位知名的汉学家，现在回过头看，你有什么感言？当初怎么会把中国文学研究作为自己一生志业？

答：现在回想起来，我走上中国文学研究之路，有几个人不得不提，我内心深处对他们一直充满了感激。第一个就是白先勇，他是我的中文启蒙老师。十九岁那年，我还在加州大学圣巴巴拉分校读大学二年级，他就送了我一本《唐诗三百首》，就是因为那本书，我一头扎进了中文世界。后来，他还专门安排我去台湾进修中文课程。第二位是我在哈佛的博士导师海陶玮（James Hightower）教授。他是老一辈的唐诗专家，也研究过贾谊的汉赋，从他那里我接受了最严格的古典文学训练，也是在他的指导下，完成了我的毕业论文，研究《左传》以及先秦文学的叙事形式。第三位，就是先后在斯坦福和普林斯顿任教的宋史宗师刘子健。我们有过长期的交流，他对我的宋代文学研究启发很大。最后一位是方志彤（Achilles Fang），他和钱锺书是清华的同级同学，也是很要好的朋友。他学问极好，希腊文、拉丁文、德文、法文、意大利文都懂，在哈佛却很不得志，到退休还是高级讲师，但他培养的许多学生，比如海陶玮，都成了名教授。

问： 我正想了解方志彤的情况，你的《管锥编》英译本就是题献给他，你说是他引导你走进了钱锺书的著作。能不能谈谈方先生的情况？他有什么著作吗？

答： 方先生是个有些传奇色彩的人物。他于二十世纪四十年代曾参加编写《十三经索引》，后来到哈佛大学读书，博士论文研究庞德，与庞德保持了终生的友谊。毕业后留在哈佛教古代汉语，花了很大的精力编《汉英辞典》，可惜没能编完。另外，他还翻译过陆机的《文赋》，译得非常好，是一个权威的译本。可惜，他一辈子都不得志，脾气也越来越怪。他非常喜欢买书，新书旧书都买，退休后把自己收藏的各种外文图书全部捐给了北大，当年我们都曾帮他打包寄书到北大。他早就读过《谈艺录》,《管锥编》一出版，他也马上读了，评价极高，竭力推荐我研读和翻译《管锥编》，后来才有了那本选译本。

问： 今年刚好是钱锺书诞辰一百周年，是学术界的一个热点。上半年你也参加了汪荣祖在台湾主持召开的学术研讨会，那我们先谈一谈你的钱锺书研究吧。你的那本《管锥编》选译，即*Limited Views: Essays on Ideas and Letters*，一九九八年由哈佛大学亚洲中心出版后，钱先生有什么评价？本书出版以后，在欧美学术界的反应如何？

答： 我的译本出版后，马上寄了一本给钱先生，那时他已经不能自己阅读，是杨绛先生念了一些片段给他听。据杨绛说，钱先生听了很高兴。至于西方的反应如何则很难说，我有一点遗憾，那就是此前已经注意钱锺书的人，可能会通过这本书更深入地理解他，但那些不了解他的人，却未必会因为这本书而去关注他。有好几个书评都对本书表示赞许，认为把钱锺书介绍给西方读者，意义重大。但这个目标达到没达到，很难说，在欧美的比较文学界，有一种根深蒂固的“西方中心主义”，虽然这种偏见也在慢慢地改变，但要真正全面地理解、认识并接纳东方，我认为还需要等待。

问：现在国外研究钱锺书比较有名的，除了法国的郁白（Nicolas Chapuis）、德国的莫宜佳（Monika Motsch）、美国的你，还有胡志德（Theodore Huters），之后就好像很少有人再专门研究他了，而且这些大家都普遍关心作为文学家的钱锺书，而不是作为学者的钱锺书。但事实上，在我看来，作为学者的钱锺书绝对是超一流的，而作为作家的钱锺书只能说是一位优秀作家。换句话说，钱锺书真正的价值并没有得到大家充分的认知。

答：在英语世界，全面讨论钱锺书的著作到目前为止只有胡志德的那本*Qian Zhongshu*，他写得很早。

问：一九八二年出版的。

答：对，他只在前言中提到了《管锥编》，认为它博大精深，但很可惜,《管锥编》于一九七九年才出版，所以作者没有办法对此有很深入的研究，后来胡志德的研究也转向了，去研究中国现代文学与思想文化了。

问：所以我觉得很遗憾，作为二十世纪少数几个能真正打通中西文化的学者，钱锺书努力融通中西文心，却不被西方所关注。虽然中国国内的情况比起国外要好很多，对他也非常关注，但总的来说，有分量、有深度的研究，还是太少。热闹背后仍是寂寞啊！

答：确实如此。国外研究钱锺书的人本来就不多，这些著作，也包括我的那个选译本，影响也不算大，但我相信将来还是会有新的变化的。比如，今年的十月份，Christopher Rea会在加拿大召开一个有关钱锺书的专题研讨会，这是海外首次举办有关钱锺书的学术会议，会议之后会有论文集，到时候我们就会看到钱锺书研究的新成果。所以，我相信通过一点一点的努力，我们对钱锺书的理解会不断加深，不断扩展。

问：Chris啊，我们很熟悉，他的中文名叫雷勤风，我知道他研究中国现代讽刺文学，包括钱锺书的小说，可能他是从中国现代讽刺文学的传统来研究钱锺书的。我一直在想，钱锺书的海外影响力十分有限，是否跟他那种片断式、零散化的著述风格有关？西方人好像很在乎框架和体系？他们不太容易接受通过大量零散的材料来讨论问题的方法。

答：当然。我的选本就是现成的例子。我不可能按照《周易》、《诗经》、《左传》这样一路译下去，我必须给它换个样子，否则，西方的读者就根本弄不明白这本书在讲些什么。虽然我自己认为已经把它变得符合英语读者的要求了，但是作品本身那种鲜明的行文“性格”，还是会影响到西方读者对它内容丰富性和丰沛性的理解。

问：你的选译本从美学和批评，隐喻、意象和感知心理学，语义学和文学风格学，老子、道教与神秘主义，神与魔，还有社会与思想六个方面对这些材料进行分类，采用的基本上是西方的话语体系，目的就是要让英语世界的读者更好地接受它，而不是试图梳理《管锥编》的理论框架？

答： 对，我没有别的目的，唯一的希望就是让西方读者接受它，理解它。钱锺书用古奥的文言和片断的形式来写《管锥编》，这是由他的秉性、爱好决定的。这种秉性使他对一般的文学史或知识史建构的那种体系、框架不感兴趣，而是格外看重具体的原创性的东西。虽然我从几个方面来归纳他，但我还是反复提醒西方读者钱锺书著作片段的价值和意义。

问：《管锥编》总共有一千四百多则，你选了其中的六十五则，比例上不足百分之五，但篇幅上却占到了四分之一，或五分之一？

答： 可能是五分之一，虽然数量不多，但我选的篇幅都是比较长的。我编选这本书有一个小小的初衷，就是为读者提供一部博大精深的《管锥编》的简明读本，所以翻译的时候我竭力保持原作风格，以便使专业和非专业的读者都对它产生极大的兴趣。虽然这些条目只占原书的一小部分，但应该说最有价值的部分都在里面了。还有好多内容，比如说文词考订之类，这些东西对专家有用，但翻译成英文就没有必要了。

问： 如果现在让你对《管锥编》选本进行重新修订，你会补充新的材料吗？还会从原来的六个方面来分类归纳吗？

答： 当然，肯定会补充，我知道我遗漏了很多重要的东西。当初我只选了六十几则，但是翻译成英语后就有五百多页了，要知道，在西方很少有出版社愿意出版超过五百页以上的著作，所以没办法，我只能忍痛割爱了。现在要能重新修订，当然是多多益善。至于分类，每个人都会有不同见解，有自己的编选角度，也许有人分成七个，有人分成八个，我觉得只要合理，make sense就行了。我说过，我这么做主要是让英语世界的读者一见即明，知道这本书在谈什么，说什么。如果重编，我想我会补入新的方面。当初我做六个方面的划分，有一部分是基于我对他跨学科论述的理解，比如说，第一部分，美学和批评概论；也有一部分是大家公认的，例如第二部分的“比喻”。

问：这是一项非常难做的工作，你能把它做完，真的很了不起。不仅翻译得十分流畅，而且还通过翻译发现了一些问题，诸如引文、注释、版本上的讹误。不过除了那篇总序，我们能读到的材料很少，你还有其他的文字吗？总序里提出的好些观点都还可以继续深发，做出来也会很精彩，但为什么没有做下去？

答：可以继续写，但我目前没有这个精力，也许有待来者吧。不过可能因为开会，偶尔还是会写一两篇相关文章。当初做这个选本，我是专门抽了时间出来的，断断续续做了五年，从一九九三年到一九九八年，但现在不可能了，我还有其他一些计划要完成。

问：今年是钱锺书诞辰一百周年，如果说，现在让你回过头来重新评价一下，你的意见是什么？无论是他对古典文学的贡献，还是促进中西文化交流的努力，甚至是他著作本身的成就，你认为他的意义在哪儿，有哪些独特的价值？

答：他最重要的方面，在我看来，就是让人们认识到中国古代的典籍，无论是文学的、哲学的，还是美学的，都同国外的传统一样丰富，一样有意义。它们堪与比肩。而且，他极善于发掘不同传统之间的相似之处，不论比喻、象征，还是文学主题，这些相似之处常常被我们所忽略。他把中国的古典传统同西方最优美、最值得尊敬的文化传统打通了，为我们打开了一个全新的世界。

问：现在有些人会认为，钱锺书的这种工作可以用计算机来取代，电脑程序会很便捷地帮我们查找到那些不同传统、文本、文类之间的相似之处，而且还比钱锺书做得更细致更精确。但我觉得这是对钱锺书一个极大的误解，因为他们没有看到钱锺书著作背后的用心，将其简单地认为只是机械的比附。要知道，计算机永远都无法发掘中西文学共同的诗心与文心，所以有的人说钱锺书的东西缺乏思想，我无法认同。

答：对，我也听说过这种说法，认为钱锺书只有知识，没有思想。我非常反对，因为钱锺书的工作不只是指出了这种相似，他也对这种相似性作了很详细的阐述和论证。比如他会针对某一个具体概念，仔细地追查它的生产语境，流变历程，以及不同时代对它的塑造，这是一项费时耗力的工作，需要很深入的探究，所以说他没有思想，我不同意。而且，钱锺书的优点恰恰在于既能收集材料，又能超越材料。

问：我觉得这是挺大的一个反讽，钱锺书努力要沟通中西文化，但结果西方学界却没有很大的反应。或许除了著作形式的差异，西方学界的西方中心主义可能也是重要原因吧?

答：我完全同意，这是西方学界的一个“污点”。除了强调结构框架、自我中心，在西方，尤其是在汉学界，还有另一种偏见，就是比较重视中国的原典，却很少关心近代以来中国学术的发展。中国现代学术成果不受西方学界重视。钱锺书在国外不受欢迎，没能被好好接受，就是这种偏见的表现之一。

问：我明白你的意思，王德威也说过这个问题。近代以来，王国维、章太炎这些大家，也包括钱锺书、陈寅恪等人，他们在中国传统学术的现代转向方面，发挥了巨大作用，尤其是对中西文化的对接与沟通，实在功不可没。但是西方学者却没能好好地对待这些成果，也许是中国传统文化本身就足够博大精深了，他们根本就无暇顾及其他了。

答：这个偏见张隆溪以前也提过，我觉得他说的是对的。

问：因为张隆溪本人也深受钱锺书的影响。他的那本《道与逻各斯》，就是在钱锺书研究的基础上生发提炼出来的。这足见片断化的论述可以启发、演绎一本很有分量、有深度的著作。而类似的话题，在《管锥编》等著作中还非常多，我觉得，无论在中国还是西方，人们没能充分意识到钱锺书著作的丰富性，这是一种缺憾。

答：无论是他征引的，还是思考的，内容之丰富都令人惊骇。像他这样的天才，在西方却不受重视、不被理解，实在可惜。我可以举一个比较幽默的例子来说明他在西方的接受情况。在很早之前，也许是在二十世纪七八十年代，美国著名的PMLA（美国现代语言学协会会刊）就把他列为唯一的一位中文顾问。他的名字出现在编辑委员栏目里，以拼音的形式出现，但有好多年，一直没有拼对，他们把“钱”拼成“q-u-i-a-n”，因为在英语中“q”后面一定会跟一个“u”。张隆溪也知道这个事情，我们常常谈起，觉得很无奈。

问：除了钱锺书，你还研究过欧阳修、苏轼等人，出版过相关的著作，这些人都是才高八斗的顶尖文人，为什么你会不约而同地选择这些深具才气、个性，丰富且多面的人物？当初选择研究他们是出于什么样的考虑？

答：也许这只是我个人的兴趣所致。我一直有个看法，那就是通过研究这些天才一般的人物，我所能学到的东西会更多更丰富。我不太赞成把学术研究的对象、范围定得太过窄小，所以我通常会选择文学史、文化史上的大家来考察。

问：但是越是大家就越难研究，不是吗？包括你目前研究的李清照，有那么多的人讨论她，难度会很大，你怎么保证你的研究和别人的不一样？

答：我也只能尽力而为。你刚才问我为什么选择苏轼、欧阳修，也许对这个问题的另一个回答是，像他们这种样样精通、多才多艺的天才，在西方文学界也很少出现，所以我比较好奇，因而急切地想了解他们。

问：事实上，在西方的哲学界、思想界，这样的天才也不乏其人，像文艺复兴时期的达芬奇、后来的歌德，都有类似的特点，不过纯文学领域真的很难举出这样的多面手。

答：在欧美，诗人、小说家都是比较专业化的，写诗的不大写小说，能写小说的写不来诗歌。很少有人像苏轼、欧阳修、钱锺书那样，诗歌、散文、学术样样精通。

问：但有时候这种复杂、多面的形象也会带来另外一些问题。比如说钱锺书，他的身份很多元，既是古典文学者，也是比较文学者，而且还搞文学创作。但做古典文学的人，只是把他当作一般的学者，因为他的研究不是传统意义上的，他们很不习惯把中国文学放在一个人类文学、世界文学的大背景下来谈论；至于做比较文学的，努力想要从他身上发掘出有关比较文学论述方面的东西，但他却从不承认自己是比较文学者，所以说不只是国外，就连国内对他接受起来也很尴尬。因此，借他诞辰一百周年这个契机来深入地探讨一下他的地位、意义、学术贡献，是很有必要，也极具意义的。

答：因为他的突出、多面，使得国内也好，国外也好，都有点手足无措，不知道该怎么正确地对待他。事实上，我们现在做的大多只是取其一端，不及其余。比如大家都没有好好地探讨一下《管锥编》和清代登峰造极的学者笔记、札记之间的联系。一方面，《管锥编》既是这一传统的部分，受它的启示；但另一方面，他又对这传统很不满意，对清代的训诂学者和古文家极为苛刻。他挑剔他们拘泥字句，反对考证派把文学当作历史，并暗示他们无力鉴赏文学的独立存在。钱锺书的优势就在于他懂很多门外语，通晓很多西方术语和批评方法，他的研究为传统的笔记式考察注入新的视角和观点。这就是钱锺书所说的“打通”的一面。

问：也许接受钱锺书最好的办法就是去读他的书，去看他的《管锥编》、《谈艺录》，而不只是读他的《围城》、《人·兽·鬼》。说到《谈艺录》，好像还没有英译本，是因为用文言写的，很不好翻译？

答：对，太难翻译了，纯粹的中国诗学、诗论，也许根本就是不可译的。他引经据典来表达观点，很少用自己的声音讲话，而且常常是将不同书证放在一起，从而引发争议。另外，他的风格就是突然改变论题，兴之所至而头头是道，所以很不好翻译。不过，对这部艰深的著作，胡志德在他的《钱锺书》中有精彩评述。

问：郁白倒是把《七缀集》中几篇用白话写的文章翻译成法文了，叫《诗学五论》。

答：白话处理起来就相对简单得多。

问：我觉得德国的莫宜佳，她研究的钱锺书，太过简单化了。

答：她的东西有点生硬，我读过她的《管锥编》研究，*Mit Bambusrohr und Ahle*，尤其是她用所谓钱锺书的方法来分析杜甫诗歌，那部分表现得最为明显。不过，她也提出了许多重要的理念。比如说，她认为钱锺书的著作是中国文学研究第一次反映现代人的感受。钱锺书对片断思想的重视和他一次又一次不厌其烦地比较，反映了对文字、意义的不稳定性的深信，代表了现代思想。他的著作将精神上的不安定性具体化了。

问：当时特殊的政治环境也是影响因素之一。《管锥编》是在“文革”后期写成的，政治生态还比较复杂，前景还不确定。表面上钱锺书只是引经据典，不轻易吐露心声，但是他其实早已把这意见内化为文字，表现在他的写作形式上了。你会在课堂上向学生介绍钱锺书吗？

答：会，我要让他们知道钱锺书的著作，包括中国来的学生。

问：我现在也给研究生开了一门《管锥编》选读的课程，我不要求他们能全部看懂、深入理解，只要能在其中发现自己感兴趣的话题，并进而有所阐发就很好了。

答：有一个小小的exercise（试验）你可以尝试，就是让学生把某一则里面的引文原文找出来，无论是文言文、英文，还是德文。通过重返原著，重构context（文本），他们会对钱锺书有更大的敬意。因为钱锺书所引的每句话，有时候通常只有短短的几个字，都是一般读者最容易忽略的，最不为他们重视的。the most affairs（最常见的）很难遇到，遇到的都是the least affairs（最稀罕的）。真是妙，真的很独特。

问：那我知道这个学期的期末作业怎么要求了。

二、《剑桥中国文学史》，一部面向西方的文学史

问：虽然《剑桥中国文学史》还没有出版，不过大家都已

对它翘首以待，也在不断地谈论。你是直接参与其中的作者之一，能请你谈一谈这本文学史与过去的文学史，无论是中国的还是外国的，有什么样的区别？又是因为怎样一种特质在不断地吸引人们去关注它，谈论它？

答：这个很难一概而论，因为它毕竟是个集体项目，每一章都有一位不同的作者。虽然我们在动笔之前也曾一起开过会，讨论过总体的框架和思路，但是具体到每个人，尺度和目的都不一样。也许要等它出版以后，由大家亲自去比较，去观察。

问：那你是如何写北宋部分的呢？我们知道，在国内，一般的写作思路都是对历史文化背景的概述在前，作家作品的分析在后。诗歌、散文、小说一路写下来，谈它们的艺术特色、思想内涵、历史地位等等，你也这样做吗？

答：我举一个例子来说明，写唐代那篇的是宇文所安。起初，他过来和我商量说，Ron，我写唐代，要把唐以后的五代和宋代最初的几十年包括在内，你同意吗？我说，我当然同意。因为宋代最初的五六十年，事实上还是对之前文学的一个延续。所以，我写宋代文学史，并不是从北宋初年开始的，而是在此之后的半个世纪，也就是从欧阳修、范仲淹他们写起，我想，在中国国内写宋代文学史，一定不会这么做。

问：不会，绝对不会，基本上还是历史、朝代的框架。你们是比较重视文学自身的发展逻辑，会考虑到文学演变过程中的缓冲、惯性，所以你写宋代，会从它拥有自身特色的那一刻写起。换句话说，文学史的观念，在你们看来是它内部的发展比外在的朝代更替更重要。

答：对，这与中国的学术传统理念很不一样，这样做会有很多麻烦，但也有优点。

问：那比起国外的文学史呢，比如说之前的《哥伦比亚中国文学史》，它又有什么不同？

答：很不一样，比如说它们的structure（结构）就完全不同。《哥伦比亚中国文学史》主要是以文体来分类，乐府、古诗、律诗、散文，分成很多篇，而《剑桥中国文学史》则主要是以时间，以朝代来划分。我们有一个统一的认识，就是无论你是写两百年，还是三百年，这个期间涉及的书籍、文章、体裁，你都应该写到。相比起来，《哥伦比亚中国文学史》就不够系统，太杂乱，而且参与其中的学者也很多，把各种各样的角度、意见都写出来了。剑桥这本基本上找的都是每个时段比较成熟的学者，也就是英语所说的senior scholar，撰写哥伦比亚那本的学者，成熟的也有，年轻的也有。

问：作者太多有一个问题，就是很难从头到尾贯彻统一的编写意图，这样读者读起来就会觉得枝蔓、散乱。

答：是。起初我们为了编写《剑桥中国文学史》，还专门开了几天的会议，大家聚在一起讨论编写的意图、目的，应该采用什么样的框架、思路。虽然不能说把所有的问题都解决了，但总体而言，会有一些共识，写起来也不会五花八门。而哥伦比亚那本的作者，并没有一起开会。

问：宇文所安有一篇文章叫《瓠落的文学史》，里面提到，所有的文学史都是历史过滤、历史选择的结果，而且当中还伴随着一种强大的历史想象。他说，文学史家常常是从自己的知识、立场出发，来重建当时的文学场景。在我看来，这多少是受了新历史主义观念的影响，他们认为历史本身就是一种叙事。你也同意宇文所安的看法吗？或者说，你在写宋代文学史的时候，也秉持这种认识吗？甚至更进一步地问，这种理念在西方已经成为一种共识了吗？

答：对，我同意这个观点。而且，在西方它已经很普遍了。

问：因为我刚刚写了一篇有关钱锺书和新历史主义关系的文章，钱锺书讨论的一些观念，比如“史蕴诗心”、“文史互通”、“六经皆史”，其实都是在讲文学与历史的关系，讲历史中包含的文学想象与文学化的叙述。我想，这种观念的兴起，很大的原因是想对传统的文学史观作出一个反驳。过去，国内的文学史写作太过拘泥于历史反映论了，认为文学是特定历史时段的产物和表现，它反映政治，反映经济，反映意识形态。但现在，大家都开始慢慢接受文学是一种想象，一种虚构，而这个观念在西方已经大行其道了。

答：是。有一点我要补充，就是中国的读者对《剑桥中国文学史》很好奇，很期待，我们也想借此对中国的文学史写作作出一点新的贡献，不过要记住，这本书是写给英语读者看的，它最初的定位中并不包括中国学者。其他作者我不敢保证，但我自己写北宋这部分，我心里想到的是美国、欧洲的读者，绝对没有想到它会被翻译成中文。我给你们看干吗呢？我所知道的你们都已经知道了，我是写给那些根本不熟悉中国文学的读者看的。

问：读者定位不同会带来一系列问题，等它被翻译成中文后，针对许多具体问题的看法和见解，中西之间可能会产生一些争议和碰撞。

答：当然，这是不可避免的，新的观念、看法、视角，都会给原来的观念带来冲击。

问：那《剑桥中国文学史》定位的读者是哪些？东亚系的学生？

答：对，还有我们所说的general reader（普通读者），因为有很多人还是会对不同国家的文学史产生兴趣。

问：另外，还有一个比较有趣的现象就是西方人很少写文学史，除了几种比较权威的，像《剑桥中国文学史》、《哥伦比亚中国文学史》，而中国人却普遍热衷写史，光是一个现代文学史就有好几百种，蔚为壮观，你觉得是什么原因造成这种差异的？

答：很难说。以我参加《剑桥中国文学史》的写作为例，我们每个人写一篇，但多半的人不会把它当作一个rational research（理性化的研究），而只是把它看成general presentation（一般性的描述）。我大部分的时间和精力都贯注在李清照身上，因为我正在写一本关于她的书。这本书我希望会有新的发现和看法。但我写北宋文学史，立场不同，我有义务收敛自己的个性，使其中的观点不要太过张扬。换句话说，你可以在自己的研究项目里展露锋芒，但最好不要在集体项目中出位。

问：我明白你的意思。既然说到了李清照，那我们就谈一下你自己的情况。你说你对李清照研究有一些新的看法和发现，这些看法跟过去的研究有什么不同，你是从什么角度来写的？

答：前天我在演讲的时候提到了一点，就是从接受史的角度来重新审视李清照。我的材料是五首“调情词”。对这几首词的归属问题，起初还有争议，但后来大家都普遍相信那是李清照所作。为什么会这样呢？原因就在晚明，那个时候李贽等人大力提倡“情教”，所以大家认为能写“调情词”是一个人真性情的表现。因此，这些仿易安体的作品，很自然地被归到李清照的名下了。换句话说，我们现在看到的李清照是一个被历史塑造过的形象。当然，这只是一方面，我写这本书最主要的目的是想跟你们国内研究李清照的学者对话。

问：哪些学者？你觉得可以在哪些方面与他们形成一种对话，一种修正呢？

答：我这里带了三本书，一本是诸葛忆兵的，一本是邓红梅的，还有一本是陈祖美的。我要说的是，他们学问都比我好，即使我再做二十年，也未必会有他们现在的水平。

问：你是指对史料的掌握情况吧？

答：是。但是有一点，他们的研究受了太多传统观念的影响，分析的批判性不够。譬如说，大家都以为，李清照用女性的声音来写作，就代表了她本人的思想，和历史上那个真实存在的李清照是完全一致的。其实，男性作家也在写，但没有人会立马把他作品中的声音和他现实中的声音等同起来。这也是一种偏见，就因为李清照是女的，所以她传达出来的声音就必须是她本人的声音。

问：这就是叙事学所讲的作者与叙事者的关系，两者有关联，但不能混同。另外，这种误解也跟女性理论的风行有一定联系。大家都拼命地在套理论，认为只要是女性作品就一定传达女性声音，就一定反映女性主义的思想，但结果是完全被理论牵制了。

答：对。我还可以再讲一点，其实我前面也提到了，就是现在保存下来的李清照作品大约有五十几首，而真正能够确定的只是她在世时所写的二十三首，其余的三十几首，都是在晚明的时候才归到她名下的，那个时候她已经死了四百多年。而一般学者，包括这几位学者，都对此不加区分，混作一谈，其实它们的可信度是很不一样的。我相信，那三十多首词，很多都是模仿易安体的。

问：这跟田晓菲谈陶渊明和手抄本文化有点近似。在她看来，陶渊明的形象、作品，就是在不断地被篡改和修正中变成今天的样子的。

答：对，他们有相似处。但有一点不同，就是李清照的文集完全失传了，我们能够依靠的只有词选本，而这些词选本又非常混乱，很多都是不可靠的。我觉得李清照在中国被过分理想化了，她已经被塑造成了一个“文化偶像”。希望我的研究出来以后，你们能够看到一个更为立体的李清照，不要一写到李清照和赵明诚，就写得像小说一样，过分地浪漫化。

三、汉学研究，一个边缘领域

问：目前在美国从事中国古典文学研究的人，不能算多，也不能算少，但总体说起来，汉学研究好像还是很边缘的一门学科，甚至连日本研究都比不上。当然比起以前，现在情况要好得多，开始慢慢得到重视，由边缘转向中心，但实质性的问题并没有得到根本扭转。

答：是，这个问题还在，而且还很严重。就拿美国大学的学科设置来讲，里面有一种很微妙的矛盾，比如每个系都希望多一些中国研究专家，历史系需要，人类系、社会系也一样，但是，偏偏这些科系又是欧美中心主义偏见最强烈的科系。我所在的加州大学圣巴巴拉分校，它的历史系有四十几位教授，研究中国的只有两位，可是专门从事美国历史研究的却有二十多位。这几乎成为一个笑话。但是他们自己不以为然，甚至还坚持认为每一个美国总统都应该有一个专家来研究他。

问：美国中心主义很厉害啊！

答：美国历史系的人是最要命的，开始的时候，我们还一直在跟他们抗争，但后来不行了，就只好转到东亚系。但一退到东亚系，问题就来了，我们自然而然地就被边缘化了，一辈子都跑不出来了。这个矛盾到现在都没有解决。东亚系的设置，使得它和其他科系的互动联络减弱了。

问：不过话又说回来，美国现在对中国文化的关注度还是前所未有的。不少地方都与国内合作，创办孔子学院，推广汉语和中国文化，你们学校有吗？

答：还在谈，不过加州大学的洛杉矶和圣地亚哥分校都已经有了。虽然它很热闹，但里面还是会有一些问题，就是它推广的对象大部分是一般的民众，他们不可能对中国文化有很深入的了解，他们对中国的认识仅仅停留在语言上。另外，好些大学对孔子学院也不太接受，有的根本就不上课，纯粹只是在夜间进行一些娱乐表演。

问：这是一个很现实的问题，了解中国不能太过表面。要想深入理解中国文化，就必须像你们一样读中国的原典，做中国的研究，跟中国的学者交流对话。我记得你上次来苏州大学演讲，好像是二〇〇六年，谈的是北美汉学研究的基本动向，现在五年过去了，海外的中国研究又呈现出怎样一种状态，出现了哪些值得注意的话题和著作呢？

答：这个很难一言以蔽之，但总体而言，成就很高。尤其是最近十年，你去看Harvard East Asian Series（哈佛东亚丛书），出了很多成果，水平也相当高，不论是文学、历史，还是思想史，而且有许多有意思的课题，是你们国内学者不容易想到的。当然，这也不是绝对的。我可以举一个例子，最近哈佛大学出版了一位年轻学者的书，他的名字叫Jeffrey Synder-Reinke，研究清代的地方官和他们的宗教活动，无论是用道教的，还是佛家的方式来rainmaking（祈雨），来解决地方的干旱问题。英文的题目叫“Dry Spells: State Rainmaking and Local Governance in Late Imperial China”。他的研究试图说明，虽然帝国晚期的中国社会从表面上看好像已经完全儒家化（Confucianize），但一遇到自然灾害，还是会借助于那些非儒家化的方式来处理。

问：类似的视角好像很多，比如孔飞力（Philip Kuhn）的《叫魂》在国内竟然流行一时。你觉得现在做中国文学研究，除了参与《剑桥中国文学史》的宇文所安、孙康宜等人，还有哪些值得注意的年轻学者?

答：明清时期的女性史、女性文学研究，目前在北美的成就相对较高，当中有一位，Ellen Widmer，我不知道她的中文名叫什么。

问：魏爱莲。

答：她在几年前出了一本书，题目也很有趣，*The Beauty and the Book*，主要是探讨清代的女性，包括女性作家、女性读者和女性编辑，她们一切与书籍相关的行动，写得非常好。当中涉及《红楼梦》对当时女性生活、阅读和写作的影响问题。此外，还有一个人值得注意，Grace Fong。

问：方秀洁，她研究过吴文英。

答：对，她后来专门研究明清女性诗词，而且还在哈佛、香港收集到了上百本的女性文集，这些东西都是以前人不太注意的。她把它们电子版化，这个工作刚刚完成，现在还没好好地去研究它们。

问：不过，这些女性主义研究也带来了另外一些问题。比如说，以前我们把女性看成是男性压迫下的受害者，但她们却强调，女性并不是纯粹的受害者，她们有自己的文化空间和自由。大家好像都普遍接受这个观念了。

答：我不接受。你若好好地读一读李清照因再婚案下狱后写给綦崈礼的那封《投内翰綦公崈礼启》，就不会觉得女性没有受到伤害。如果再读一读王灼的《碧鸡漫志》，就会明白社会舆论对女性再婚的道德控制有多大。王灼说她有诗才不假，但是其影响实在恶劣，淫言媟语，流毒内闱。根据我对李清照早期接受史的研究，我相信，至少在南宋一代，女性再婚所遇到的非难和指责是非常严重的。刚才你们问有哪些人比较重要，还有一位值得一提，Mark Lewis，斯坦福大学的教授，他是专门研究秦、汉两代文化史的，中文名字好像叫陆威仪。

问：最后我想再问一下有关宋代笔记的问题。你怎么研究笔记的？和之前的笔记研究有什么不同？

答：以前读过一些笔记，一个偶然的机会，让我发现了笔记这个十分丰沛的宝库，对它产生了深厚的研究兴趣。以前的笔记研究相对较少，多数是当作史学材料在用，并没有注意到笔记本身的价值，没能将它看成是一个严肃的研究对象。至于怎么去研究它，我现在还没有想好，因为材料实在太多，做起来很不容易。大象出版社从今年起开始出版《全宋笔记》，估计出完全套要上百本，这是一批庞大的材料，有点无从下手。我现在只是欣赏，至于怎么研究、怎么分析，还有待思考。

问：你如何界定笔记的性质？它的身份好像有点多元。

答：对，它的身份有点模棱两可，不能算是纯粹的文学作品，但我们不妨将之视为一种由文人记录的文化现象，而且它关注日常，关注下层人民。欧阳修的《归田录》是一个转折，在他之前，宋代笔记记载的多是宫廷、官员的稗史、轶事，还有部分志怪的内容。但在他之后，笔记的题材、范围大大扩展了，叙事的格调也变得轻松诙谐，比如你们熟悉的卖油翁的故事。

问：整个宋代文化在不断地走向精致，而笔记则日益地显示出它的世俗性，这种雅俗之间的互动倒是很有意思的话题。

答：秦观讲“仰不知雅言之可爱，俯不知俗论之可卑”，雅俗的互动在宋代是很明显的，但是具体到怎么展开，我现在还很难说清楚。我希望这个领域能够吸引更多的年轻学者参与进来，到时候我们就会有一个明确的答案了。

问：好的。我们也期待你的笔记研究的成果早日问世。谢谢！

*本篇最初发表于《上海文化》二〇一〇年第六期。

说唱文学与文学生产

伊维德访谈录

著名汉学家伊维德（Wilt L. Idema）是哈佛大学东亚系教授，荷兰皇家艺术与科学院院士。伊维德从一九七〇年起执教于荷兰莱顿大学，一九七四年获博士学位，曾两度出任人文学院院长、非西方研究中心主任。二〇〇〇年受聘为哈佛大学东亚系中国文学教授，二〇〇八年任东亚系主任。主要研究领域为中国古代戏曲、说唱文学、女性文学等，以英文、荷兰文出版了《中国白话小说：形成时期》、《朱有燉的杂剧》、《中国文学指南》等，编选翻译有英文或荷兰文版《孟姜女哭长城》、《中国戏曲资料（1100-1450）》、《月与琴：西厢记》、《中国古典诗歌之镜》、《晶莹的泪珠》、《彤管》等，对中国文学在海外的传播起到了巨大的推动作用。

二〇一一年十月十二日，应苏州大学文学院和海外汉学研究中心之邀，伊维德教授专程来苏演讲，并接受了我们的采访。十月的苏州，晴明宁静，在南林饭店咖啡吧凭轩而坐，享受着咖啡的浓香，听伊维德为我们敷衍出一段别样的中国文学史。他的中文很好，也很健谈，一个半小时的访谈里，旁征博引，滔滔不绝，广泛涉及文学译介传播、文学史书写、选本意识形态、思想史论争等多个话题，其丰富性远远超出我们拟定的采访提纲。访谈中不仅有对原生态文学历史地位的独到见解、对文学生产物质性因素的深刻思索，也有对人文学科全球遇冷的无奈喟叹，而更多的则是对汉学研究前景的无限期许。

问：伊维德老师，您好！谢谢您在百忙之中接受我们的访谈。我们这些年比较关注海外汉学，尤其是海外的中国文学研究，作为基础性的工作，作了一系列海外汉学家的学术性访谈，比如宇文所安、艾朗诺。这次很高兴有机会向您请教，还是先请您谈谈您最近的研究课题吧？

答：谢谢你们。我最近做得比较多的是俗文学，不是现代的通俗文学、大众文学，而是中国古代的俗文学。我在哈佛开设说唱文学课时发现，英语世界关于中国早期俗文学作品的研究比较多，范围也很广，但是明清两代的俗文学作品，却很少有人提及，不仅研究不多，一流的翻译也非常少。考虑到这个情况，我决定在这方面多做一点工作，在研究的同时也选编翻译一些传奇故事，包括一些世代流传的故事，还有不同地方带有宗教色彩的叙事作品，比如海南的苗歌，等等。在这过程中，我对有关动物的传奇故事也产生了兴趣，目前正在收集资料，准备编一本书。

问：您在编选、译介中国文学作品的过程中，一直非常重视选文的版本，也在不同版本的比照中发现了一些新问题，这与中国古典文学的传统研究思路颇为接近。在我们看来，文献版本的遴选、辨伪、校勘是研究的基础工作，那么，您从译介和传播的角度出发，来考量文献的不同版本，有什么特别的发现吗？

答：很多故事，比如“孟姜女哭长城”，由于产生的年代较早，在传播的过程中，在南北方不同文化的浸润下，演变出很多不尽相同的版本。很多学者认为大同小异，而我觉得是"小同大异"。在细读或者翻译的过程中，很多细微的差别往往会凸显出来。因此，虽然这些故事很早以前就有了英译本，但我觉得还是有必要重新翻译。对"孟姜女哭长城"，我就选择了十个不一样的版本，翻译成英文编成了一本书。后来编选"白蛇传"也是这样，选取了包括《雷峰宝卷》在内的几个不同的本子，翻译成英文。"梁山伯与祝英台"的版本相对较少，我只选择了四种，加上一些其他的资料编辑出版。

问："版本"这个概念让我们意识到，所谓作品，并非一个单一体，有时候它是一个作品群，既包括它自身形态演变中的增删，也包括对它的重新发挥和塑造。这些群落所形成的谱系，就是一种思想史。而这个群落，有时大，有时小，社会、历史、读者接受等各方面的因素都有可能左右其流变的过程。

答：对，不过也并非每个故事都有很多版本，在传统的民间四大传说中，"牛郎织女"就很奇怪，没有像其他三个故事"孟姜女哭长城"、"梁山伯与祝英台"、"白蛇传"那样，有变文、宝卷、弹词、鼓词等各种形式。翻译的时候，我把"牛郎织女"的故事改成"董永遇仙"，也收集了一些相关资料，编成小册子。后来湖南江永县发现女书，其中也有这个故事。女书很有意思，其中有一部分是江永妇女自己编写的故事、诗文，还有一部分是湖南流行的唱本，被她们改写作女书，我收集了一部分资料，也翻译成了英文。

问：邝丽莎（Lisa See）的小说《雪花和秘密的扇子》写

的就是湖南地区的女书，以及借女书传递情爱的lesbians（女同性恋）。这部小说被王颖改编成了电影《雪花秘扇》，很可能会引来东方主义的猜忌，但这种女性化、异域化的表达，还原到历史语境中去，却代表着民间、大众对自己文化、情感最通行的表达。换言之，现在的独特性，在过去却是普遍性。这种独特性与普遍性的转换，提示了不同时代的思想观念的嬗变。

答：是的，那本书在美国很畅销。回过头来说，版本的问题，我个人也是在编译的过程中才逐渐重视起来的。我和奚如谷（Stephen H. West）教授有三十多年的合作，曾经一起重新翻译了《西厢记》，当时就是考虑到已有的熊式一先生的译本采用的底本为删改较多的金圣叹批评本，我们选择了现存最早的全刻本，弘治年间的《新刊大字魁本全相参增奇妙注释西厢记》作为底本，以期保持《西厢记》最初的面貌。当然还有其他原因，毕竟熊先生的译本是二十世纪三十年代出版的，几十年以来，可供参考的文献丰富了很多，应该将其补充进去。去年我们出了一本中国早期剧本的选集，包括十部杂剧、一篇戏文，每部戏我们都尽可能选了最早的本子。

问：就是你和奚如谷合编的那本*Monks, Bandits, Lovers, and Immortals: Eleven Early Chinese Plays*吗？厚厚一册呢！

答：对的，很厚。

问：在元曲的研究上，您特别关注版本背后的意识形态问题，关心作品由谁书写，何时书写，为谁而写，有何功用。田晓菲针对陶渊明诗文集版本的问题也作过类似的考察。在她看来，陶渊明终究是一个“文化产品”，文学史中的陶渊明未必同历史上的陶渊明严丝合缝，后之来者的观念和意识，连同陶渊明本人的文字记录，共同塑造了我们今天所认识的那个清淡悠然的陶渊明形象。所以严格说起来，这类观察已经由一般意义上的文学研究，演变为传播史、思想史或者说文化史的研究了。

答：的确，不同的版本有着不同的历史背景，对原作改动之中包含着不同的信息，这些信息可能很重要，但也可能因为这种改动，我们甚至无法还原作品的原貌了。就拿元代杂剧来说，我们看到的文献，属于元代的其实非常少。真正的元代戏剧，除了在《元刊杂剧三十种》中有一些，留下来的部分往往已经过官方的筛选与修改，因为很多东西官方是不喜欢的。这就像二十世纪五十年代的戏曲改革一样，留下来的、可以用的戏剧必须经过改写，而未经改写的本子，民间是不容易看到的。除官方删改外，还有民间的修改，比如江南文人，像臧懋循就把杂剧剧本改写作文人之间传阅的读本，这与宫廷为演出而改写的戏曲很不一样。以前我以为臧懋循修改刊印的东西是经过宫廷筛选留下来的，现在看来不是，其中加入了很多他自己删改的成分。我还把李开先的《改定元贤传奇》与《元刊杂剧三十种》作了一个比较，发现《改定元贤传奇》好像是用元刊本作底本的，但因为不断有人改写，所以李开先才用了“改定”。另外，还有一个问题就是，因为杂剧是文本与表演的综合体，很多表演层面的东西，包括演员的即兴话语部分，都有赖于现场发挥，而无法在文本中体现，所以，元杂剧的刊本，并不是全部的文本。李开先编订的剧本是用来阅读的，杂剧本身的连贯性因脱离了舞台而大大受损，所以李开先也好，臧懋循也好，都要补写演员说的一些话，但他写得非常简略，有时甚至不是他自己所作，而是门人补写的。我们必须承认，被删改的元杂剧即使经过了李开先这样的补充、完善、修改，也不见得就一定是元代戏曲的原貌。所以，编译时我们只能尽量选择最早的版本。

问：这种增删、改写，正是文学生产研究最感兴趣的话题。我们换个话题，您同管佩达（Beata Grant）教授选编过女性文选《彤管》，应该说女性主义一直是海外汉学研究中一个比较重要的板块，其中针对古代文学的女性主义研究普遍偏重于文学史脉络的重整，以及对以男性权威为主体的历史书写的介入与质疑，那么就您个人而言，对女性文学的兴趣是基于怎样的动机呢？

答：的确，我对妇女著作有一定的兴趣，也编过一些女性作品选。我现在在读满洲妇女的著作，其中我关注比较多的是顾太清，她的文化背景和生活经历都比较特别，她是在南方长大的，受到的文化熏陶比较好，而她结婚后是侧室而不是正房，这样的出身和地位使得她和其他满洲妇女交流不多。我们知道清代北京有一个满洲妇女作家圈子，可是顾太清长在南方，与她交流较多的主要是来自江南的妇女，这些因素都对她文风诗风的形成有所影响。她们的诗写得的确不错，通过研究这些人的诗文，可以从另一个侧面了解满洲妇女的生活。

问：您从二十世纪八十年代初就与奚如谷教授合作编写了《中国戏曲资料（1100-1450）》，三十年来，一直在研究、译介包括戏曲在内的说唱文学，对中国传统戏曲在海外的传播与发展起到了重要作用。那么，在您看来，目前英语世界的中国文学研究中，戏曲研究占据一个什么样的分量呢？

答：我这一辈的人，求学成长于二十世纪五六十年代，由于政治等原因，没有足够的关于当代中国文化的材料供我们研究，包括大陆、香港、台湾都不能提供足够的材料和平台。相对而言，关于传统中国文化的资料比较丰富，也比较有意思、有价值。另外，在西方国家，尤其在美国，有很多从中国过来的学者，他们觉得现代文学受西方影响太深，中国传统的成分太少，没有什么价值。所以，我们这一辈的人大多数都在研究古代中国，包括明清小说、戏曲、唐宋诗词等等。到了八十年代，我们的学生可以到中国留学，接触到很活泼的新时期文化，相当一部分人对当代中国产生了兴趣。现在搞古代文学的人也不太多了，大多数学生不太喜欢古代的东西，最多对非常古老的中国思想有一些兴趣。他们的兴趣点主要集中在中国的经济、政治、法律等方面，研究中国古代戏曲的少之又少，我想中国的学生大概也是一样的。

问：看来人文学科的遇冷也是全球性的，这恐怕是大势所趋了。

答：对于海外的戏曲研究来说，它本身也有一个转变。以前的研究，特别注重戏曲文本，而且主要是研究元代杂剧，研究明代传奇的人比较少。可是到了八十年代，随着中国的开放，外国人可以到中国来，进入专门的戏曲学院学习戏曲，包括表演，也因此产生了一批对传统戏曲兴趣浓厚的学者。所以，如果看元代杂剧，会发现译本大部分都是六七十年代出版的，直到最近才有新的译本，至于传奇的翻译则出现得更晚，很多还是节译本。白之（Cyril Birch）教授翻译了全本的《牡丹亭》，还翻译了孟称舜的《娇红记》,《桃花扇》的全译本还需要再作修改。洪涛生（Vincenz Hundhausen）教授翻译了《琵琶记》，他们译文都很好。但现在最大的问题是，出版社不喜欢出版戏曲，他们从销售上考虑，觉得中国小说的翻译销量还可以，诗歌的收入就一般了，戏曲则很难卖得掉。

问：洪涛生在中国没什么人知道，他翻译《琵琶记》曾得到冯至的帮助，还在海外组织专门的戏曲社演中国戏，很有意思。您参与撰写了孙康宜和宇文所安主编的《剑桥中国文学史》，这部文学史有意打破传统汉学研究按文体分类的思路，依循时间线索描绘文学发展的脉络，并且将文学、文化看作一个有机的整体，在编写过程中，尽可能涵盖包括接受史在内的文学生产的各个方面。您在其中负责的是说唱文学部分，他们对您的文学史观是不是能够完全接受呢？

答：我说我要写说唱文学这一部分，他们很赞同。以前倪豪士（William H. Nienhauser）编《印第安纳中国古典文学指南》时，最初的构思里也没有安排俗文学，所以我跟他建议一定要加上说唱文学这一部分。一晃三十年了，那时我对说唱文学的了解还不够，看到的资料也没有现在这么丰富。那个时候，资料最全的应该是傅斯年图书馆，就是郑振铎、胡适等人二十世纪二三十年代收集的，后来搬到台湾去的一批珍贵资料。赵如兰教授要他们将资料做成微缩胶卷，所以后来哈佛大学、剑桥大学都有这批微缩胶卷。

问：很多历史文献根本没有办法影印扫描，恐怕只能做微缩胶卷了。他们的保护工作做得很好。

答：是的，中国大陆近几年拿说唱文学作为地方的传统艺术申报非物质文化遗产，以前被破坏得很厉害的东西，又重新重视起来，所以现在还是有一些资料的，比如潮州歌册，由潮州政府出资，在北京图书馆出版社影印出版了。江南地区的弹词，还没有全套地收集出版，扬州、苏州的戏曲、评弹虽然做了一些整理工作，可是我觉得还不够。太原有高校在组织学者研究鼓词，他们有一个比较大的计划，编好了目录，逐步整理。

问：相比起如此丰富的说唱文学遗产，现在的文学史书写关注得还是远远不够的。

答：确实如此，很多中国文学史都不太重视说唱文学，即便提起，也只是寥寥数语，一笔带过。对传统的民间文学，关注也不够。事实上，这方面的资料非常丰富，而且往往有很强的地方性，比如广东有木鱼书、南音，福建有福州评话，江南地区有弹词、苏州评弹、扬州评话、闲词、清曲，还有吴歌，除了短的以外还有长篇叙事歌曲。北方则有大鼓书、鼓曲、坠子、梆子、说书，等等。很多地方还有俗讲、宝卷之类的文献，资料非常丰富。当然，不是说什么资料都好，有一部分确实写得比较粗糙。可是也有写得很好、很动人的部分。我觉得这些东西应该被纳入文学史的书写。现在的文学史大多还是带有精英主义色彩，有某种等级意识在里面，编选者会觉得这些文学比较俗，不登大雅之堂。

问：所以现在学术界提出要重返"现代性的地面"，做研究不能仅盯着知识精英的反应、思想和书写，也要把关怀落实在一般读者和民众身上。就是像李孝悌等人提出的，我们除了要聚焦士大夫们崇高、谨严的政治活动和思想形态，也该相应关心其外围的生活，包括他们对宗教、日常世界的投入和营造。这些思路看上去不过是在作二元对立的拆解，但理念却是很明确、简单的，那就是文学史、文学现象、文学文本，不可能由一种孤立的因素、成分构成、决定，多元化才是其正解。尽管这个观念很普通，却不见得能有最深入的贯彻。从二十世纪七十年代，您在博士论文"Chinese Vernacular Fiction: The Formative Period"中提出"说书不是小说的唯一起源，小说是从各种文学样式中汲取营养而形成的"，到今天，王德威还在苦口婆心地强调"现代文学的多重缘起"。

答：对，多与一、雅与俗总是能派生出一系列问题，同时也折射出一定的史观偏见和研究成规。与此相关的另一个误区是认为用白话书写的作品就是通俗的，这是不对的。中国著名的古典小说中，《三国演义》是用文言文写的，《水浒传》、《西游记》差不多是半文半白，真正的白话长篇小说只有《金瓶梅》，但《金瓶梅》恰恰是最难懂的一部。《金瓶梅》使用的语言可能是山东方言，是十六世纪民间所使用的白话，是真正的白话。这也是一般读者最喜欢看的。但是这里又有一个矛盾，学校里教的是文言文，官方书面语言是文言文，高雅的文学也是用文言文写成的，所以正统的文学史没有给通俗白话文写就的说唱文学留下一席之地。比如他们选择小说时会选《红楼梦》、《三国演义》，而不会选《说唐》、侠义公案小说，但事实上，在老百姓中传播最广的恰恰是这些“俗”的文学。另外，我们的文学史对宗教文学也没有给予足够的重视，你看英国文学研究中就很注重宗教文学。也许是五四运动后，大家都做了赛先生的好学生，反对宗教，所以尽管佛藏、道藏那么丰富，可是很少有人去研究。我一直觉得我们之所以对说唱文学等俗文学重视不够，很大的一个原因就是五四运动的领导者主要是文人。

问：尽管中国学术体制，比如说文学史观念的建立可以在晚清寻找到它的源头，从林传甲到黄人，从笹川种郎到太田善男，逻辑线索很明确，但真正说到将某些史观、研究方法一锤定音的恐怕还是“五四”。在某种意义上，德先生、赛先生，启蒙、进化，确实对之前和之后，乃至其时的文学和文学建制形成了一种“压抑”。比方说，我们对刘半农、沈尹默等人创办的北京大学歌谣研究会和他们的民歌征集活动的关注、研究就比较少。这同您今天关注说唱文学，并力图填补这段文学史的空白是相关的。我觉得这个意义和价值非常大。至少让大家意识到，在所谓高雅的纯文学之外，我们还有这些最丰富、最生动的原生态文学样式。你和汉乐逸（Lloyd Haft）教授合作的《中国文学指南》一书中，对所谓高雅与低俗提出了相当具有启示性的看法，印证了“五四”所谓大众启蒙实际上是相当精英的，而且俗文学应该是包括现代小说在内的很多纯文学最原始、最重要的源泉之一，比如传统戏曲和现代的话剧，也包括后来出现的样板戏，关系就极为密切。

答：早期的话剧先驱，像欧阳予倩、杨瑞麟他们，一方面非常喜欢传统戏曲，一方面也在搞话剧，所以我一直认为，在中国，京剧要比话剧更具有现代性。因为有了话剧之后，才有齐如山等人逐步确定了京剧的表演形式。在齐如山和梅兰芳合作以前，京剧的形式一直都在变化、发展，没有一个固定的形式，只有演员的习惯，没有确定的规律。齐如山在戏剧理论研究方面创建很多，成就也很大。他觉得西洋人有他们的写实主义的戏剧，中国人则不同，我们的戏剧表演很大程度上是象征性的。他的理论把京剧从传统的娱乐（entertainment）变成艺术，把演员从一般的表演者（entertainer）变成艺术家。有趣的是，京剧是什么时候从娱乐性的演出变成艺术的呢？恰恰是在二十世纪二十年代，为了反对话剧才出现的。当然，齐如山后来去了台湾，所以后来我们都不怎么提他了。

问：一直以来，我们都没有对齐如山给予足够的重视和肯定。其实没有齐如山的介入，就没有梅兰芳后来的成就。叶凯蒂有一篇文章讨论过，齐如山这一代文人，从护花人到知音，角色嬗变非常厉害，里面有社会的因素、文化的原因，更有情感结构的转移，甚至包括后来电影行业明星机制的建立，他们都居功甚伟，他们的人生起伏和历史活动，是进入文化史、思想史、社会史很好的切口，比起翻译理论界念兹在兹的赞助人（patron）角色，他们毫不逊色。

答：是的，你看齐如山的著作，京剧改革的过程中很多重要的理论成果都出自其手，他在梅兰芳的全力配合下，深入研究京剧艺术。梅兰芳也很聪明，利用了齐如山的指导和宣传，成了世界闻名的京剧表演艺术家。

问：京剧改革带来了所谓雅俗观念的变革，三教九流的卖艺表演通过融入新的建制、观念、思想，变成了高雅的艺术表现。这说明，我们对雅俗不必有铁板一块的见解，即使是俗文学，也有其能量和意义。就以二十世纪中国文学史为例，通常都视其为纯文学史，但问题是，“五四”新文学运动以后，大量的俗文学，从鸳鸯蝴蝶派，到后来的武侠，一直没有中断过。现在大家已经开始意识到俗文学的价值，逐渐把俗文学纳入文学研究中来。您是研究俗文学的专家，我想问的是，您认为像鸳鸯蝴蝶派这样的作品，它是不是一种俗文学呢？这是一种什么意义上的“俗”呢？

答：“文学”这个概念，每个时代的意义都不一样，要作具体而微的考察，需要一定的社会学知识。我对鸳鸯蝴蝶派没什么研究，我比较感兴趣的是文学的普及性问题。我觉得在写文学史以前，要好好地考虑一下，在特定的时段，参加文学生产和接受的都有哪些人，他们选择了什么样的形式，为什么选择这个形式，毕竟有很多其他的选择，毕竟每一个形式对内容的要求是不同的。我们讨论俗文学的发展也可以从普及性这个角度出发。一直到清末，俗文学的地方性还是很强的，高雅文学虽然也有地方性，但基本还可以说是全国性的。传统印刷业的一个好处就是相对比较简便，对技术设备要求比较低，所以很多地方都会做，但它的规模一般比较小，印数有限，普及性不会太高，还是有很强的地方性的。真正意义上面向全国读者的大众文学、俗文学，其发端应该还是要从申报馆、商务印书馆、中华书局的出现，从印刷技术的现代化算起。

问：对的，文学载体的革新对文学生产流通的影响是不可估量的。本尼迪克特·安德森（Benedict Anderson）讲“想象的共同体”，根基还是在于资本主义的印刷技术的发达；而田晓菲研究陶渊明，表面上是讲思想史、观念史，可归根到底，她也有一个很核心、很基础的理念，那就是文学作品或文化产品，是有它的物质性的。

答：这种物质性正是大众文学产生的关键。印刷业的机械化带动了出版业的现代化，才有了真正的大众文学。它在一个地方出版，全国人民都可以成为它的读者。当然，这就需要特别注意读者的兴趣爱好。出版社是要营利的，所以他们要出版的是预计销量会不错的作品。现代的东西读者不多，所以出版社先要排印出版的是古代小说，之后才是宝卷、鼓词、弹词等俗文学的东西。有时，出版社也会邀请文人重写、续写武侠小说，比如《三侠五义》，因为卖得很好，马上就有续书。续书卖得不错，还有续书。很多公案小说都是这个样子的。后来就有了鸳鸯蝴蝶派。我觉得鸳鸯蝴蝶派比五四运动的文学还要现代。“五四”文学的现代性体现在思想内容上，鸳鸯蝴蝶派的现代性则在于利用了现代的技术手段和经营方式，即出版的机械化、商业化，所以这批作家收入很高。虽然包括茅盾、叶圣陶在内的很多文人都在骂鸳鸯蝴蝶派，可是鸳鸯蝴蝶派的作家，比如包天笑，小说写得确实好，保留着中国语言特有的味道，没有那种欧化的、很难懂的句子。这批作家其实非常聪明，随着上海现代化的出版业建立以后，他们在创作过程中也开始对全国读者的兴趣爱好有所考虑，兼顾社会上不同层次的读者群体。他们不会像“五四”时期的新道学先生那样，完全不考虑读者喜欢什么，只顾写自己的思想。

问：事实上，意识到文学的物质性，不仅可以帮我们击破雅与俗的迷思，同时也会对其他一系列文学史问题产生影响，比如历史的分期与断代。以前的文学史阶段划分，政治因素总是主导指标和重要依据，王朝的覆灭和新生常常联系着文学史的转折、变迁。与此不同的是，您一直都在强调技术性因素的参考价值，认为从造纸术到印刷术的发明，可以看作是文学史转折的重要指标。

答：是的，我们做《中国文学指南》时，的确是按照技术发展的情况来分期的，比如纸的发明前后是一个段落，印刷技术的发明前后又是一个段落。我个人认为，机械化印刷在上海的出现，对中国现代文学来说，是一个非常重要的开端。

问：所以，您也对现代文学以“五四”为起点的论述提出质疑。您认为不应该用所谓文学现代性来甄别，而是应以一八七八年商务印书馆效仿西方社会从事石印、铅印为依据。那么在您看来，从传统的手工雕版印刷，到能够大规模排印的石印、铅印，这些不同技术所支撑的文化形态有何不同呢？

答：传统印刷业对技术设备要求比较低，而且有它的局限性，比如印数不会特别大，而且印刷周期较长。但十九世纪初，石印技术传入中国，从十九世纪八十年代开始流行，持续了五十余年，对研究晚清、现代中国文学的人来说，石印本的流行是一个不容忽视的现象。石印本比木刻本要精致、清晰，可以有很多插图，而且便于携带。比如金圣叹评点的《水浒传》如果是木刻本，会是很大一函，如果是石印本，就可以是一个册子。我们看鲁迅先生、胡适先生所说的上海很多青年人在看的小说，绝对不会是看这种一大套的木刻本小说，有可能就是石印本。这对文学的普及意义重大。

问：按照您的哈佛同事李惠仪教授的说法，尽管在晚明，中国社会已经有了所谓“非机械化的现代性”，书局、书商、书市勃兴，可是比起晚清一代因石印技术带来的“机械化的现代性”，实在是相形见绌了。

答：的确，在上海的现代化出版业建立以后，中国文学就已经与之前明清两代的文学不一样了。尽管我们仍在使用“文学”这个词，但它所指涉的内容已经发生了根本性的变化。什么叫写作？什么叫作家？这些概念都要重新界定。所以我想在写中国文学史以前，先要考虑到文学生产的普及性情况，主要是经济上的情况，这个对文学及其功用，对社会包括对作者、读者都有很大的影响，对写作的内容、目的也都有影响。我觉得文学研究的对象不应该是一个孤立的文本，所以我不是很赞同新批评的研究方式。不过，虽然中国大陆的文学批评很注意社会规定，有时好像也会陷入一种程式化，以前的研究总会说几句大话，比如那个时候封建已经发展到极点，之后怎样怎样，可是并没有真正全面考察当时社会的具体情况，以及这种情况对作品形式产生的影响，对戏剧、小说、诗歌、音乐的研究也都是直接套上大的思想，而且每部作品都要去发现它的积极性，这有点滑稽。

问：现在这种情况少多了。说到新批评，它产生的最初动力，是要借文字世界的调顺来应对社会、历史中的混沌局面，有它的社会关怀和历史抱负，可真正落实在理论的实践上，它还是比较拘泥于文本自身。所谓细读（close reading），实际上是封闭（close）起来，所以我们要为它补入社会学、历史学的知识与方法。比如，您和李惠仪、魏爱莲教授编辑的论文集 *Trauma and Transcendence in Early Qing Literature* 就有意要突出这一点。我更感兴趣的是题目中所说的trauma，创伤，这是一个颇具西方文化色彩的词语，常常与世纪末、社会动荡联系在一起，你们用这个词来命名，把这样一种末世的情感结构带到了对传统王朝之初的考察上，你们是在什么意义上定义这个词的？以西方世界的热门议题同中国语境结合时，有没有什么新的发现？

答：我们当时是这样想的，“夷人”把中国文化破坏了，对于中国文明，特别是对江南地区的文明来说是一个trauma，是世纪末一样的大灾难。中国在一六二〇年前后，一直都有农民起义，包括河南、河北、山西、山东在内，长江以北的地区遭到的破坏都很严重。不仅如此，北方很多地区还受到了满洲人的侵略，这种动乱的局面长达二十多年，李自成推翻明朝，满洲人入关将其赶走并定都北京之后，政局才大致稳定下来。对北方人来说，经历了二十余年的动乱，他们其实是希望有一股强大的势力重掌政权，因此，对满洲人并不十分排斥。而江南地区则不同，直到一六四〇年，都没有受到起义的直接冲击，生活相对稳定。那么，当满洲军队忽然打到南方，包括之后的扬州十日、嘉定三屠，等等，对当地人心理上的冲击就非常大了。他们的世界完全崩坏了。权威中心的沦丧，社会秩序的失控，让很多遗民不知所措，这对他们来说是一个非常大的trauma。

问：王朝末年的动荡与失序，弱化了权力中心对文化与知识体系的控制与管理，这往往会为当时的艺术创作提供更丰富的可能性，也为后世的研究与想象留下更开阔的空间。所以，在以往的文学研究上，我们会格外关注晚明、晚清。你们在这本书里，将注意力更多投放在清初，这是基于一种怎样的思考呢？

答：从一六四〇年到一六七〇年，明朝灭亡了，当然，还有南明的小朝廷，甚至还有郑成功在海峡对岸建立的政权。但事实上，他们的精神世界已经失去了中心。满洲人要求他们剃发，穿满洲的衣服，要求他们像“夷人”一样生活，在一定程度上颠覆了既有的文化传统，这对他们来说就是一个很大的trauma。可是几十年后，到了第二代，明朝的遗民越来越少，他们的后代渐渐承认了满洲皇帝就是中国的皇帝，因为满洲统治者也懂得尊重文化，提倡朱熹的道学。特别是开设博学鸿词科，恢复科举考试以后，中国文人也渐渐承认了新的统治者。他们知道满洲人是“夷人”，是外族，但是他们不再特别强调这一点了。

问：文化的认同超越了民族的差异。您这里的超越，transcendence，恐怕不仅仅是思想认同上的，应该也有艺术上的超越吧？

答：对，第一代遗民作家的作品中，很多写到了明朝的灭亡，但我们觉得写得一般，因为他们对家国沦落、政权更迭这种问题处理得不太好。可能是因为离所要表现的时代太近了，不容易掌握刻画的尺度，也不容易冷静地进行更深刻的思考。在他们所处的时代，对新政权采取何种态度，对每个人来说都是一个非常迫切也非常重要的问题，是做贰臣还是做遗民，是一个非常现实的选择。拒不合作往往会导致生活上一些意想不到的不幸，但如果加入清廷，就会为同辈所不齿。可是到了孔尚任、洪昇那一代，对他们来说，原本重要的身份问题（identity）已经不那么重要了，甚至在一些时候已经让位于审美问题（aesthetic issue）了。比如孔尚任，作为孔子的后人，他是康熙的忠臣，但也非常佩服南明的遗民，虽然他自己并不是遗民，他和两边相处得都很融洽。文化认同超越了民族差异，而清朝第二代的文人取得的成就很多也超过了崇祯时期的文人，所以我们用这个"trauma and transcendence"。

问：好的，谢谢您，听您一席谈，真是大开眼界，受益匪浅。期待下次还有机会跟您聊天，向您请教。

*本篇最初发表于《书城》二〇一二年第二期。

对优美作品的发现与批评

夏志清访谈录

夏志清，江苏吴县人，一九二一年生于上海浦东。一九四二年毕业于上海沪江大学，一九四七年十一月抵达美国，一九四八年春季入耶鲁大学英文系，一九五一年获博士学位。先后任教于密歇根大学、纽约州立大学、匹兹堡大学和哥伦比亚大学，一九九一年自哥大退休。主要中英文著作有《中国现代小说史》、《中国古典小说史论》、《爱情·社会·小说》、《文学的前途》、《人的文学》、《鸡窗集》、《夏志清文学评论集》、《夏志清论中国文学》等。

二〇〇四年三月二十六日，我和李欧梵先生夫妇到哥伦比亚大学参加王德威教授主持的“翻译与东亚文学”学术讨论会。当晚，王德威在纽约有名的华人餐馆三石饭店宴请夏先生夫妇、李先生夫妇及廖炳惠、施叔青、孟京辉等诸位先生，我有机会叨陪末座。这是我第一次见到夏先生。此前我跟夏先生已经有过书信往来，并约好这次到纽约跟他作一次访谈。夏先生是苏州吴县人，几十年漂泊在外，对来自家乡的人格外热情，一见到我，就满面笑容，用带着吴语口音的普通话大喊："你是季进，来来来，坐到我这边！我们边吃边谈！"那天饭桌上，夏先生点评人事，眉飞色舞，恣意率性，妙语如珠，引得众人笑声不断。笑声过后，他总会加上一句："我有趣吧？""像我这样charming的好人实在是不多了啊！"说完又得意又顽皮地笑起来。哪还有可能访谈？

第二天晚上，我应约来到夏先生的寓所。夏先生的寓所是一座纽约典型的旧式公寓，距哥伦比亚大学仅三四个街区，步行不到十分钟就到了寓所所在的第113街，三月的微风吹到脸上还有些刺疼的感觉。我搞不清楼下的电子门如何操作，正在犯难之际，一位住户正好出来，于是我道一声"Thanks"就趁机溜了进去。乘电梯上去，夏先生和太太刚刚吃好晚饭，很惊讶我没按门铃就直接上来了。师母热情地把我引到书房。夏先生的书房由两间大房间打通而成，四周全是顶天立地的书架，地上、桌上、沙发上书籍也堆得满坑满谷，走进书房，就已身陷书城。刚一坐定，夏先生就拿出已经签好名的他刚刚出版的英文论文集*C. T. Hsia on Chinese Literature*送给我。打开一看，上面却不是我的名字，当下倒也不便提出，幸好夏先生马上发现搞错了，找出了赠我那本，上面写着："季进教授吾弟来纽约开会，以刚出版的论文集赠之留念。夏志清。二〇〇四年三月二十七日。"书里还夹了一页亲手打印的勘误表，薄薄的一页，却已尽显夏先生随意背后对学术的一丝不苟。夏先生虽说是名震海内外的大学者，可毫无架子，甚至还有些孩子气，加之昨晚已经见过，所以我们少了些礼节寒暄，就着夏太太送来的绿茶和台湾凤梨酥，开始了随意的访谈。那天晚上从七点钟一直谈到快十点，夏先生仍然意犹未尽，我考虑到夏先生的休息，还是起身告辞。回到街上，内心的兴奋和感动，令人再也觉不出拂面的冷风。

访谈整理成文后，我寄给夏先生审定。出乎我的意料，夏先生很快写来了长信，对其中的一些表述、用词，甚至标点符号都一一校正。访谈录在《当代作家评论》发表后，我又寄去了一份杂志。夏先生再来一信，希望将来访谈录收入文集时，对其中个别的表述再作修改。我这里已遵照夏先生的意见一一改正，特此说明，并衷心感谢夏先生的赐教。这次访谈得到李欧梵先生、王德威先生和夏太太王洞女士的大力支持，这也是我应该特别感谢的。

问：夏先生，我寄给您的访谈提纲，您收到了吧？

答：对，我贴在墙上的。我的东西比较乱，所以重要的事情要贴到墙上。我们随便聊聊吧，不一定一本正经地谈话吧？

问：对，随便聊天就行。

答：你的博士论文是研究钱锺书的，见过钱锺书没有？

问：没有，只有过通信。钱锺书一般不见人的。

答：是不容易见啊。现在国内博士多不多啊？

问：国内现在的问题是博士太多了，可素质比较高、能在学术上有所发展的博士又太少了。

答：土博士在国外名誉是不好啊。英文都不精，读什么博士啊。英文懂了才可以用英文进行学术交流，才能跟国外的博士媲美。当年我们读硕士就直接可以阅读英文了。你看钱锺书的牛津论文，什么名字的？

问：*China in the English Literature of the Seventeenth and the Eighteenth Centuries*。

答：对，钱先生在牛津大学读的是B. Litt.，不是普通的B. A.（文学学士），相当于M. A.（文学硕士），或谓等于美国大学的一个Ph. D.（哲学博士），当然它的要求没有这样多。反正他的论文已经达到相当高的水平了。要在美国拿个博士学位，不懂几门外语是不行的。不懂外语不懂理论，几乎就不行。现在最流行的就是理论了，我是不大懂，也不看了。其实理论未必是好东西，看多了反而没有好处。你在看理论之前，如果没有相当的积累，反而会被理论牵着鼻子走。你说说为什么国内的外语就是不行？

问： 这可能是一个非常严重的事关教育体制的问题。整个国家几代人为了学英语所花费的代价是惊人的，可实际效用却值得怀疑。

答： 会不会是教材、师资的问题？可以请洋人来帮忙嘛。当年我看到有一本英文教材用的竟然是毛泽东的东西，英文书上讲毛泽东干嘛？你讲莎士比亚，讲林肯，都可以啊。

问： 夏先生目前在做什么研究？

答： 我现在是一边休息，一边工作。这本*C. T. Hsia on Chinese Literature*刚刚出来，香港一本书的清样到现在还没有校对，还有《中国古典小说史论》的台湾版也在等着出版。

问：《中国古典小说史论》的大陆版早就出了，怎么台湾版一直没出来？

答： 是我不好，改好以后一拖再拖。事情本来就多，来访问的人也多。我手上还有不少文章，可以出几本书的，可总是没有时间。

问： 对。您的影响实在太大了，凡是到了纽约，大家都想见见您，您也只有牺牲很多时间了。

答： 也不仅仅是这个原因。这么多年，因为我女儿的原因，她一九七二年出生后，我就一直没法专心做事情。并不是我不想做，是没法做啊。我在这本*C. T. Hsia on Chinese Literature*的序言里也讲了，以前我从来没讲过。后来又是我自己生病，很多事情都耽搁了。比如《抗战文艺史》做起来应该很顺的，可是最后还是没有做成。只写了端木蕻良，其他没有写成。现在不少计划都没法完成了，像晚清小说也没有做完。当时写端木的时候，我就发现萧红了不起，张爱玲下来就是萧红的文章好,《生死场》、《呼兰河传》真是好得不得了。有一件事情可以告诉你，柳无忌晓得吧？他妹妹柳无垢在香港跟萧红是好朋友。我认识柳无忌，就写信跟他谈写萧红的事，问他柳无垢在哪里，我想问问关于萧红的情况。他一听，就说好啊，我的学生葛浩文也在研究萧红，我让他跟你通信。以前研究萧红的文章一篇也没有，是我第一个讲她好，我真是伟大。可是葛浩文博士论文也写萧红，如果我一写萧红，他就一点功劳都没有了。所以我干脆就不写了，让年轻人去写。做人品德很重要，有时就是要奖掖后进。有的人不管的，管你什么人在写，我只写我的，甚至老师抢学生的饭碗。我跟葛浩文原来也不认识的，后来通信，我也没跟他说过我本来要写萧红的。

问：葛浩文就是以研究萧红一举成名的，后来把萧红的作品都翻译成了英文。他现在也算是中国文学的翻译大家了吧？包括莫言、苏童、余华等人的大量当代文学作品都是他翻译到美国的，今天下午的会议上，葛浩文也在呢。

答：这方面他作了不少贡献。要是其他人就不管他了，我写我的，可是我的东西写出来以后，人家就很难写了。像我写了张爱玲，讲出了张的好处，现在人家就很难写了。他可以翻译，可是要再评论就不容易了。

问：对啊，这是一种高度。当年您讲张爱玲、沈从文、钱锺书，就影响了整个中国现代文学的研究呢。

答：有件事你可以讲一讲的，我的《中国现代小说史》讲了四个人，张爱玲，沈从文，钱锺书，还有张天翼。现在大家都只说前面的三位，可张天翼却没有人响应，这样优秀的小说家，为什么得不到大家的关注呢？

问：您的《中国现代小说史》中专章论述的作者中，还有吴组缃、师陀也是大家不大关注的。二十世纪三四十年代的讽刺文学，张天翼的成就是很大的。

答：张天翼的长篇不行，主要是短篇写得好。在同期作家当中，很少有人像他那样，对于人性心理上的偏拗乖误以及邪恶的倾向，有如此清楚冷静的掌握。他没有华丽的辞藻，也没有冗长的段落结构，他只是以精确的喜剧性来模拟不同社会阶层的特征。特别是他运用起方言来，那绝对精彩。我每次都要提到他，可就是没有多少人响应。我明明讲了四个人，可大家后来只提前面三个，就是忘记了张天翼。有人说我是反共的，凡是共产党的作家都不好，这其实是冤枉，张天翼不就是左翼作家吗？

问：您的出发点主要还是文学标准、艺术标准。

答：是啊，我评判的标准还是文学的标准，这是我比其他人深刻的地方。我不知道为什么有人故意要把我定位成反共的学者。你看茅盾、吴组缃都是左翼作家，我对他们的评价都很高，萧红也是啊，你看我这么捧她。我评断作家作品的好坏还是看文学价值的，没有完全用政治来定性。我当年写《中国现代小说史》的时候，没有机会读到萧红的小说，后来一看，真是了不起！所以我后来一直要提萧红，她是不朽的作家，几百年都不朽。我就是搞不懂，为什么现在没有人提呢？三十年代的沈从文和张天翼都很有成就，张天翼甚至可能更伟大。沈从文刚出道的时候还是很嫩的，而张天翼一出手就不同凡响，很老练。这个你一定要帮我写清楚，夏志清肯定的不是三个人，是四个人。我在《中国现代小说史》的结论里就说，这四个人是中国现代小说的佼佼者，他们的作品显示出特有的性格和对道德问题的热情，创造了一个与众不同的世界。

问：从一种全面真实的文学史来看，张爱玲、沈从文、钱锺书还有张天翼等等都是不可或缺的，给予合适的定位绝对是我们重返文学史的必然途径。可是，您也知道，八十年代以后，先后出现过“张爱玲热”、“沈从文热”、“钱锺书热”，这都跟您的《中国现代小说史》有着直接的关联。您是不是觉得这里面也有一种过热的现象？

答：当然有啊，我是不赞成的，过热本身就是不正常的现象。依我看，鲁迅也是过热嘛。我对鲁迅的评价是很低的，我们不说其他，单说学问就绝对不如他的弟弟周作人。周作人用功啊，懂好几种外文，文学方面都懂。鲁迅就懂一点东欧文学和苏俄文学，可是《战争与和平》、《卡拉马佐夫兄弟》都不看。他最喜欢看的是一些画册、木版画什么的，一些大部头的作品，他是不看的。当然，像陀氏的最短的《穷人》他是看的。其实，陀氏真伟大啊，西方文学中最伟大的两位作家就是莎士比亚和陀思妥耶夫斯基。

问：您的《中国现代小说史》里面主要谈的是钱锺书的文学创作，刚才我看到您书架上专门有一小排钱锺书赠给您的著作，您能不能谈谈对钱锺书学术研究的看法？

答：钱锺书的学术，我谈不上什么研究，当年《谈艺录》一出来，就看他的东西。他对诗艺的研究、比较诗学的研究，是没话讲的。但是有一点可以说，他没我胆子大，我是综批中国文学。另外，他只讲古书，古书讲起来比较好讲，中国古代人与希腊罗马人，都差不多的。不过，钱锺书是真懂文学批评，他看的书很多很多，这方面我们没法比。在我认识的学人中，似乎没有谁比得上他的博闻强记、广览群书，像他这样的奇才，近百年来好像还没有第二人堪同他相比。（夏先生起身到书架上抽出了一册《管锥编》。）钱锺书的书都送给我的，你看看，这本《管锥编》上的题字："君胸具水镜，笔挟风霜。唯于不才，爱而忘丑，癖甚嗜痂。人必有疑汉庭老吏之徇情枉法者，桓谭所谓通人之蔽，非耶？屡承远赐巨著，图报无从，骊龙赐项下珠，小鱼抉目为酬，自知难混。一笑。"不得了，他是很感谢我的。这个题字我从来没给人看过，你是这方面的专家，就复印一份给你，你可以用，但不要多用，OK？

问：多谢多谢。钱锺书给您的书信都保存着吧？有没有出书的计划？张爱玲给您的书信，您就整理发表过。

答：钱锺书的书信是不能发表的，他评论人事太多，凡是不喜欢的他都会嘲笑，这怎么能发表呢？

问：您跟钱锺书四十年代见过，一九七九年在哥伦比亚大学又见过一面，您那篇《重会钱锺书纪实》很有影响呢。你们后来有没有见过？

答：八十年代见过一次。我到北京去过一次。在美国的时候，钱锺书跟我说，任何时候到中国来，就随时给他写信。我本来是不愿意去的，一九八三年正好到韩国开会，我以为从韩国到北京很近，所以就给钱写了封信，他果然把一切都帮我安排好了。一分钱也没花。那时严格得很，不好去的。

问：对，那时是相当严格的。那次见了些什么人呢？

答：全见到了，除了巴金我没有见到，像沈从文、张天翼、师陀、萧乾等等，都见到了，有不少人是第一次见面。

问：我看到您写的《我们仨》的评论了，您跟杨绛先生现在有没有联系？

答：我写的《我们仨》的评论文章，是登在《中国时报》上的，我寄了一份副本给杨绛。这本书其实写得不好，写一个什么梦幻，没什么道理。这梦做得有点莫名其妙。梦要写得恐怖，可能还有一些力量。最后一部分写得比较好。我印象最深的是对钱瑗婚姻不满意，提到了亲家，可女婿连名字都不提，不知什么道理。我提出这个问题，我说你们夫妻关系这么好，可女儿的婚姻却很不幸。后来杨绛写信给我，说我女儿的婚姻好得很，原来的丈夫非常好，现在的也很好，我是很欢喜我女婿的。可是这哪里看得出来啊，我只是根据材料说话嘛。她说的事实，书里可真的看不大出来。这个杨绛！

问：《我们仨》出版以后，不少人都质疑这一点，一方面说他们跟亲家母关系很好，一方面连女婿的名字都不愿提及。杨绛先生当然不会喜欢您这篇文章了。

答：对啊。她说你不懂，哈哈。杨绛的父亲当年在上海不得了啊，我见过一面的。

问：对，杨荫杭，上海滩有名的大律师，还是《申报》的副总编辑，当年他在《申报》上的“时评”、“常评”已经收成了厚厚的一本《老圃遗文辑》。

答：当时在上海，朋友们让我追杨绛的妹妹杨必，那时她刚刚英文系毕业。我毕业了两年，穷书生一个，没有钱，哪敢追啊！要是现在，倒也门当户对了，哈哈。我有一个朋友，原来是杨必的学生，她跟我说，杨必是很骄傲的，看不起人。如果当年杨必跟了我，那简直就是天下第一对，绝配！苏州人跟无锡人结果本来就最好的啦。可惜我那时没有钱，也没有她漂亮。哈哈，开个玩笑，开个玩笑。我这个人很可爱的，对不对？我比钱锺书可爱吧？

问：是的，哈哈。

（这时夏师母帮我复印好一些材料。夏先生跟师母有一番对话：

——弄好了。你要谢谢我太太啊，因为她从来没有帮人家复印。

——当然喽，你看把我支使成这样，这个也不对，那个也不对。在家里的日子不好过啊。

——因为我太聪明，你不够聪明，对不对？

——我怎么不聪明了？家里电脑什么的你会什么？复印机都不会，不肯学。有时我不肯给他印，一张两张可以，多了就到外面印。

——你要讲我太太伟大。她姓王名洞，你要写名字啊。）

问：当然当然，谢谢师母。最近张爱玲的《同学少年都不贱》炒得比较热，到处都可以看到相关的评论。大陆和港台的“张爱玲热”，您也算“始作俑者”了吧？最早也是您在《中国现代小说史》里对她给予了高度的评价，您所发掘的张爱玲创作中的一些内涵性的内涵，几乎决定以后几十年当中张爱玲研究的基本范式。对这本《同学少年都不贱》您有什么评价？有人认为有假，您认为呢？

答：当然是真的，不会是假的。这本小说是皇冠先出的，寄给我一本，后来大陆要出，让我写文章，可最近血压高，没精神写了。写总还是要写的，就看什么时间能写出来。我总的看法是没有她以前的作品好，她早年的作品对人性弱点的细密描摹，对人生无常的感喟，还有那种苍凉的味道，真的是太好了。可现在这本实在也太简略了。有两个问题：一个小说是写中学生活，张爱玲以前没写过，要写好不容易；还有一点是到美国以后，张爱玲对sex（性）的看法不一样了，小说写到中学女生的同性恋倾向，值得注意。当年张爱玲是住读，不是走读，这方面可能会有所体验。不过，书写得并不好，有的人名都没有交待。她是自己写得不满意，放到旁边，现在人家翻出来，硬把它出版了。如果经过修改，应该会好得多。

问：张爱玲在美国跟您联系是比较多的。

答：她跟我联系最多了，其他人她都不大理睬的。她给我的不少书信还没发表，你现在看到的不是全部，以后准备给联合文学出版。我在上海见过张爱玲一次，可是那天我根本没把她放在心上，反倒是她身边的刘金川小姐，才是真正叫我难忘。

问：我看过您的那篇《初见张爱玲，喜逢刘金川——兼忆我的沪江岁月》，很有意思呢。您至今还保留着当年写给刘小姐的英文情书？

答：对啊。刘小姐当时已经有未婚夫了，我只是暗恋她而已，可是却有这样巨大的热情，这真是纯洁又浪漫的爱情啊，现在有哪一个年轻人能够比得上？

问：真是非常动人的。由张爱玲自然会说到胡兰成，这两年胡兰成在大陆也很热啊。《今生今世》，《禅是一枝花》，等等，都出版了。这一方面是因为张爱玲的关系，爱屋及乌，另一方面胡兰成的东西确实有特色。您能不能谈谈对他的看法？

答：胡兰成很有才啊，我不认识他，只知道他跟朱西甯特别要好，朱氏姐妹受他影响很大。这个人相貌不错，字也好，英文并不好，可中文写得特别好。唯一的缺点就是太风流了。朱西甯先是崇拜张爱玲，然后就是胡兰成，特别把胡兰成从日本请回台湾，没几年就被骂回日本了。胡兰成是个很聪明的人，可惜有时聪明反被聪明误。

问：我们再回到您的《中国现代小说史》。我看到王德威写了一篇新版导论，称您的《中国现代小说史》创立了一种“夏氏范式”，我觉得这个评价太经典了。您的《中国现代小说史》一出，整个改写了对文学史的认识。现在回过头来，您对这本小说史有没有什么评价？

答：最大的遗憾就是有几个优秀的作家没有讲，比如李劼人，比如萧红，都没有好好讲。还有，没有把晚清和民初的小说专门加以讨论，这是全书缺失的方面。我当时一无所凭，什么资料都没有，完全是白手起家啊。我当时房子很小，只有两架书，哪有现在这么多啊。我都是一包一包地从图书馆借回来，看好了再还回去。耶鲁图书馆所藏的现代文学作品我全翻过了，然后就每个月到哥大图书馆借着看。上午动身，下午看一下午书，再挑选自己需要的书和杂志，装一手提箱带回来看。我写巴金、老舍什么的，身边都没有书的，全凭笔记，竟然没有弄错，真是不容易啊。我现在想想真是伟大。其实，我也只是根据自己的感觉，好感与恶感，来评价这些作家作品的。当年在上海的时候，这些东西都没看过，后来又是读的西洋文学，郭沫若、郁达夫等作家作品，都是到了耶鲁之后从头看起的。这时我已经拿到英美文学博士，看法自然完全不一样了。

问：我觉得这正是您与一般现代文学史家完全不一样的地方，您当年的标准立场不是中国文学，而是西方文学。您是以西方文学的标准，或者说西方文学的背景来梳理考察中国现代文学史的。您所受到的系统的西方文学训练，对您评判中国现代作家作品起到了很大的作用。

答： 文学的好坏没什么中国标准、外国标准的，中外文学的标准应该是一样的。我在《中国现代小说史》的初版序里早就说过，作为文学史家，对优美作品的发现与批评，永远是我的首要工作。我到现在仍然坚持这一点。比如我一读到张爱玲，就觉得她的文字实在是太好了，象征的运用十分圆熟，不断地给你刺激，不断地有所创新，我毫不犹豫地把她定位成一个优秀作家。其他人也许也看到了她的优秀，可是说不出来，而我很清楚地把她的优秀论述出来了，这一点我真是了不起啊。我就像安徒生童话《皇帝的新衣》里的小孩子，没有什么束缚，一下子就能看出她的伟大来。

问： 对，文学的想象能力、叙事能力，文学的技巧与内涵，等等，都是评判优美文学作品的基本标准。您的文学价值观念似乎从新批评和利维斯（F. R. Leavis）那里借鉴过不少？

答： 现在大家分派分得太多，其实我们那时候没有这么多派别的。对我而言，作家只有好坏两派，对我有用的、我佩服的就是好的，不好的我也不用。而且，我跟人家有一点不同，我不仅看批评家的东西，也看他所批评的作家。这个批评家批评了十部作品，你有八部没看，那你等于没看他的理论。这个理论好不好，一定要看他的原文和他批评的对象。比如T. S.艾略特批评的诗人，我几乎全看了，莎士比亚同时代的戏剧家，我也是有一篇看一篇。利维斯开头也是讲诗的，英国文学批评家很多人原来都是讲诗的，现在关心小说的人多了，以前不是这样的。看了利维斯的《伟大的传统》，我就跟着学，亨利·詹姆斯、乔治·艾略特这些人的小说都找来看，《一位女士的画像》，《米德尔马契》，写得真好，真是佩服。

问：您的这些阅读跟小说史写作差不多是同时进行的，两者交叉，一定给您小说史的写作带来不小的影响。

答：对，像利维斯这样的我自己佩服的批评家，一方面要学习，另一方面要看看他走的路，怎么会这么评论。我的高度当然不够，利维斯比我伟大多了。现在一些教条主义的批评家只讲思想，不讲艺术，不讲形式，这怎么行呢？

问：我知道您在耶鲁大学的时候，跟新批评的大师像燕卜荪（William Empson）、布鲁克斯（Cleanth Brooks）、兰色姆（J. C. Ransom）都有不少交往，能不能谈谈这方面的情况？

答：我写过一篇长文《耶鲁三年半》，里面已经谈了不少。等会儿让我太太也复印给你，今天给你的资料很多啦，不能再给了，我以后写自传还要用呢。当年我要去伯克利大学进修，就是燕卜荪为我写的推荐信。我早年专攻英诗，很早就佩服后来盛极一时的新批评的这些批评家。一九四六年底我到美国不久，就乘火车去专程拜访兰色姆教授。那时他快六十岁了。我在欧柏林学院大概只待了两个礼拜，然后就到了俄亥俄州的凯尼恩学院，那可真正是个小镇，连电影院都没有的。当时凯尼恩学院只收男生，而且当年好学校只收白种人，其他人种都没有，我可能是我住的地方唯一的华人，那些狗闻到我的气味同白人的不一样，就会叫起来，害得我连散步的权利都没有了。兰色姆是全校声望最高的一位教授，却同一位同事合用一间在楼房底层的办公室，也没有秘书，他给我的每封信都是自己打出来的。后来就是他把我介绍给了布鲁克斯，我才有机会来到耶鲁。兰色姆亲自开车把我送到了火车站，我现在想起来还是十分感动。当时布鲁克斯才四十出头，已经很有名气了，他的《现代诗与传统》、《精致的瓮》都已经出版，他和沃伦（Robert Penn Warren）合编的《理解诗歌》、《理解小说》都已经是大学里常见的教科书。我选了他的"二十世纪文学"，上学期讨论海明威、福克纳、叶芝三个人，下学期讨论乔伊斯和艾略特。他指定我们每人读一本二十世纪名著，并且五六个人一个小组进行讨论。一般讨论一个作家，布鲁克斯都是要学生先发表意见，可是《尤利西斯》非常难懂，我们根本说不出什么，所以只得由老师亲自讲授。我们每个人带一本现代文库本上课堂，老师讲到哪里，我们就翻到哪里，听他讲此页有哪个词语，哪个象征物又出现于某页某页，而说明其关联性。听了那几堂课真的受益匪浅，对老师的治学之细心，更是佩服。可惜后来新批评在美国逐渐没有了影响，主要原因是用新批评的方法分析一首诗、一部小说，大家都学会了，这类文章多了，看得烦了，连新批评过去的成就也低估了。

问：看来这种新批评式的细读确实影响了您对文本的鉴赏。其实当年美国很有影响的大批评家，像埃德蒙·威尔逊

(Edmund Wilson)、莱昂内尔·特里林(Lionel Trilling)这些人,对您的影响也不小吧?

答: 对,只要是优秀的批评家,我都学,才不管你什么派什么派呢。像威尔逊、特里林他们,我学得也很多。威尔逊很多年一直是美国文坛的祭酒,在纽约文艺界尤其受到爱戴,他三十年代的成名作《阿克瑟尔的城堡》,专门研究现代派的大家,像艾略特、叶芝、乔伊斯,真是经典啊!威尔逊思想里是有点矛盾的,到了晚年,变得更加极端,对美国的一切都抱反对态度,专门闭门读书,著书立说。有一点很了不起,威尔逊成了大名之后,为了研究俄国文学与历史,还自修俄文,后来出版了一本巨著《到芬兰车站》,从十九世纪一直讲到列宁、托洛茨基,专讲欧洲革命传统的兴起,一直讲到十月革命的前夕。很多人认为这才是威尔逊最重要的著作。

问: 我听说过这本巨著,还没有读过。很可惜,像威尔逊、特里林这些人在国内一直没有人关注,他们的代表著作都没有中译本。要了解美国现代文学和现代文学批评,无论如何是没法忽略这些大家的。我记得海明威最早就是威尔逊发现并加以肯定的。

答: 威尔逊几十年一直靠卖文为生,一直没有进入大学做教授,所以写了大量的书评。你别看书评啊,要写好真不容易。已经成名的作家的新书,批评起来还不难,一个新作家的第一本书,要评判好坏就很难了。二十世纪二十年代初,威尔逊有一次在杂志上看到海明威的文章,就觉得海明威值得注意，发表了美国第一篇关于海明威的书评，从此让文坛对毫无名气的海明威刮目相看。威尔逊五十年里不知评了多少作品多少作家，后来这些书评出过好几种集子，这些都是文学史家研究美国现代文学的第一手资料。特里林一直在哥伦比亚教书，算是我的同事吧，他最重要的著作是《诚与真》，研究一个专题，非常有创见。他是犹太文化人中间最保守的一个，很看不惯美国青年只求自我的真实而去推翻一切的态度。

问：我来美国后就开始收集威尔逊、特里林这些人的著作，不太好找。像特里林的《自由的想象》、《超越文化》我都是从怀德纳图书馆借来复印的。最近我刚刚买到一本特里林的文选《知性乃道德职责》，还是打折的，可见在美国他们也开始被人遗忘了，大家现在都乐意去谈什么后现代、后殖民等新理论。

答：现在流行的这些美国批评家，你不要去学他们，都是在胡说八道。特里林，威尔逊，还有伊沃·温特斯（Yvor Winters）、波伊斯（John Cowper Powys）这些人才是真正的大家，才是真正在研究文学，研究问题，告诉你什么是好文学，什么是坏文学。什么萨义德（Edward W. Said），现在美国捧得不得了，真是没什么道理。不能说他学问一点都没有，他很有才，英语好得一塌糊涂，他是拿资本主义教育的东西来反对资本主义，坏得很，你懂不懂？我刚到哥伦比亚大学的时候，就读过他在《纽约时报书评周刊》上写的文章，骂两个人，一个兰色姆，一个布鲁克斯，尤其是大骂布鲁克斯。

问：萨义德那时是哥大的英文系教授吧？他为什么骂布鲁克斯？

答：因为新批评的书不流行了嘛。当时《纽约时报书评周刊》请他评论布鲁克斯的一本文集和兰色姆的旧文新集，兰色姆的影响、辈分都比他大得多，他还不太好意思大骂，可对布鲁克斯却是冷嘲热讽。布鲁克斯的这本论文集不是他最好的著作，但也不能这么大骂，而且布鲁克斯还是我当年的老师，所以我非常生气，也就记住了这个坏人。

问：没想到他后来如日中天啊。

答：当然，回过头来说，美国是不错的，你可以随便发表自己的意见。萨义德受过正规的西方教育，是普林斯顿、哈佛培养出来的人才，钢琴弹得又那样好，可我们中国学者呢，胡适、钱锺书，也只是文字功底好罢了，其他什么也不会。画画都不会，更不要说钢琴了。很多西方人家里真有钱，真的厉害。萨义德不感激西方，反而反过来骂西方，真是不可理解。我开玩笑，美国人送犹太人一个State（州）呢，犹他州，将来犹太人的势力会越来越大。最可怜的还是德国、法国、英国这些欧洲国家，以前都是世界强国，现在只剩下美国一家了。欧洲世界要是不争气的话，世界会更乱。都说有天堂，可去天堂的都是年轻人，老年人反而一个也不肯去。哪儿有天堂，there is no heaven，OK？

问：您写过一篇关于夏济安先生谈通俗文学的文章，影响很大。以前大家对通俗文学都不够重视，现在回过来发现了它的价值，开始打破纯文学与俗文学的界限，注意力也从现代文学转向了晚清文学。您没有明确提倡过晚清文学研究，可您很早就写了《中国古典小说史论》，也写过关于《老残游记》、《玉梨魂》的评论。

答：夏济安谈通俗文学的那篇文章是我从他的信里整理出来的。他从小浏览群书，章回小说看得很多，后来有意识地系统重读旧小说，本来想写一本英文的讨论中国通俗文学的书，从中国小说戏曲中看中国人种种心理、社会的现象。后来他出国后改变计划，去研究左翼文学，写了那本《黑暗的闸门》。但他在给我的信里面有很多关于通俗文学的看法，后来我帮他整理出来了。对于晚清文学研究，我也曾经试图推动，可没能推动得了。我对晚清的研究也是很早开始的。以前都认为"五四"与晚清没有关系，"五四"作家看不起李伯元、吴趼人他们。在海外汉学界，一些洋人学者也看不懂晚清，官场内幕，上海繁华，他们不懂的。我评论《玉梨魂》的时候就说，当时的文字已经非常好了，后来的新文学反而退步了，所以到底怎么看晚清，还是需要重新考虑的。当然，晚清不好的东西也很多啦。现在李欧梵、王德威他们做得很好，从晚清到"五四"，已经成为一个整体了。

问：对，现代性成为贯穿晚清与现代文学的一个基本理路。一般都认为，在您和李欧梵、王德威的推动下，中国现代文学研究在美国已成为显学，您的草创之功，不可估量。您对现在美国的现代文学研究学者有何评价？

答：文学史是永远写不完的，要有好坏评判，功力就在于你怎么看出一个作品的好坏。我的小说史到现在人家还肯定，说明我对了，这一点真是伟大。王德威在念书方面是超过前人了，他大陆台湾香港的作品都看，看得眼睛都坏了，写了许多有影响的著作，很不简单啊。李欧梵的研究从浪漫一代到鲁迅研究到上海摩登，是一个探索型的学者，不断扩展领域，个人性很强。我是觉得他花在鲁迅研究上的时间太多了。以前美国的现代文学学者的成果我都会看的，现在没有这么多时间去看了，我相信应该可以更好，但有一点，不能只注重理论，如果只注意理论，可能不行。要自己读文本才能有发现，有贡献。一般美国人都很笨的，洋学者还是不行，中国现代文学研究最终还是要靠华人学者。

*本篇最初发表于《当代作家评论》二〇〇五年第四期。

文化转向与人文传统

李欧梵访谈录之一

李欧梵，一九三九年生于河南，后随家迁往台湾。一九七〇年获哈佛大学博士学位，先后任教于普林斯顿大学、印第安纳大学、芝加哥大学等，现为哈佛大学荣休教授，香港中文大学讲座教授，台湾“中研院”院士。主要中英文著作有《中国现代作家的浪漫一代》、《铁屋中的呐喊》、《西潮的彼岸》、《浪漫与偏见》、《中西文学的徊想》、《现代性的追求》、《上海摩登》、《狐狸洞话语》、《我的哈佛岁月》、《我的音乐往事》等二十多种，并出版有长篇小说《范柳原忏情录》、《东方猎手》。

二〇〇〇年，我有机会与李欧梵老师认识和见面，彼此相当投缘，自此联系不断。二〇〇四年，李老师邀请我以合作研究教授的身份访学哈佛大学，在波士顿待了整整八个月。其间躬逢盛会，参加了五月初哈佛大学为李老师举行的隆重的荣休仪式暨学术讨论会。那天少长咸集，高朋满座，星光闪耀，韩南（Patrick Hanan）、戈德曼（Merle Goldman）、杜维明、王德威、宇文所安、柯文（Paul Cohen）、葛浩文、瓦格纳（Rudolf Wagner），还有刘再复、廖炳惠、汪晖等一批重量级学者齐聚一堂。尤其是李老师的一帮高足，孟悦、王斑、陈建华、史书美等弟子从世界各地赶来，让人不能不感叹"名师出高徒"那句老话。在哈佛的那段时间，我和李老师、师母常常到哈佛广场附近的咖啡馆，聊天喝咖啡，偶尔也喝点啤酒，有时一坐就是半天。每个周末也会到李老师家蹭饭，看影碟。我们的聊天一开始是随兴而谈，没有什么中心，主要是听李老师评点国内外学界的动态和热点。后来我觉得这样的谈话随风而逝很可惜，就建议李老师每次大致围绕一个中心话题来谈，比如美国汉学、比较文学的发展、文化研究的动态、文本细读与理论批评，等等。我当时都做了录音，希望作为以后合作研究的基础。可惜回国之后，因为忙于策划和主编"西方现代批评经典译丛"、"海外中国现代文学研究译丛"及其他杂事，李老师的这些录音一直没有整理出来，更遑论合作研究了，每念及此，心中十分愧疚。所幸李老师把他的藏书都捐赠给了苏州大学文学院，设立了"李欧梵书库"，我们也以此为基础，成立了"苏州大学海外汉学（中国文学）研究中心"，创办了相关网站，李老师几乎每年都会来苏州访问休息，我们依然时时能聆听李老师的教诲，也依然不断惊讶于年近七旬的李老师迸发出来的思想灵感竟是如此的先锋与尖锐。我得感谢李老师时时带给我们的思想的盛宴，也感谢师母李子玉一直以来的关爱。

早在二〇〇二年，王尧和林建法兄策划“新人文对话录丛书”，让我跟李老师作长篇访谈，出版了《李欧梵季进对话录》。由于整套丛书都以有点夸张的《××对话录》为名，不得不舍弃最初的书名《现代性的中国面孔》。后来人民日报出版社又出版了这本对话录的增订版，我终于有机会恢复了原名。这篇访谈，即选自《现代性的中国面孔：李欧梵、季进对谈录》，特此说明。

问：我们都知道您最早是研究中国现代文学，也算得上美国中国现代文学研究的开创者之一。十几年以前就读过您的《中国现代作家的浪漫一代》，真的有一种焕然一新的感觉。据说当年美国汉学界中，只有两位华裔学者是可以直接用漂亮的英文跻身美国学术界主流的，其中一位就是您。虽然这本书一直没有出版大陆版，可在大陆的影响还是很大。还有您的《铁屋中的呐喊》，几乎开创了鲁迅研究的一条全新路径，也直接改变了大陆原有的鲁迅研究格局。最近这些年，您由文学研究转向文化研究，由现代主义文学研究转向了对上海都市文化的研究，其成果就是现在非常风行的《上海摩登》，您的这种文学研究的转向，某种程度上也是美国汉学研究界的一个缩影，代表了汉学研究的一些新的方向，所以想先请您谈谈现在美国汉学界的一些情况。

答：谈到美国的汉学研究和我的中国现代文学研究，我首先要提到几位我尊敬的对我产生了很大影响的老师。一位是普实克（Jaroslav Průšek）教授，大概是在一九七六年，我那时候还在哈佛念中国思想史，那一年哈佛请普实克做客座教授，来讲中国现代文学史。这是从没有过的事，因为当时美国根本不重视现代文学。普实克开的两门课我全选了，我对于晚清文学和鲁迅的兴趣大部分就是由他激发的，虽然后来我们由师生变成了朋友，可他对我的影响是至为深远的。我后来还为普实克做了一件事，把他关于中国现代文学方面的论文结为一集，交由印第安纳大学出版社出版，可惜的是，他竟然没有来得及见到书的出版就因病去世了。这是我心中一个永远的遗憾。

问：那对您影响最大的是谁？史华慈（Benjamin Schwartz）教授？

答：对，他对我的影响主要是一种思想模式，就是对各种文化的兴趣，进行一种多元的探索，不停地辨证，不停地质疑，永远做各种正面反面的论战，我现在演讲或讲课的方式就有点像这样。其实史华慈上课并不精彩，但我们课后的交谈让我受益匪浅，我们常常到办公室去，随便聊天，任何问题都可以拿出来讨论。而费正清（John King Fairbank）就不同了，任何事他都会讲得清清楚楚，你论文给他，第二天就改好了，他训练我的就是思考要严密，细节要注意，英文不能乱写，速度很重要。

问：这种史学训练也很重要，这在您的文章里还可以看到它的影响。

答：另外一位就是夏志清教授，他哥哥夏济安是我的大学老师，所以我们喊他师叔，他对我们很好，我也受到他很大的影响。我也学夏志清的英文，两个人的英文我都学，两个人写的不一样，后来我又学他运用西方文学来印证中国文学。不过，我的训练基本上是历史的，而他的训练是新批评，好的作品就是一二三四，然后里面展现的是什么样的一种道德。

问：这个来源于利维斯的道德关怀，他在《伟大的传统》里提出了这个问题。夏志清的《中国现代小说史》非常鲜明地体现了新批评和利维斯的影响。

答：对，他就是这样，一二三四列举出来，告诉你为什么它们是伟大小说。另外，夏济安研究鲁迅的《黑暗的闸门》对我影响也很大。我一看，原来书可以这样写呀，就是把自己的感觉写进去，后来事实证明，当时他依据有限的史料所作的一些推测都是对的。我后来研究中国现代文学，研究鲁迅，有一半是学夏济安的，在这里我要公开表示感谢。夏济安当时在伯克利，他们请他做中共研究，他就用关键词研究的方法来做，找出了一些语词背后的意象，甚至背后的神话，做得很成功。

问：我看过一本小书,《夏济安日记》，主要记载了他那一年的感情生活，给我的感觉是既是浪漫又是古典，可惜他的爱情追求最终还是没有结果。

答：他就是这样的，是一种对浪漫的执着。

问：应该说，是史华慈、夏志清、夏济安，还有您和王德威，开创了也发展了美国的中国现代文学研究，使得它从一个不被重视的边缘问题，逐渐成为美国汉学界的显学。那么从整个美国学界来看，汉学研究的作用大不大?

答：现在美国传统的汉学已经凋零了。新的传统就是注重中国当代的政治呀，经济呀，这个不叫汉学，叫中国学，Chinese studies。传统的汉学指的是欧洲研究中国古代语言、文学、历史的学问，美国的汉学比不上欧洲的汉学，最早一代的汉学家有的死了，有的退休了，从二十世纪五十年代到现在是所谓新的一代，搞的是中国学，这其实也有冷战的背景在里面。它以社会学为基础，又整合了其他学科，说到底是为政治服务的，他们目的并不是做学问，所以我很不喜欢。

问：可是现在国内对国外汉学的兴趣倒是空前高涨，不仅出版了好几套丛书，而且还出版了好几种刊物，像《汉学研究》、《国际汉学》、《法国汉学》等等，不过他们理解的汉学除了传统汉学，也包括了您说的中国学，没有那么明显的区分。我想这还是有很大价值的，他山之石，可以攻玉嘛。

答：当然，在美国的汉学研究界，尤其是中国文学研究界，有不少学者是非常优秀，也是我非常敬佩的，比如韩南教授，可以说是继续了古典汉学与现代中国学和现代文学的传统。他做事有板有眼，从来不研究大的东西，总说自己做的是细节，可是他对于中国从古代到现代的小说都很有研究，他写的东西是中国学者也不能比的，他对《金瓶梅》、“三言二拍”的版本考证都是一流的。我在哈佛每个月都要和他吃一次午餐，向他请教问题，我们私交非常好。我想提早退休，还特意去征求他的意见，他赞成。我觉得如果不赞成，我有点对不起他，因为当时我能到哈佛，主要是他的功劳。他这个人是翩翩君子，为人非常谦和，所以他退休的时候，几乎所有的学生都来了，真的很感人。这样的学者在美国越来越少了，他和夏志清完全不同，但他们两个人我都很尊敬。

问：现在美国一些大的高校都开设了中国现代文学课吧？

答：重要的大学都有了，而且教书的都是中国人，很吃香。以前我总觉得要做中国现代文学的专家，我要创立中国现代文学这个学科，现在学科创立了，很多人都进来了，所以我也就不想多参与了，就想去做别的事。

问：一些华裔的汉学家，他们一方面在西方语境里接受西方理论，另一方面很多时候又要立足中国本土，这个过程中是不是会碰到文化碰撞的问题？

答：作为一个所谓的美国汉学家，绝对是有文化碰撞的。最早选择专业的时候，有人问我为什么在美国学中国的东西，为什么不学美国的东西？我是受到史华慈的启发，他说你可以研究中国史，研究中国文学，可是你的视野必须是世界的。史华慈是研究中国思想史的，可他什么东西都懂，我也是这样，当然我比他逊色得多。但是这种世界性的眼光，是可以化解所谓文化碰撞的。

问：现在美国的现代文学研究和汉学研究，有什么值得注意的趋势？

答：我想首先要说到的是理论热。我们原来的以文本为研究基础的方法已经过时了，现在流行的是先看理论，几乎每一本书一开始就演出一招理论出来，如果你没有一个理论来开始的话，你这本书就好像是很传统、很落后的东西。当然，我是坚持我的方法，我从数据里面找出一些我没有办法解决的问题，我没有办法看得很清楚的时候，这个时候我的理论就从脑子后面跑出来了。平时我看理论都是为看理论而理论的，是觉得这个理论很有意思，从来没有想过具体怎么用它，这样一直积累在脑子里，一旦需要，它就自然而然地跑出来了。现在中国学者到美国，理论招数恐怕是有效的，可是你的理论再好，也没有办法和研究英美文学或者是法国文学，甚至是比较文学的人相比，他们基本上是完全理论的训练，像王德威啊，张旭东啊，刘禾啊，他们都是懂理论，也讲理论的。我从不训练学生看理论，如果要看理论的话，我就晚上再开课，大家讨论一些理论方面的问题。还有一个招数是中国学者比较擅长的，就是对资料的掌握。我现在不断批评美国学界，大家看的资料太少了。最近在纽约开了一个关于上海文化的会议，突然来了一大堆学者，好像每个人都懂上海，后来却发现没有几个人懂上海，他们只是借上海来表现他们的方法和理论。这就牵涉到一个很大的问题，我把这个问题归源到美国大学过度的专业化，每个专业，每个学科，都要有一套方法，而这个方法又不停地在改变，在创新，问题是创新的人并不都是美国人，美国人搞的法国理论，都是翻译出来的，这一点我也很不满，我要研究德里达，我就一定要看法文，当英文翻译成中文的时候，错误就更多，所以研究理论一定要懂原文，靠翻译来搞文学理论是绝对行不通的，不管翻译得怎么好。我并不是反对理论，相反可能是太尊重理论了，所以最反对的就是对理论一知半解，或者找了几个名词,马上就把它来用上。我自己是学思想史出身的，我常常受到我的老师史华慈的影响，把理论当作思想史来看待，比如研究德里达，我就要找出他的哲学背景，他怎么样在法国受到黑格尔的影响，再从他自己一本一本的书里找出他的思想来源和思想演变，有了这种系谱之后，你再来讨论他的一些重要理论观点，这才是一种值得尊敬的理论研究。

问：您的这番话不仅对美国学界，而且对中国学界也是发人深省的，现在我们看得太多的研究都是建立在一种莫名其妙的理论基础上，用了一大堆新概念、新名词，可是却没有新材料、新结论，只是让自己的文章充当了一回西方理论名词的跑马场，严格说来，这些都是学术垃圾。我当然不会反对理论，我自己对西方理论也一直保持极大的兴趣，只是就像您说的，如何把这些理论真正消化，并且融化到我们的学术语境中，这是一个很迫切的问题。

答：即使是经过了消化以后的应用，最好也要深藏不露，就像武功一样，如果你实在忍不住了，要露一下的话，可以用一些脚注，甚至可以长达两三页。我在美国教书的时候，很多学生跃跃欲试，要施展理论，我说你给我一招一招地演示出来，不能偷懒。中国学生往往太聪明了，一下子跳过去了，中间没有联系。关于理论还有一个问题，就是全世界的理论都太过时髦，就是理论都要用最新的，有些理论淘汰起来比娱乐明星还快。一本新理论书出来了，大家都说，你看过这本书没有，没看，你赶快去看，可是越看越迷糊。前几年美国最红的一本书名字叫《帝国》，哈佛大学出版社出的,《纽约时报》发了篇书评，我那天看到书评之后，中午去买的，到下午书就卖完了，由此可见美国学界对于时髦理论书的热衷。

问：我看到了一些报道，有人甚至还称它为“我们时代的《共产党宣言》”，它把整个世界看作一个巨大的帝国，一个漫无边际没有中心的庞大体系，没有什么民族国家、文化经济的相互贯通，也没有强大的后现代的技术支持，蛮玄奥的。很难想象，一本理论书在美国这样高度商品化的社会，还会如此畅销。除了这种理论热，晚清研究好像也成为一个热点了吧？晚清研究崛起的背景是什么？

答：目前美国的中国现代文学研究方面，晚清研究的确成了一个热点。大家有一个共识就是，中国现代文学的起源不是在“五四”，而是在晚清。二十年前，大家关于现代文学的论述基本上都是从“五四”模式发展出来的，现在又不约而同地对晚清产生了浓厚的兴趣，像胡志德，像王德威，像我自己，还有一批年轻学者都开始把方向转到晚清研究。要说背景的话，可能就是对于“五四”模式的不满，不满并不是说“五四”模式都是错的，或者全盘否定，而是觉得“五四”模式的路数似乎狭隘了一点，比较注重启蒙，比较精英的，难以全面地描述现代文学的全景。我们就是想从晚清出发，来寻找它与“五四”的关系，以及它对整个二十世纪中国文学发展的影响。

问：其中的一个主线就是我们刚才谈的现代性问题。

答：对，我们前面其实就是专门谈的这个问题。陈建华最近花了很多时间，研究晚清以来的通俗文学，他基本上也是受到你的老师范伯群先生的启发。陈建华以周瘦鹃作为一个个案，来探讨通俗文学、通俗小说层面上的一些基本问题。从晚清开始，小说都是要启民智的。启蒙有两种方式，一种是“五四”的方式，对于农民的同情啊，人道主义啊，这是大家很熟悉的；另外一种就是半商业化的炒作，而这个炒作也是为了开启民智，所以周瘦鹃其实代表了当时通俗文学一个很重要的导向，通俗文学并不只是为了大众的娱乐，也含有教化的意义。二十世纪文学整个的传统就是从晚清一路发展过来的。我觉得他的博士论文写得非常好，非常新颖，我甚至可以说，范先生退休以后，如果他回中国来的话，接班人就应该是陈建华，他的东西无论是资料掌握还是研究方法，都是独一无二的。

问：建华做得确实不错，上次开会的时候，他谈《紫罗兰》，紫罗兰的形象从一个女人的代表变成一种文化的代表，而且他讲《紫罗兰》时用了很多西方理论，包括鸳鸯蝴蝶派的公共空间啊，印刷媒体啊，很有道理，有些东西国内学者没法想到。

答：我觉得范先生他们做的通俗文学研究一个最大的缺陷，就是基本上都是谈小说，其实这些作家除了小说，还有一大堆的东西，翻译特别多，这方面我是做了一点。陈建华还发现周瘦鹃写了很多影评，介绍了很多好莱坞的电影，这个我们都不知道，是他发掘出来的。中国关于好莱坞电影的论述，早在晚清就开始了。这个发现对我写《上海摩登》中关于电影的部分帮助很大。

问：往往有些东西好像看起来是这么说，但真正深入下去并不是一回事，我觉得国内学术界的一个很大的弊端，就是不愿意深入下去。

答：这样不行，我觉得中国博士三年就念完太快了，顶多算个高级硕士班，真正的博士你不必提什么要求，一定要发表什么，人文的东西就是要捂，就是要看你到底看了多少书，要一点一点地磨炼。

问：我们回到原来的话题，跟晚清研究相关的就是都市文化，尤其是上海都市文化研究吧？

答：对的，大家又不约而同地对上海都市文化发生了兴趣，这也许是我带动的，也许不是我带动的，因为美国的中国近代史研究方面，上海研究也是他们的一个重镇，先后出了大概十几本关于上海的经济、社会、政治的书，上海研究在美国学界也算是个显学了。我开始研究上海都市文化的时候，差一点不想写了，这么多人研究上海，我还研究干什么？可是后来我发现，他们的研究都跟上海的文学、文化没有什么关系，研究的是经济、社会，所以我才坚持写完了《上海摩登》。目前研究上海都市文化的越来越多了，我恐怕也要宣告退出了。

问：可是要在这方面超越您，恐怕还不太容易呢。

答：现在只想把上海当代都市文化的这部分做出来，也许明后年再出一个新版，就可以算作总结了。

问：是不是大家觉得原来以作家作品为主的研究现在已经不太吃香了，所以才一窝蜂地去研究都市文化、都市文学呢？

答：原因也比较复杂，你可以说这是对传统研究模式的一个反抗，也可以说是因为美国的文学理论不太注重作家，大家都认为作家已经死了。其实我还是很尊重作家的，总是要把作家的身世和他的文化环境回归到文本里面来考察。美国一般的研究几乎都是以文本为主，一般人教中国现代文学课，总是拿几个文本来教，甚至只教一本小说。我记得当年跟普实克读书的时候，从二月到六月吧，就只读了一本小说《孽海花》。哈佛的著名汉学家韩南教授也是这样，大家一章一章地看，再一章一章地讨论。这个文本细读的方法我觉得也值得借鉴，不能一概废弃。我教现代文学的时候，也要求学生读文本，学生抱怨我要求太高，我就用北大王瑶先生的话，他说二十世纪小说也不过就是几百本嘛，你全部给我看完算了。当然，真正值得看的东西也不过几十本。所以也不能说现在纯粹的文学完全不吃香了，有时候还是很受欢迎的，比如说美国的研究生对于当代的作家作品就非常有兴趣。

问：您介绍的美国学界最新的几种趋势，已经相当清楚地体现了一个文化研究的转向，就是原来纯粹的作家作品的文学研究，越来越转向文化层面的研究。您曾经专门搞过文化研究，能不能介绍一下文化研究与中国现代文学研究的关系？

答：首先我简单说一下对文化研究的理解，到底文化研究是怎么回事，然后再来谈它和中国现代文学研究有什么关系，有什么利弊，以及它对中国现代文学研究的影响。对于文化研究与中国现代文学研究之间的关系，美国一些学者认为，中国现代文学研究现在已走到一个新的境界，新的地步。那是一种理论的境界，理论的地步。以前是停留在历史和作家的地步。我记得周蕾，英文名字叫Rey Chow，她编的一本杂志*Boundary II*就出过一个特辑，就讲文化研究与中国现代文学研究的关系。周蕾可以说是现在美国最走红的学者，在文化研究方面是走在前面的，我是跟在后面的。我个人对于文化研究并不是一股脑儿接受的。文化研究这个名词基本上是从英国来的，英文叫cultural studies，英国伯明翰大学有一个研究通俗文化的小组，创始人是雷蒙·威廉斯（Raymond Williams），是一个马克思主义者。他的一个基本观点是认为英国的学者身在象牙塔里，对英国的工人阶级不够关注，他是从一个阶级的立场来探讨英国工人阶级的文化。文化研究本来是从这里开始的。后来，他的继承人斯图尔特·霍尔（Stuart Hall）受到法国理论，特别是结构主义和后结构主义的影响，所以基本上把文化研究提升到理论的层次，而这个理论的层次基本上应该也是以通俗文化为主的。可是当英国这个研究的体系转到美国以后，最早在美国生根的不是在英文系或者比较文学系，而是在美国的大众传播系、电视电影系这些领域，特别是在伊利诺伊大学。伊利诺伊大学大概在二十年前开了一个会，把所有的人都请来了，正式宣布文化研究应该作为美国今后研究的一个新的指标。当然美国的情况是众说纷纭，虽然有人这么提出，但是反对的声音也很大。

问：这种文化研究理论先是影响美国的媒体研究和通俗研究，然后才对文学研究产生影响。这里面也经历了萨义德所说的“理论旅行”，在这种旅行过程中，文化研究的理论有什么变异吗？

答：一个理论体系从一个地方传播到另一个地方，一定会发生很大的变化，而这个变化的原因就是美国学者自己研究的需要，他们关心的问题，所以他们很快就把文化研究理论从一种阶级为主的通俗文化的研究变成一种和美国的社会相接触的东西，特别是美国的种族问题、性别问题和我所说的第三世界问题。所以如果现在你从比较保守的、反对文化研究的立场来说到底文化研究是一个什么东西，他们就会说这些人是搞政治的。文化变成了政治。什么政治呢？是性别政治，目前的发展是同性恋的政治，然后就是种族和后殖民，race和post-colonial的问题，从美国的种族问题演变到美国的少数民族和美国的新移民以及美国作为文化霸权对于其他世界的侵略和影响。后殖民不只是指殖民时代的问题，而是指殖民时代这种模式的影响。从这个理论推出来的话，就是现在所说的全球问题，globalism，这是现在最红的字眼，从华盛顿白宫最保守的一派到现在的文化研究，每个人都用这个词。可是在文化研究里头，globalism被认为是很坏的东西，因为它代表资本主义对所谓第三世界所构成的广泛影响，所以他们对抗的名词就是local或者localism，意思是本地或本土。他们的交互方式就是本地的，第三世界的人，应该是要反抗它，要颠覆它，要和它作相反的对话、相反的书写，就是speaks back或者 writes back，大家可以看到美国学者用的英语是逐渐地抽象化了，他们就是用这种方法来试图颠覆美国的文化霸权。文化研究在美国的这种发展，我认为是比较畸形的。原本英国的文化研究比较注重的马克思的那一面反而不受重视，而在美国本土，有的人，特别是马克思主义者所认为的中产阶级的毛病，尤其是性别问题，甚至包括女性问题，反而得到了最大的重视。

问：那么是不是性别研究，尤其是女性研究，目前是美国文化研究最有活力或者说最为活跃的？

答：我认为女性研究、性别研究的确是美国近十年来在理论上进步最大的领域，很多女性学者开始有一种自觉，对于很多原来英国文学的、美国文学的文本提出了新的见解。我举一个明显的例子，很早以前伊恩·瓦特（Ian Watt）写的一本书《小说的兴起》，我们前面也提到了这本书吧？他基本上认为小说是和中产阶级合在一起的，可是后来一位女性学者南茜·阿姆斯特朗（Nancy Armstrong）认为伊恩·瓦特的小说里面完全没有重视到女性，所以她从一个女性的立场来重新解构、重新叙述伊恩·瓦特所讨论的一些十八、十九世纪的英国小说。这样继续发展下去，在美国所谓媒体研究，就是media studies里面，特别是对于电影的研究，得到一个新的发展。美国电影理论学者很多都是女性学者。有一个女性学者劳拉·穆尔维（Laura Mulvey）写了一篇论文，认为电影的观赏行为基本上是把女性当为一个客体，男性当为一个主体，是偷窥女性的。偷窥女性的行为奠定了好莱坞的电影模式。由于电影的影响，最近的发展是特别注重视觉文化，就是visual culture，视觉文化的代表在美国就是电影。这一路影响下来，我们可以说在后殖民的影响下，开始注重第三世界。所谓第三世界就是在美国和当时苏联之外的世界，特别是亚洲、南美和非洲的知识分子、小说家、文学家、艺术家，而现在作为后殖民理论的急先锋的，大部分都是印度的学者，包括在印度本土研究下层历史的学者，和在美国、加拿大、英国的印度学者。现在最走红的印度学者是芝加哥大学的霍米·巴巴（Homi Bhabha），他可以说是这个领域的急先锋。他的英文可以说是越来越难懂，为什么呢？因为他受到非常英国式的训练，可是他却要从这种训练中解脱出来，他要对抗英国殖民的理论体系，他用他们的理论回击他们的理论，所以越写越玄。这是我对于美国文化研究的一些非常粗浅的看法。

问：您认为这些文化研究理论用于中国现代文学研究，是不是给后者带来了新的东西？还是对后者的曲解？

答：我可以介绍周蕾的文化研究成果，她是美国从一个文化研究的立场进行一种非常成功的文化政治批评的一个学者。她的第一本书叫《妇女与中国现代性》，是她博士论文的改写，里面讲到张爱玲，讲到巴金，讲到鸳鸯蝴蝶派，可是她一开始讲的是一部电影，是贝纳尔多·贝托鲁奇（Bernardo Bertolucci）的*The Last Emperor*，就是《末代皇帝》，一开始就提她的妈妈，你可以看得出来她是从一个女性的立场重新探讨中国现代文学的研究。她在脚注里把我们这些人全部批评了，虽然她很客气，可是你可以看得很清楚，她认为以前研究中国文学的，包括我在内，都有点男性主义。我认为这是她写得最好的一本书，因为她确实看出了一些我们没有看到的东西，比如鸳鸯蝴蝶派，我们一般都是从“五四”的立场出发，认为这些东西是通俗的，没有什么价值的，可是她看出来那里面反而有女性的意味，而“五四”的作家则是以男性为中心的。她的第二本书*Writing Diaspora*则完全是直接批判的。Diaspora这个字现在还不知道怎么翻译，是离散的群落还是怎样的？

问：有人把这个翻译成“离散社群”。

答：她是把diaspora这个字当作一个抽象的理论架构来说的，她站在边缘的、diaspora的立场来重新批判在美国的甚至于在中国的所有高调的、中心主义立场的人，包括中国的知识分子、美国的汉学界，甚至于美国的媒体。她需要用一种写作的、书写的行为来达到文化的批判，她的立场是非常坚定地站在第三世界，站在边缘来对抗主流的。这一点我非常认同，边缘没有什么坏处，在边缘你可以打得更凶一点，站在中心反而会被束缚，反而不行。她是完全从一个边缘的立场来对抗美国的，可是她批评得越厉害就越受美国中心大学的欢迎。这是美国很有意思的现象，现在美国最红的教授都是第三世界的教授，都是批评美国最厉害的教授。她最近的一本书叫《原初的激情》，讲的就是visual culture，就是电影理论。她特别指出中国现代文学里面最大的缺点就是没有重视电影，没有重视视觉文化。她用的例子就是鲁迅最有名的集子《呐喊》里面说的黑屋子的故事，拙作《铁屋中的呐喊》也是借用的这个意象。她说鲁迅当时看到的是日本人杀中国农民的visual representation，一种视觉上的呈现。可是鲁迅最后决定还是用书写文学来作为解救中国人民的一种办法，而不是用视觉文学，或者说视觉艺术。当时鲁迅所提到的是一种幻灯片，她把它和照相、电影合在一起，她这本书后来讨论的是电影的问题，中国的作家和研究中国文学的人非但是男性中心，而且也是书写中心，也就是说太注重文字，而不重视觉，所以她把我们这些人全部批判了。我也是美国做派，她越批评我，我越要介绍她，因为我觉得她是一位非常独特的学者。

问：您个人对文化研究持什么态度？您是研究中国现代文学与现代文化的，也是属于第三世界的文化范畴，照理说，它对您的研究应该也很有启发啊。

答：我觉得它的好处就是在西方的学界里面真正是为了广义的第三世界的文化传统或者政治开辟了一条新的道路。我刚到美国读书的时候，美国学界除了对欧洲的汉学重视以外，其实对中国研究是很不重视的。对中国、日本、韩国的重视基本上是从一个地区研究，也就是area studies的立场出发的，地区研究在美国成立是因为当时是冷战时期，这种研究带有对抗敌人的作用，所以地区研究训练出来的一些学者，特别是社会科学的学者，基本上是从这个立场来看问题的。他们比较注重敌对地区里的经济、政治之类的课题，文化只是一个陪衬，政治如果解释不清楚的时候，他们就会说它后面还可能有文化因素，于是就随便讲一点文化。所以我认为美国对于中国文化的研究实在是不够的。这种现象近年得到很大的改观，对中国、日本，由于文化研究的带动，事实上也开始注重这些文化，特别是二十世纪中国文化研究。我觉得这是它好的一面。在这种情况下，很多中国大陆年轻一代思想非常活跃的学者现在在美国都可以发言，特别是英文写得好的人。美国一些非常高调的、在学界非常受重视的杂志，都纷纷出了中国的专辑，讨论的基本上都是当代中国大陆，尤其是在“文革”以后，毛泽东去世以后以至目前的各种问题。这些问题以前在美国汉学界基本上是没有人教、没有人理的，他们认为中国的文学到了唐诗宋词以后，最多讲讲《红楼梦》已经算是不错了。现在却倒过来了，现在申请研究中国文学的人，一半是要研究现代文学，我觉得这样也很反常，所以就唱反调，我觉得研究现代的人四分之一就够了，一半太多了。大家一股脑儿都要研究中国现代文学，一半的原因就是文化研究的带动。大家都希望找一样热门的东西，用这个热门的东西来做一些自己的政治。

问：看得出来，您对文化研究既有肯定，也有不满，那您对文化研究的批评主要是什么？

答：我个人对文化研究的批评主要有两个方面，首先它基本上是一种批判的模式，它开展了很多领域，可是这些领域的空间开展了以后，他们反而不知道怎么研究，他们只知道用理论批判，不知道怎样扎扎实实地做研究。而且这个理论体系里边因为受到了后现代主义的影响，而后现代主义是非常复杂的理论体系，他们不承认有所谓真实的历史，认为历史是构造出来的。这是从福柯的理论衍生出来的，认为历史基本上是由后人一些数据的断片重新虚构、构造出来的，而在历史的重构之间，它背后全部是一些权力的关系。这种权力的历史，事实上是很危险的。这种观点的好处是告诉我们不能够一厢情愿地认为前人或有名的历史学家所写的都是对的，我们要从历史的材料、历史的著作里头看出它背后的权力关系，这是一种非常典型的受福柯影响的文化研究的模式。可是倒过来说，大家似乎已经不太注重对于历史材料本身的研究，而我个人所受的训练反而是一种比较传统的史学训练，也就是说，如果我要探讨一个问题的话，我要看很多的历史材料。当时我的老师史华慈教授再三强调，所谓思想史不只是history of ideas，当时的传统是history of ideas，就是只讲大问题、大思想，从一个思想到一个思想，后面的历史背景可以不管，可是他认为后面的历史背景还是要重视的。从这方面说，我觉得不管是传统思想史的、文学的还是现代文化研究的做法，都是对材料里面重现的历史不太重视。这就把历史抽象化了，每个人都认为历史是重要的，每个人都响应詹明信（Fredric Jameson）的那句话，always historicize，永远要把它历史化，意思就是不只是我们现在生活的这些年代，就是从我们那个视野里面来看的话，以前所有的传统的价值、传统的连续的叙事方法都不能相信。我对文化理论批判的另一方面就是，名为cultural studies（文化研究），可是不注重文化的意涵，只是把文化当成语码，认为文化的背后是政治，是性别，是种族，是征服，是霸权。在美国文化理论研究界，包括受文化理论影响的比如说研究亚美文学，就是Asian-American literature，都是用英文写作，没有人对中文有所反思。如果你尊重第三世界的文化，如果你尊重当代中国文化的话，那么中文的意义在哪里？所以我自己现在反而重视中文的多元意义，中文在当代文化里面所扮演的角色。现在在美国，我甚至可以说一些研究文化理论的学者，英文写得非常漂亮，可是他们对自己的语言已经不太熟悉了。这就产生了一种隔膜，而这种隔膜影响到他们对自己本土的文化的了解。他们一方面理论上提倡本土，另一方面对于本土文化的解释却难以深入。

问：为什么会出现这种情况？按照一般的思维，应该对本土的文化研究更为深入才对啊。

答：这里面有一个原因，就是美国的人类学研究永远是走在理论的前头，结构主义在六十年代从法国进入美国的时候，最早接受的就是芝加哥大学的人类学系。后来语言学开始介入美国的时候，也是芝加哥大学的人类学系最早接受。他们对新的理论非常热衷，而在人类学里面有所谓文化人类学，人类学讲的一部分就是文化，所以他们觉得对文化这个词讲厌了，觉得讲文化没什么意思，而人类学家讲的基本上也是当代文化。我觉得如果把现在的文化理论放在国外的中国文化研究的范畴内，我们可以很明显地看到一种两分法：研究现当代中国文学的人非常热衷于文化理论，可是研究传统中国文学的人对文化理论根本不相信，而且觉得没意思，觉得这只是时髦的东西，没什么好研究的。可是我的立场永远是正反的，正面的话，我觉得他们这种对文化研究的歧视也有道理；反面的话，就是事实上文化研究的某些理论对中国传统文学的研究还是有用的。

问：在您自己的现代文学研究方面，在多大程度上接受了文化研究理论的影响？比如说我们前面谈到的都市文化研究、现代性问题，其实都跟文化研究有着极为密切的联系。您的这些研究本身也成为美国文化研究的一个组成部分吧？

答：其实我做学问的方法，是把文化研究和文化史连在一起，希望自成一家，但做得仍然不够严谨，理论的运用仍不够熟练。我再说一段往事：我前面提到我早期研究中国现代文学的时候，除了史华慈教授，还得到了普实克教授的指导，当时普实克提出的理论是布拉格学派的语言结构主义，我后来有幸见到此学派的最后一个掌门人多莱热尔（Lubomír Doležel），并和他展开过辩论。我当时觉得他们做的东西完全没有历史感，而他们也觉得我们做的东西不是文学。现在回过头去看，其实都有道理，现在文化研究基本上注重的都是文本，从文本里面看文本以外的东西，或者说文本背后所涵盖的权力关系、性别关系这些东西，刚好和我当时所摸索的路线比较吻合。可是我个人是一个彻头彻尾的国际主义者，我认为现在美国文化研究的局限就在于他们太注重美国本土的文化，就要关心那个文化背后的东西。文化研究事实上为中国现代文学的研究开拓了一些新的视野，当然它也附带给我们一些问题。我们刚才也提到，我是反对所谓近代文学、现代文学、当代文学的分期的，我们应该全部打通，甚至还可以进一步上溯。如果要研究现代文学的话，你要界定什么是现代性，什么是中国的现代性等问题。这个问题不解决的话，你就无法进入所谓当代中国文学，这是我们刚才谈过的问题。对现代性问题的关注，我是受到了文化研究的启示，我要提出来的观念是：到底现代性要从什么样的一种领域里面来探讨呢？我走的路不是理论的路，不是把现代性的理论作为一种理论来探讨，而是从史料里面，从印刷文化里面来研究。所以《上海摩登》里面前四章全是上海物质文明的东西，包括上海的建筑、上海的印刷、上海的报纸、上海的电影。从这个环境里面，我们才能够看得出来什么叫作中国文学的现代性，也就是说，它是从一种文学的想象里面对西方传来的这一套现代的东西有所取舍，可是当他们把这一套东西搜罗到中国的文化领域里面就马上变质，马上把它变成中国的东西，它既不是传统的东西，也不是西方现代的东西，而是一种四不像。这个四不像，我叫它"hybridity"，我常常故意用西方比较流行的语言去对抗他们。从晚清文化、通俗文学的研究到当代文化的研究，我提出来的个人观点还是一样的：现在中国对理论的探讨，特别是对后现代理论的争论，似乎还是重新塑造"五四"的那个模式，也就是一些在学院里面非常高调的人士，用理论来争取他们的霸权。对于中国现代文学的研究，如果说目前的文化理论对我们有所启发的话，我个人觉得反而是要解决一些没有解决的问题，特别是"五四"这个传统没有解决的问题。这个问题，我是用现代性把它概括起来，当然里面又涵盖了其他一些问题，包括这种扎扎实实地研究的方法，研究的材料问题。

问：可以看出来，您现在的一个基本研究方式，就是把所有的东西都变成文本，包括印刷文本，包括电子文本，包括影视文本，等等，然后来探讨这些文本背后比较重要的文化因素。

答：我觉得我的文化研究跟美国一般的文化研究还不太一样，我的文化研究是比较注重文化的，是把一个比较大的文化现象，特别是中国当代文化现象用一种不同的方法来研究，当然我也接受一部分文化研究的理论。我原来在哈佛就主持过一个文化研究工作坊，做了好些年，这个工作坊带动了一些中国现代文学的文化研究。可是，现在几乎所有的人都用一个文化研究的方式来探讨中国文学了，这就产生了另外一个危机，就是说没有人看文本了。当然，广义上讲，电影也是一种文本，几乎所有研究中国现代文学的都喜欢研究电影，不管你喜不喜欢电影，都教电影课，现在美国的学生，包括哈佛的学生看书都少了，也都喜欢看电影。我跟我的年轻同事周成荫，就合开了一门课，叫“中国电影”，从三十年代的一直教到香港的，很受欢迎。人人都学着用文化研究的办法来看电影背后是什么，后殖民也好，性别也好，文化政治也好，反正都试图挖掘文本背后的文化因素。我觉得这也没什么不好，但似乎又偏离了电影本身。很多研究电影的学者并不是电影迷，而我却是一个不折不扣的电影迷，所以有的人不配研究电影。

问：影视文化的分析是文化研究的重要内容，您提到过的《卧虎藏龙》在美国上映后已经打破所有外国影片的卖座记录，应该说是一个很好的研究文本，您能不能以此为例，用文化研究的方法，作些具体的分析？

答：现在全球化浪潮笼罩一切，一部作为商品的电影，与它所生产和消费的地区流动关系，的确值得我们作跨科际的研究。我是去年夏天在香港看的《卧虎藏龙》，李安的作风一向以温柔著称，没什么暴烈镜头，这部片子也是以意境取胜，只不过以武打片的形式表现出来而已，特别是周润发和章子怡在竹林比剑的一场戏，应该是全片的高潮。李安说电影的情节核心是“情”，一种传统中国人压抑在内心的极为含蓄的男女之情，它在不同的文化环境中，产生了不同的文化情绪。片子的主要人物当然是李慕白，李安自己更重视的是这条“卧虎”以及卧在他内心深处的核心感情。但是美国的影评人最推崇的反而是小龙女身上的叛逆和外露。在华人地区，李安所要表现的这种感情传统年轻一代的华人也不见得会认同，而且片中人物故事都不用标准的普通话，或许是想让观众体会到华人世界的语言多元性？

目前美国文化研究用得最多的两个理论，一个是东方主义，就是orientalism，是指西方人误解并且歧视东方，甚至故意把东方看作异族他者，还有一个就是我们前面提到的“离散意识”，就是diasporic consciousness，泛指一切从本国移居到外国的人群及其边缘性的处境。如果我们用这两个理论尺度来套的话，《卧虎藏龙》是不是也有些东方主义的色彩？就像有人批评张艺谋的《大红灯笼高高挂》一样，是为了取宠洋人观众而拍的，李安一定否认，因为他早已在《纽约时报》上公开承认，拍这部片子，本来的目标观众是华人和外国的艺术电影观众，但是没有想到也会吸引到美国的主流观众。文化批评家仍然可以指控他使用普通话本身可能是在卖弄另一种东方主义，就是一种故作存真却是虚假。可能也有人会说，在后现代社会，已经没有什么存真可言，媒体呈现的世界更是如此。至于《卧虎藏龙》是不是表现了一种在离散社群中成长的人对于故国文化的怀旧感，那说起来就太复杂了。周蕾专门研究离散理论，最反对的就是中国是大一统的文化观念，她甚至认为，华人的认同并不在于语言或血统。离散意识的边缘立场鲜明，就是打倒一切中心主义，特别是以北京和北京话为中心的汉族国家传统。这样看来,《卧虎藏龙》还是太保守了，这么说来，李安的电影是不是又不够“政治正确”？离散意识发挥得不够?

问：这种文化分析倒很有意思，只是感觉好像在用自己的文化理论或者概念来套文本，而不是您主张的那种从文本出发，再自然出现理论。最后还有一个问题，在文化研究方面，对您影响最大的是什么人的理论？

答：我想是两个人，一个是本雅明（Walter Benjamin），一个是雷蒙·威廉斯。雷蒙·威廉斯我们前面谈到了，文化研究理论其实最早就是他提出的，是开山祖师式的人物。人人都很尊敬他，但是却没有一个人能够对他的理论加以发展，他死了以后，他的继承人就乱了套，很可惜。

问：我也很喜欢这位理论家，只是他最重要的著作《关键词》还没有翻译过来，倒是马上要出一本他的《现代主义的政治》。

答：是呀，我觉得非常应该翻译，特别是《关键词》，这本书对我影响很大，大家对这个问题认识得还不够。我就是要研究关键词，不仅要研究什么叫文化，什么叫社会，更主要的是要推广到日常生活上，研究那些影响和改变日常生活的关键词。

问：我们其他不说，就说从晚清到“五四”这段时期，基本上每一个关键词都能理出一个线索来。

答：这个可以专门来做，就是梳理一个词的系谱，这个词来源是什么，它在不同的文化境域里发生了哪些变化。其实有的词威廉斯的原文也不长，可很多词他提出来之后，还没有人继续研究，比如“情感结构”，他大概是讲十八世纪小说中表现的某个阶级的一种心态，一种情感，而现在后现代理论里面最多的就是这个，全部讲的是欲望，欲望就是和心理结合在一起的，其实人的一些选择，人与人之间的关系，不只是阶级的关系而更多的是各种形式的情感关系，这样我们就可以通过一个关键词，串联起古今中外的文学现象与文化现象。

问：现在已经有人开始关注这个问题了，比较突出的就是建华那本《“革命”的现代性：中国革命话语考论》，还有汪晖对科学、个人主义等关键词的梳理。最近我还看到一本《当代文学关键词》，只不过它所说的关键词与我们理解的威廉斯的关键词还是有所区别的，仅仅停留在字面的解释上，没有梳理出这个词语前后的文化渊源。

答：在威廉斯的文化理论里面，我觉得有一点不足，就是他没有关注到现在美国最关键的问题——种族和性别，他更多讲的是阶级、集体、文化。事实上在美国这个多元文化的社会里，种族问题闹得很厉害，美国知识分子原来仅有的一点革命性也早已失去了，取而代之的是种族、性别、文化。恰恰这方面是我们需要进一步发展的地方。

问：这也难怪，他本来就是马克思主义出身嘛。读您的著作总是觉得您对文化历史非常熟悉，一方面注重文本分析，另一方面也有很多的新理论，两方面结合得非常好，给人的感觉很畅快，这一点是不是跟本雅明的影响有关？

答：我经常说自己最喜欢的一个理论家就是本雅明，我为什么喜欢本雅明呢？因为他这个人文笔非常漂亮，他用一种散文的方法来讲理论。最近哈佛大学出版社出了一本本雅明的文集，我前面提到了吧？他们把本雅明的东西全部重新整理出版，比原来张旭东翻译的那本书大概多十倍。

问：本雅明在中国的影响主要就是《发达资本主义时代的抒情诗人》，后来又出过两本本雅明文选，也有了《发达资本主义时代的抒情诗人》的新译本，可是大陆学界对他的了解与研究其实是远远不够的。

答：本雅明倒是值得我们高度重视，不过他的东西不怎么好翻译，可能也影响了他的理论的传播。这本新出的文集我现在只看了一部分，我就觉得他的全部理论都是从资料里来的，他读了无数的资料，做了大量的笔记，阅读了大量英文、法文、德文的小说和著作，读完之后，他突然悟出一点东西来，于是他就写那么一两句，这种警句式的随笔就变成了他的理论。所以我们看本雅明的东西，有时候看了半天不懂，再看还是不懂，那就再看。他的东西是经得起反复看的，比如关于艺术的复制问题，我已经讲过好多次了，每次好像都有收获。他的一些观点，时过境迁以后再看，依然有它的道理，这种理论对我的吸引非常大，他把他当时写作的环境，他的思绪和感觉，都写出来了，所以本雅明的理论对我来说就是一种照明，一种参照。当你思考一个问题的时候，你会想到本雅明类似的论述。真正优秀的理论，对你来说不仅是一个消化的过程，而且是一个对话的过程，你是永远跟理论做对话，而不是把理论当作权威。这个就是本雅明在我心目中与现在的一些理论家的最大的不同。

*本篇最初发表于《当代作家评论》二〇〇四年第二期。

全球化下的人文危机

李欧梵访谈录之二

自从与李老师结识以来，我们曾经有过无数次或正式或随意的访谈和聊天。二〇〇三年,《李欧梵季进对话录》列入“新人文对话录丛书”正式出版，引起了不小的反响。二〇一一年，人民日报出版社出版了这本书的增订版，并改名为《现代性的中国面孔》。这些当然要归功于李老师对于访谈所投注的热情，他的严谨与热情每每令我十分感动。不久前，李老师再次应邀来苏州大学访问演讲，一起重温深秋的姑苏记忆。趁此机会，在苏州大学独墅湖校区附近的月亮湾SPR咖啡馆，我们有机会坐下来，围绕他的新著《人文六讲》，一起轻松自由地聊天。李老师侃侃而谈，话锋穿梭于理论、文学、音乐和电影之间，神采飞扬意气风发的状态，让我仿佛又回到了访学哈佛的那段美好岁月。访谈的收获让我更加坚信，学术并不一定是用一套套艰涩难懂的理论拒人于千里之外，更应该能在平易的日常生活中闪耀价值，我想，或许正是此次访谈的最大意义。

问：李老师，您好！很高兴又有机会一起聊天，以往每一次访谈聊天都不仅令我受益匪浅，而且通过访谈成果的出版和再版，得到了广泛的肯定，所以今天这个机会可不能放过了，哈哈。

答：你不用跟我客气，我几乎每年都来一次苏大，咱们聊天的机会还是很多的嘛。

问：好，今天我们就先从您的新书聊起，《人文今朝》的简体中文版已经由中国人民大学出版社出版了，出版之后好像反响不错。

答：是的，内容是根据我二〇〇九年在香港大学作的六场演讲的讲稿整理出来的，讲座是面向社会的，所以听众并不都是中文系学生，也包括不少外专业的学生和社会人士。不过他们出版社似乎想把它做成比较学术的样子，所以要我改名字叫《人文六讲》，还让我在每一讲后面增补了一些内容。

问：这本书虽然篇幅不大，但可以看出您最近几年思考比较多的一个问题：全球化及其对我们日常生活的影响。的确，随着大陆的不断开放，科技的不断发展，我们越来越能感受到全球化对我们的影响，通过网络，我们可以在第一时间获知地球上发生的大事，可以和美国的朋友即时交流，地球真正地变成了地球村。

答：没错，在香港更是如此。我在香港大学演讲的时候刚有一部新书出来，是《纽约时报》知名记者托马斯·弗里德曼（Thomas Friedman）的畅销书《世界是平的》，它的基本理论就是，随着科技的进步，尤其是电脑和信息技术的进步，大家好像四海一家都生活在同一个地球村里了。如今有很多研究全球化理论的人，基本上都是从这里出发的。但我觉得这样说全球化似乎太乐观了。比如说现在表面上大家联系、交流都不存在任何问题，只要你会一点语言，坐在电脑前交荷兰或者芬兰的朋友都没有问题，但也因此每个人都有手机、电脑。这就是全球化的一项最基本的特点：不管你愿不愿意，我们日常生活的一点一滴都变成全球化了，每个人都被全球化裹挟，变成了全球化的一分子。我是不用手机的，我手机里只有我老婆一个人的号码，我在香港迷路的时候才会打给她，这一方面是因为我"笨"，另一方面也是我故意的，因为我觉得我不能被完全卷入到全球化的漩涡里，否则我现在年纪大了，没有时间看我的书了。

问：有意思。的确，全球化在"进步"的旗帜下有些时候反而成为我们的负担，二十世纪九十年代以来，西方学者，尤其是左翼学者对全球化的问题也是越来越重视，越来越警惕。在他们看来，全球化是资本主义的新阶段，在文化方面的体现是，表面上看起来是一种文化多元主义，边缘群体都获得了发声的机会，但本质上却谋求将所有的地方文化都用美国式的商业文化或者大众文化取而代之，创造出一套崭新的全球同一的符号系统。您对这种观点怎么看？

答：我懂他们的意思，不过我并不打算用这么理论化的方式来讨论这个问题，我更希望能把这个题目和我们的日常生活联系到一起，他们说他们是左派、右派，那是他们的事，我要把资本主义这个现象中性化，看它的势力是如何进入到我们日常的生活，又给我们自己的生活带来了哪些变迁，包括心理的变迁，我觉得这才是我们人文学者最应该关心的问题。就拿这家咖啡店来说，你有没有注意到他们的广告，你看，这完全是一个全球化的标语：“依恋，质感与美味间的酣畅放纵，拜谒自然主义，不如多一点对生活的热爱。”语言非常优美，但我们该如何解读呢？全球化的意思是，讲什么并不重要，重要的是它是一张广告。这个广告好像一首诗，又好像英文翻译的，又好像中文，可是不是中文系的中文，而是全球化的语言。它变成一种符号了，这种符号就是让你感到有这么几句话，你找到几个字眼，现在我们叫关键词。什么叫质感？金钱是不是质感？什么叫依恋？这是诉诸女性的依赖、恋情之类的想象？然后是美味，它可能是想让你觉得喝咖啡很美，不过这杯咖啡真的很难喝。问题在于，它让你进入到这样一个世界里面，一家咖啡店，其中的布置与苏州一点关系都没有，可你一进来就会觉得：“诶？我在哪里见过这种布置。”比如这家咖啡店的布置就立刻令我想到了香港的太平洋咖啡。这就是全球化如何进入到我们生活的，它让你每时每刻甚至在每个地方都看到因为全球化而带动的物质上的、商品上的、经济上的、广告上的影响和引诱，带你进入到一个符号的世界，如果没有自觉的话你会觉得生活很美好，很“酣畅”，可以“放纵”，永远都“热爱”生活。但是我问你，现在你是觉得生活非常美好呢，还是生活有点问题但又说不出来，压力越来越大呢？

问：当然有压力！

答：这种压力感从哪里来？弗里德曼的书一句话都没提，他讲的全部都是经济行为和市场行为，比如外包，把产品的一部分放到海外生产。举个例子，苹果电脑硬件生产的一部分就在台湾，不过现在台湾的公司都到大陆来了，说不定就在苏州附近。

问：真的有一部分是在昆山。

答：是吧！这是我乱猜的，一点都不熟悉，但如果没有电脑公司，没有苏州的工业园的话，也不会有这种咖啡店，我前几次来苏州的时候还见不到这种咖啡店。所以，弗里德曼所讲的那种全球化现象显示了商品、货流、物流，甚至于广告的流传都已经没有疆界了。

问：这样看来是不是过去依靠疆界划分的民族文化和地方文化势必会受到冲击，面临边缘化和同质化的前景？资本主义在其中又具体发挥着怎样的作用？

答：现在某些人文学者和文化研究者认为强调文化的地区性能抵抗这种全球化带来的经济压力，但如今的资本主义已经完全变质了，它是看不见的，已经超越了马克思当时学说所预测的范围，超越了工业革命，超越了托拉斯，超越了帝国主义式的资本主义，不断向外扩张，成为一些人所说的后资本主义。它的市场规则概括了全世界各种不同的文化，每到一个市场，一个地区，很快就吸收了当地的文化，它的敏感性甚至比我们更强。比如我从美国回到香港，就发现香港的麦当劳会多卖两样东西，而肯德基居然可以卖澳门的蛋挞，这些在美国都是没有的，这就是所谓地区性：一个全球化机构来到某个地方的时候，吸收了当地特别的东西。但它的目的并不是尊重当地的文化特色，甚至不是完全尊重当地的口味，而是通过这种方式把在地化纳入到它的全球化的系统中，然后把你吞掉，在当地重新复制它的全球化经济系统。在美国，最喜欢麦当劳的是小孩子，到了北京，最喜欢它的还是小孩子。美国迪士尼公司说绝不会进入大陆，但现在又要在上海建新的，这种不断扩张的全球化势力并不像科幻电影里演的那样，有一个奸雄坐在幕后设计，它是一种无形的力量，你一旦进入这个系统，就有一套自然的市场规则约束着你，这个力量就是资本主义。

问：全球化最近对于大陆的影响确实是越来越明显。尽管大陆在经济水平上还是生产社会，但能明显感觉到人们已经开始对商品以及商品背后的符号象征意义产生狂热的追求，在大众媒介的作用下逐渐认同一种建立在物质基础上的幸福模式。基于这种情况，您认为中国现在到底有没有一种真正意义上的消费主义文化？

答：消费主义文化绝对有，而且已经快速构成对中国人文的威胁。商品化这个名词进入科技之后，它的符号越来越复杂，引诱力越来越强，其背后是推动大家的时间感越来越急迫。这些影响全部都如鲍德里亚（Jean Baudrillard）所说的那样，是符号化的东西。鲍德里亚发明了所谓虚拟现实，virtual reality，认为我们进入了一个“更真实的社会”，你也可以说商品带给你的壮丽风景就是一种虚拟的现实，是用各种商品、广告营造出来的，让你看到之后就产生欲望。比如一到圣诞节之类的节日，所有商店都会张灯结彩，你一看到就会想：我好幸福，我要去买东西了。现在的广告都非常精彩，用各种各样的方式引诱你进去，我就曾经在商店看到一件夹克，我真的就进去了，然后就买下来了，结果回家穿起来太小，这非常典型地体现了人和商品的关系经过了一系列的广告符号化。

问：您提到了时间感的急迫，这是否也是全球化带给我们的重要影响之一？因为现在明显感觉到时间越来越不够用了。

答：这正是我要说的，二十一世纪社会的压力绝对超过十九世纪，最明显的就是香港科技大学连续有三个学生自杀，中文大学也有好几个自杀的，全部来自中国大陆，有一个就是从我办公室的大楼上跳下去的，表面上都是压力太大，这些压力从哪里来的，他们没有讲。对我来讲，它的基本来源就是全球化影响下的现代性。现代性是个很奇怪的字眼，根本不是中文，它是个抽象的名词，是从英文、法文、德文转译过来的，它所指的是西方两百年来整个社会、经济的变迁，而这个变迁使得西方社会整个进入了一个“现代”的时代。现代与古代有什么不同呢？最大的不同就是时间的观念、时间的价值、时间的算法都改了。现在大家每个人都戴表，好的表里面都有几个不同的时间：伦敦的时间，纽约的时间……香港的商人看手表就知道纽约股市现在几点。这个时间的观念基本上是从西方带来的，现代人对于时间非常看重，但在古代的欧洲和中国，时间没有那么重要。中国古代的农夫日出而作，日落而息，你问他在田里工作多少小时，他的回答是：什么叫小时？因为小时这个观念不是中国的。你是一个罪犯，在扬州作案，午夜风高的时候你可能是在某一更去抢街，更的划分根据的是巡街的更夫敲的更，后来我们一算才知道，古时候的一更大概是两个小时。以前的世界对于时间有各自不同的算法，中国古代的算法是根据月亮，后来才变成根据太阳，西方的古罗马用的也是不同的东西。我总是不厌其烦地想把我研究的题目和日常生活连在一起，总算找到一个连接点，就是时间的观念。

问：现代西方时间观念的侵入使我们把时间量化、精细化了，全球化和现代科技理论上使分工更加细致和有效了，大大提高了人们的工作效率。但就我个人感觉而言，我们每天工作的时间并没有像预期的那样大大减少，反而增加了，而且我们似乎失去了上一代人悠闲的生活节奏。全球化和现代性对于效率的许诺似乎变成了一个谎言？

答：完全正确。当我们的祖辈开始受到时间限制的时候，压力也就开始了。但是人脑有非常强的适应能力，不仅能适应这种限制，还可以把时间的观念据为已有并且改变它，让自己觉得过得很舒服，于是就有礼拜六休息，就有香港四点钟的下午茶时间。香港的时间在二十世纪末已经被现代性大大地改变了，工作的时间长了，需要处理的资讯和信息太多，所以每个小时做的事情反而多了，工作速度要加快两三倍。于是，朝九晚五变成了朝八晚十，或者朝八晚十一，像我们这样不太忙的人在香港要约人吃饭一般是在七点半到八点。六点去一定会有位子，但是他要求你在八点之前吃完，这就是时间的压迫了。以前哪里会有这种事情？我们看葡萄牙作家佩索阿的作品，他们吃饭是懒洋洋的，从太阳下山一直吃到十二点。意大利人也是，一道一道菜，一道一道酒，一直到十二点。在西班牙南部，太阳太厉害了大家还要午睡，银行一点就关门了，大家睡到下午四五点，到街上溜达溜达，吃点小点心，等到七八点又去吃饭了，所以他们现在有经济危机，因为他们没有办法用自己的生活方式来适应现代化或者说全球化影响下的现代时间理性。我们应该看到，现在的规则已经完全不一样了，虽然我们还在用老式的规则，把劳力和利润连在一起，上课，赚稿费，但新的规则已经产生，今天中午我们吃饭的时候我看到服务长在给一群服务生训话，让他们喊口号“顾客第一！顾客第一！”，这就是经济转型后的服务业。你的老板是谁，你的顾客是谁，顾客是不是对的，你怎样应付顾客，怎样创造利润，这一套规则很新，并且明显是和全球化经济的发展相关联的。香港人非常能够应付，他们有一种社会机制，不需要政府来干涉，自己很自然地就转变过来了，自动就把工作的时间延长了。延长之后如何应付肚子饿呢，于是就有了下午茶时间。所以，咖啡店就多了起来，香港的咖啡店不像台湾一样是讲情调的，完全是应了社会的需要，是因为时间的压迫，创造出来的一种新的空间。

问：这就是您经常讲的时间的感觉与观念？

答：正是如此。在这样一个“超级现代化”的全球化影响的时代，怎么样来分秒必争？六十秒就是六十秒，一个钟头就是六十分钟，它已经规定好了，你不能改变。于是，人们开始讲求效率。在香港，人们坐电梯都是先按关门再按到几楼，这样可以争取半秒钟的时间，这次在苏州更高级，可以在外面按好楼层，进去以后不用按，电梯自动就把你送到要去的楼层，这又省下一个步骤，省下了半秒钟的时间，这就是有效率。再比如，香港人非常有秩序，但坐地铁的时候都会争先恐后地挤上去，坐扶梯也是一样，把左边留给那些赶时间的人，他们跑上去就是为了赶第一班车，尽管第二班只隔了三分钟。我曾经特别留心看有多少人是像我一样故意等着坐后一班车的，几乎没有，哪怕挤得要命，下一班车马上就到，大家也还是要挤上去，这已经成为一种习惯，他们认为延迟一分钟就是一种浪费，车已经到了，等下一班是没有意义的。在这样一个追求效率的社会，你如果要上班，要三餐，要有家庭生活，要想享受一杯咖啡，然后又要应付不停发生的改变，一个基本原则就是快、超快。在西班牙，最慢的车都叫快车，Rapido，接下来是极快、超快、特别快，没有人再用慢车这个词，所以我就反潮流提出一个慢节奏、慢生活。当然不可能把什么都拉慢，我认为一个真正有人文气质的生活应该是有快有慢，什么时候快什么时候慢呢，我觉得还是可以从时间的范畴里重新思考。

问：前面您已经说到，要对抗这种全球化符号系统的诱惑，对抗这种现代时间造成的压力，仅仅强调地区性是没有用的，因为全球化已经超越了地区性，把地区性为己所用了。根据您上面的思路和您的《人文六讲》来看，您的方法似乎是重塑已经被日益边缘化的人文传统和人文精神？

答：对。我还是举一些与人文学科有关的例子，特别是文学、电影、音乐三样来谈。二十世纪初，当西方开始进入现代性的时间，西方文学产生了一个极大的变化，就是现代主义的兴起，比如乔伊斯的《尤利西斯》和弗吉尼亚·伍尔夫的《达洛卫夫人》。伍尔夫曾开玩笑说："一九一〇年十二月，或在此前后，人性发生了变化。"她点出了这个象征性的日期，就是说在那个时候西方小说的模式改变了，时间不再按常理出牌。他们发明了一种心理时间，由意识流来表现，它的时间观念和日常生活的时间观念是有差距的。叙事语言的时间过渡已经不像典型的十九世纪写实主义小说那样和当时的日常生活一致了，并且开始和空间结合，达洛卫夫人早上八点去买花的时候，另外一个人已经开始得忧郁病了，后来两个人在公园里相遇但是互不相认等等，这种空间感是现代小说独有的。空间、时间浓缩在某一个心理阶段，使我们的生活出现了两种时间，一种是随波逐流式的时间，你被逼着去上班、上课，这没有办法。另一种时间就是你自己的心理时间，我把它叫作面壁时间，也就是聆听自己的时间，这是可以自己安排的。我每天早上七点半起床做半小时操，然后吃早点的时候就开始听莫扎特的音乐，我就进入到我自己的心理时间了，具体多长我不知道，因为那是一天中我唯一不用看表的时候，正是睡足八小时之后精神最好的时候，所以我可以想我自己的问题，这段时间是我觉得最珍贵的。有时候我实在压力很大，用什么来逃避压力呢？就是音乐。我专听那些节奏不太快的古典音乐，特别是莫扎特，这个时候我就会像鲁迅一样有个影子跑出来，与自己对话，嘲笑自己，这就是心理时间。

问：您一讲到音乐就神采飞扬啊，哈哈，您的《音乐札记》、《我的音乐往事》也给大陆读者带来很多启示和感动。不过日常生活中随波逐流的时间终归还是多数，客观的时间一分一秒都是规定好的，时间到了就一定要去，这个时候人文又如何发挥作用呢？

答：在这个过程中我一样可以练习我的双重时间：别人快我慢，虽然慢不了多少。别人坐上一班车，我坐下一班车，最多慢三分钟，我会看最后到中文大学的时候是不是他比我快，结果是一样的。在非常吵的地铁里我会向我老婆学习，闭上眼睛打坐，于是又进入了我的心理时间，这时我的脑子里会幻想出一首交响曲，都是比较古典的，速度都不是快的。开会的时候也可以有双重时间，表面上在听上面的人训话，私底下就想自己的事情。最好的时间应该留给最有创造力、最重要的事情，一般是在上午，当然，像三岛由纪夫或鲁迅的黄金时间是在深夜。现在还有另一个问题，我原来上午花三个钟头基本能手写完一份一千字的文章，但现在开始用电脑打字却变成了六个钟头，科技本来应该是方便我、帮助我的，但却反而把时间变长了。因为修改变得很方便，所以我就一直在修改，永远改不完，而改过的东西是否比原来的好呢？我看更差一点，因为没有原来的味道了，变成语言的游戏了。我这才开始反省，开始重新回归手写。那些不重要但非得做的事应该在最累的时候做，比如处理电子邮件，我处理电邮很快，当然肯定会有误删，但没关系，因为真正找我有事的人一定会打电话给我。

问：的确，科技有的时候并不能像看上去那样给我们带来方便，它本来是现代祛魅的主要功臣，但现在却自身带有了某种乌托邦的倾向，试图用自己的标准来同化我们的生活。

答：对的，现在每个人都在玩时间的游戏，就看你能不能成为时间的主人。做得好就是赢者，做得不好就是输家，我们每一个人都要做赢者，这也是资本主义的逻辑之一。我现在常常公开提倡我要做输家，可是对时间的控制我要做赢者。怎么做呢？就是超快地做掉无聊的事情，这样晚上我就能有我自己的黄金时间，用来看我的老电影，特别是一九六〇年以前的电影，那时电影的叙述速度要比现在慢一倍，使用大量的长镜头，这些在现在的电影中已经绝无仅有了，所以现在的观众看了可能会不耐烦。现在的电影很多镜头都是电脑剪辑的，很快，闪来闪去，使用这种镜头最极限的就是香港电影。香港电影最厉害的是警匪片和武打片，现在好莱坞都在抄它，这类电影一个镜头时长不超过三秒钟，一个武打动作可以由几十个镜头接在一起，放映时动作看起来很慢，其实是超快，快和慢在这里成了一个吊诡。后来我们慢慢适应了这个时间，所以觉得老电影太慢了，我们现在看快的电影已经不再管故事，追求的仅仅是刺激，平面不够就来个3D，这种科技巨大的刺激是有它的历史的。当电影最初来到柏林的时候，我最崇拜的德国哲学家本雅明针对这一新事物写下了那篇有名的文章《机械复制时代的艺术作品》。他比较了人在看绘画和看电影时的不同，传统欧洲人在看一幅珍奇的画时，就像古代中国人在大自然中仰望高山一样，要慢慢地看才能找到那种"灵韵"，aura。苏轼在《赤壁赋》中"不知东方之既白"之际不可能想到去看表，而电影把时间和空间浓缩到一个极快极密的程度，不然你看了不过瘾。所以本雅明说电影适合城市大众看，因为城市大众的注意力难以集中，却可以和电影发生直接的关系，即产生一种"狂热"，一种"酣畅放纵"。

我觉得我一生中的学术成就没什么，江山代有才人出，可是去年我有幸在台湾大学的交响乐团指挥了七分半钟，那种感觉真是难以想象，真是兴奋到放纵、酣畅的地步。那个音乐叫《命运之力》，奏完的时候我觉得我的命运就是这个东西了，尽管我连乐谱都看不懂，但就这样实现了我一直以来的愿望。最近我常常开玩笑讲，我当了一辈子好人，我不要做好人了，我要在电影里演三分钟坏蛋，这个愿望到现在还没有实现，但是我在香港已经跑龙套演过了三部电影，有一部是我主演的，演了十分钟，叫《十分钟情》，最近几个月又演了一个片子，是跟学界有关的，我觉得太过瘾了。对于大陆的学生也是这样，有这个兴趣就去追求，有人喜欢当歌星就自己去灌唱片。我最近认识的一个建筑师跟我说他出版了两本书要给我看，我说好，然后他就用电脑做出两本来送给我，一本是关于上海的古建筑旧旅馆，一本是他自己的杂谈，写得非常好，他有很多想法，这样写下来又有何不可呢？你如果有自觉有创意，不愿意随波逐流的话，一定有空间、有时间让你去做的，问题就是我们现在受到的压力实在是太大了，要选择的事情太多，你就没有时间想这些东西了。欲望都被商品所控制，最难以抗拒的就是所谓同辈压力，peer pressure，别人都去买新鞋子我不能不买，别人都让孩子进最好的学校所以我也要让我的孩子进，因为李云迪得了大奖于是中国有三十万小孩要学钢琴，可没有一个幼儿园有古典音乐课，这样逼着小孩学钢琴不如让他们去打游戏机好了。

问：也就是说，要想抵抗全球化的影响和诱惑，就要从我们个人做起。现在我们人文学科的地位越来越边缘，空间越来越狭小，“文学已死”、“艺术无用”的声音不绝于耳，作为人文学科的研究者或人文学者，我们更应该勇于面对全球化的挑战，界定出人文自身的价值。

答：正是这样。现在有些悲观主义者说没得救了，那我的问题就是没得救了还活着干什么？不如自杀算了。活着一定要找寻自己的意义，特别是年轻人，不能说没得救了。如果放眼世界的话，我觉得世界给我们人文主义者带来的挑战是非常有趣的，一方面，我们无能为力，无可奈何，仿佛我们的学科（文学、哲学、艺术）和现代的社会完全不相干，另一方面，我们这些人反而是在自我感觉上最接近对社会、对人有感觉的人，搞财经的人根本没时间想我们这些无聊的想法，只管靠理性的计算赚钱，而我们则是靠感觉，靠思考，靠反思。人文主义的批判传统如今所受到的最大的挑战就是全球化，这已经远远超过了后现代主义的挑战，这时我们人文主义反而可以作一些调节，作一些反思，用我们自己的方式来应对全球化，回归我们做人的意义。以前大家都是集体的，现在全球化影响下我们每个人都要做个人，要自我繁荣。我说的繁荣不是说赚很多钱，而是心里充满丰富的感觉，每一天过得很丰富，晚上睡觉的时候会觉得非常放松，因为这一天没有白过，可以睡得舒舒服服，第二天早上精神大振，思如泉涌。日常生活是最闷的东西，每天都一样，我们现在面临的挑战就是，怎么样在一模一样里面挖掘出它的意义。如果挖掘得好，虽然不能解决世界的大问题，但是至少可以解决我们自身的问题，起码可以保证自己不得忧郁病。

问：希望我们都能从自身做起，以人文的精神抵抗全球化的喧嚣，重新回归慢生活。谢谢您的精彩解说，我们这个轻松的访谈，也不亚于一场人文的盛宴呢！

答：好，谢谢。有些问题我们还没谈深谈透，下次有机会我们再聊。

*本篇最初发表于《南方文坛》二〇一五年第二期。

华语文学：想象的共同体

王德威访谈录之一

王德威，台湾大学外文系毕业，威斯康星大学麦迪逊分校比较文学博士，曾任教于台湾大学、哥伦比亚大学，现为哈佛大学东亚系Edward C. Henderson讲座教授。主要著作有《从刘鹗到王祯和：中国现代写实小说散论》、《众声喧哗：三〇与八〇年代的中国小说》、《阅读当代小说：台湾、大陆、香港、海外》、《小说中国：晚清到当代的中文小说》、《想象中国的方法：历史·小说·叙事》、《如何现代，怎样文学?》、《众声喧哗以后：点评当代中文小说》、《当代小说二十家》、《被压抑的现代性：晚清小说新论》、《后遗民写作》、《茅盾，老舍，沈从文：写实主义与现代中国小说》、《历史与怪兽：历史，暴力，叙事》等。

这是一次迟到的访谈。早在二〇〇四年五月初，王德威来波士顿开会，就约好作个访谈。不意他来去匆匆，时间排得密不透风，那天夜里十点多才有时间在他住的宾馆坐下来聊天。看他一脸的疲倦，也就打消了访谈的念头。不过，也就是那天晚上，我们谈到了由哥伦比亚大学、哈佛大学和苏州大学三家合作，在苏州召开“第三届国际青年学者汉学会议”的计划。后来，历经波折，二〇〇五年六月终于成功召开，轰动一时。来自中国大陆、港台地区及马来西亚、日本、韩国、德国、英国、捷克、美国、加拿大的青年学者云集姑苏，海内外一批大牌教授也共襄盛举。会议的主题是“文学行旅与世界想象”，聚焦于四个方面。一是旅行的“中国性”：从古典到现代，中国经验与中国想象如何在地域、族裔、社会、文化等各种层面移动与转化；中文文学如何铭刻、再现这些经验与想象。二是离散与迁移：随着华裔子民在海内或海外的迁徙、移民，甚至殖民经验，中文文学如何体验它的语言、族裔、典律的跨越问题。三是翻译与文化生产：翻译（从文学、电影、戏剧到各种的物质文化的转易）如何反映和再现中国与世界的对话经验？相关的文化生产又如何被体制化或边缘化？四是世界想象：中文文学如何承载历史中域外书写或经验？多元跨国的现代经验如何在歧异的语言环境中想象中国历史？这次会议发表了一批高质量的学术论文，学术思想的激荡与交锋，让大家获益匪浅，别具一格的线装本会议手册也成为难得的纪念品。

二〇〇七年六月，王德威有机会访问复旦大学，受聘“长江学者特聘教授”，我也就早早预约，邀请他顺访苏州大学。六月二十一日，我先陪他从平江路步行至苏州博物馆参观，平江路代表了水乡苏州，而贝聿铭设计的苏州博物馆则代表了传统与现代的结合。之后开车前往太湖，在太湖新天地的品茗轩，我们终于可以坐下来，面对波光潋滟的太湖，开始迟到的访谈。我再次感受到王德威开阔的视野、敏锐的思想、缜密的思维以及他特有的极具个人魅力的语言风格。那天偌大的茶楼只有零星的几个人，很安静。整整一个下午，似乎眨眼就过去了。黄昏将至，我们才结束访谈，沿着太湖边蜿蜒曲折，移步换景，太湖美景，美不胜收，一个下午的劳累也仿佛一扫而尽。这四篇访谈，就是我根据访谈录音，结合手边的资料补充、整理出初稿，再发给王德威审定修改而成。

问：我们还是从你倡导的华语文学的概念说起吧。大陆学界习惯上把大陆文学、港台文学、海外华文文学等截然划分，很少把它们视为一个整体加以观照，而你的研究则把中国大陆、台湾、香港地区及大马的华语文学和海外华文文学创作视为一个汉语写作的有机整体。对你而言，华语文学不仅越过了空间与国界，更整合了所有以中文叙事构成的意义空间，既有历时性的上下文关系，又构成了平行的互文关系。但是，有的人会认为，这些华语文学的写作没有什么大一统的历史，你的华语文学概念是不是带有某些乌托邦的色彩呢?

答：的确有人对我所说的华语文学提出了质疑。其实，你也知道我开始是研究二十世纪二三十年代的文化和政治，像茅盾啊，老舍啊，沈从文啊，我都是很有兴趣的。当代文学方面，我应该有更多的自信，尤其是海外当代文学的复杂的变动，我是亲眼目睹，甚至亲身体验。正是因为看了这么多，现在回过来看中国国内的文学这二三十年的发展，更是觉得有必要把它们整合在一起，让大家觉得有更积极的互动的可能性。目前的做法，不论是讲华人文学、华文文学，还是港台文学、海外文学等等，它基本是处于一个主跟从的位置，对不对?

问：对，它们背后其实隐含着某种中心论的价值判断。

答：这基本上是用一个政治地理的立场来分析文学，说得更坦白一点，这里似乎有一个收编的意图，以一个大国的姿态来招安，让不同地区、不同地位的华语文学来朝觐一个正宗的文学场域。我觉得到了今天，到了二○○七年，这种立场真的不可思议。从海外的观点来看，我们讲什么边缘诗学，讲什么离散政治，已经讲了这么多年，不但要坚持海外的离散诗学，甚至还可以采取结构式的批评史观，把离散问题、离散的海外诗学带入以中国为主的文学场域来。这样一来，问题就更有趣了，山西的李锐和南京的苏童是在一本护照定义下的中国文学呢，还是各个区域所代表的众声喧哗式的中国文学呢？尽量把华语文学的场域全部拆开，让它们都处于同一个平台，重新组合成文学对话的空间，这是我面对华语文学的立场。中国文学要真正盛大的话，必须有包容力，要抛弃那种唯我独尊式的大同想象，唯有这样才能吸引其他华语地区最精华的文学声音加入进来，所以，我觉得重新构思华语文学这个概念是有其必要的。但是，话又说回来，知易行难。在具体的实践当中，如何真正做到众声喧哗，如何实现此岸与彼岸、通俗与高蹈、边缘与中心的互动往返，并不容易。我觉得众声喧哗恰恰是问题的起点，而不是终点。众声喧哗的复杂性、丰富性，正是华语文学深邃广阔的内涵之所在。

问：这说到底还是一个观念的问题，之所以会对华语文学产生歧义，还是因为缺少对华语文学的准确把握。其实对你来说，华语文学都是站在同一个平台上，彼此并没有高下优劣之分。

答：对，完全没有。

问：华语文学的表现内容、写作风格、生存语境都各个不同，所谓整合华语文学，与其说是整合成一个整体，不如说是维持或尽显它众声喧哗的本质。

答：你讲得非常好。众声喧哗也不应该是伪民主式的人人都有发言权这么简单，彼此的互动与对话，可以当作是我们的一个乌托邦的憧憬，而不见得是历史的或实存的当下现实。我现在越来越觉得众声喧哗只是问题的起点，因为承认众声喧哗的必要性才能开拓众声喧哗的各种各样的可能性。大家你说你的，我说我的，甚至是不断地误解，甚至毫无交集。但这些各种各样的可能性，正是我们现在应该去探讨的。我们必须理解众声喧哗的历史情境，但这不妨碍我们把众声喧哗当作一个乌托邦式的最后憧憬。

问：我可不可以把众声喧哗理解成是对华语文学差异性的强调？但是如果过于强调这个差异性，会不会影响对整个华语文学的理解？因为华语文学只是相对同一的一个概念，我们必须考虑，在什么层面上使华语文学这个概念成为可能。

答：这是一个很好的问题，也是一个很难回答的问题。我想，对差异性的强调不会影响对华语文学的理解。我们现在想象的华语文学最基本的层面当然是语言的统一，都是由中文创作而成的，这是最基本的特点。但在语言之外，还有很多复杂的因素需要考虑。比如说马华文学，有不少马华作家长居台湾，多半都转化为台湾居民了，也有的作家拒绝转化。这些待在台湾的马来西亚籍华裔作家，像黄锦树，会觉得很奇怪，我们怎么把他纳入中国文学研究的版图里了？没作什么细部的定义，就说他的创作是中国文学或者海外文学什么的。其实，华语文学只是把语言当作最后的一个区分点，一个公分母，语言之外的差异就相当复杂了。也许若干年后马华文学所发展出来的沟通方式、写作风格等，会逐渐远离以大陆为基准的文学论述，这些都是我常常想到在众声喧哗里所隐含的需要去辩证的层面。即使是语言，它也是不断变化的，即便同样的汉字，也许不仅发音变得完全不同，而且未必就是你所认识的汉语言了。这是我看文学史、文学场域里面最趋近解构主义观念的方面。你必须预见到或有这样一个预设，就是它可能到最后什么都没有了，它的差异性到最后就变成无从认知和整合的差异性了。你必须在这样一个前提下，才可以去想众声喧哗，它到底可以走多远。我想这牵涉到一个对文学的认知，甚至牵涉到一个对历史语境的认识问题。此外，还可以补充说明的是，如果按德里达解构主义的观念，语言的变异，它的播散（dissemination）是一个无法预设的过程。你只能借着排除非我语系、非我族类的方式来定义一个语系和一个文明的文化方式，最后意义会有无限的可能；但你又得在这无限的可能中规划出一个你觉得合理的范畴。可是怎么去规划，这就是一个最大最大的挑战。

问：所以，从某种程度上来看，华语文学也是一种想象的共同体，对吗？

答：这是以中文语境所预设的想象共同体，但它所包含的播散和向心的律动，不需要由国家主义为定位的想象共同体所局限。

问：你刚才说到中国文学跟港台文学、海外文学，基本上处于一个主跟从的位置，这在国内学界确实或隐或显地存在着。海外华文文学研究或者港台文学研究等等，现在也算是一门显学，可是一般从事中国现当代文学研究的人，不大会去关注，也很少越界去研究它们，泾渭分明得很，这是个非常奇怪的现象。

答：是非常奇怪，我也多次跟朋友讨论过这个现象。比如，我就期望我的朋友陈平原能去关注，他现在是北大中文系一等一的教授，他去过台湾，还在台湾教过很长一段时间书，可他在台湾教的还是以晚清、“五四”为定位的文学文化。这当然是他的所长，为台湾学界带来轰动效应。但我常常想，他如果能够延伸对内地和海外文学的比较研究，一定可以更引领风潮。当然，不是说一定要做台湾文学，陈平原也写过一篇非常好的关于丘逢甲的论文，但论文的起点是丘逢甲已经从台湾回到了大陆（我们有机会再讲文学路线的移动问题），做的是丘逢甲在大陆的文学活动，之前在台湾的活动跟论文并没有关系。我想这个例子可以回应你刚才讲的那种现象，现在大家在文学地理上的心态还是蛮清楚的，大陆陈述还没做完，怎么会做到海外去呢？

问：台湾文学与“五四”文学的关系，与现代文学的关系，大家可能比较容易认同，可是马华文学与“五四”文学传统的关系，似乎还不大清楚，你能稍微谈一下吗？

答：这又回到一点，就是从华语文学的立场来看，“五四”

文学或现代文学都是比较广义的理解，马华文学与它们关系还是相当密切的。的确，马华社区一九二〇年以后所接受的中国文学以及文化资讯都是二手或三手的传播，马华文学早期有一些重要人物，最重要的当然就是郁达夫，还有许南英（这个人大陆不太知道，他是许地山的父亲，是从中国台湾到印尼的，我有一个学生正在做相关的研究）等人。很多时候我们无从确认马华文学“五四”血脉的正宗性，可是如果你有机会去吉隆坡，与当地的华人社团交流，你会觉得他们真是一群今之古人啊，他们对文学的热情，对文学的尊重，不折不扣是“五四”精神的流脉。这里面有一个转嫁的过程，文学怎么经过旅行、转嫁的过程，在时空变异的情况下发展而来。马华文学比起“五四”文学来，晚了很多年，以至晚到我们只能讲二十世纪三四十年代的马华文学。一批“五四”以后的文人来到新马的华人社会，播下了一颗种子，从此生根开花。当然，马华文学所依赖的所传承的不见得都是“五四”的文学精神，很大程度上也是当地侨社、侨民对唐山、对祖国、对大陆文化的一种源远流长的想象的乡愁，这真的是想象，而这个想象可以回溯到十九世纪。

问：对，你曾经用“想象的乡愁”来描述沈从文的创作，我们将其放大，想象的乡愁可能也是马华文学更重要的创作动力。

答：正是这样。这里面牵涉的问题很复杂，它形成了一种特殊的语言文化以及修辞文化，他们对文学的向往剧烈而狂热，难以想象。有时候你会觉得，同为华语文学，怎么差别如此之大，所以这个问题为什么有趣，原因也就在这里。如果一味地说马来西亚的华人社团是要再见证一个“五四”的话，那未免太单调了吧。

问：你说你一直对马华文学非常有兴趣，以后也会继续多做一点这方面的研究，而一般人对这方面是相当陌生的，你能不能简单介绍一下马华文学发展的大概脉络呢？

答：噢，这个很难讲，我可以举一些例子。最早的华人到达这个区域大概是唐宋，那个时候开始了远洋贸易。到了十六世纪，也就是明代，就有了初具规模的移民社团。然后到了十九世纪，已经可以用广义的华语文学来说明了。比如大家都知道的黄遵宪，就做过驻新加坡的领事，在任时写了大量的诗词描述南洋华社；还有邱菽园，他是一个世家子弟，是晚清小说研究的一个重要人物；还有戊戌政变后被流放到海外的康有为、梁启超等人——他们都留下很多文学资源，他们和当地的文人诗酒酬酢，留下很多记录，你不能说这不是文学记录。十九世纪马华文学也许质量并不精致，基本上到“五四”之后才开始形成自己的传统，但这个传统绝对不是我们想象的只是把“五四”传统简单地转嫁到新加坡或吉隆坡，而是有它们自己的特色。当然，一些“五四”以后的文人，像老舍、徐志摩，到了那里都会有很多文字留在那里。老舍的《小坡的生日》就是讲新加坡的。所以，千头万绪，看你要怎么来定义这个马华文学史。我觉得马华文学定义基本有两种：一种是中国国内出去的使节、商旅或短暂停留的文人，他们留下的文字写作；还有一种是马华在地文人的文学创作，尤其是二十世纪三十年代以后出现过一批作家作品。但两者互动产生的错综复杂的交流，才是我们的重点。先不管这些作品的品质如何，基本上要讲马华文学的话，起码讲得出八十年的历史吧？到二十世纪八九十年代，马华文学已经有了很好的成就，足以与其他场域的华文文学集结汇流，形成一个新兴的华语文学的局面。

问：也就是说，马华文学最早都是由移居者、流亡者、流寓者，甚至过境者所创造出来的？这也就难怪你会说马华文学也是一种想象的乡愁了，因为海外华人的移居、流亡、认同等复杂的况味，决定了马华文学一开始就是离散文学，从中国与中国文学离散到南洋，而在新马的文化场域中蔓延滋生，文学的地方性又使得马华文学渐渐有了自己的属性。

答：对，完全正确。

问：对近一百年的马华文学史，第一次从史的角度进行梳理的是方修的《马华新文学简史》，他第一次对马华文学的性质、特点、分期等作出了界说，被誉为马华文学史研究第一人。但是，好像对他的文学史研究，评价并不一致。

答：对，对方修的《马华新文学简史》，现在批评得很厉害，因为他一心向往用“五四”的定位来替马华作出一个文学史，用现实主义文学观来描述马华文学的成长史，而这种观念最近受到黄锦树等人的激烈批判：都不是中国人了，还用“五四”来作坐标；马华作家不必一定要用“五四”这个坐标嘛。"五四"坐标之下当然就是革命启蒙、现实主义，文类的话就是小说为主。方修的马华文学史研究有它的开创之功，这是毫无疑问的。而现在黄锦树他们则强调马华文学的文学性，强调本土性的复杂面貌。黄锦树还提出侨民文艺期、本土意识主导时期、文学主体性建立时期、独特文学风貌建立时期等新的叙述框架。从文类上讲，除了小说，也有诗歌，还有非常粗糙的戏剧等等，这些都与方修的文学史有很大的区别。

问：上次香港会议上，有一篇论文是讨论马华文学的主体性问题，主要讲马华文学如何摆脱中国文学的影响，获得一个主体性的地位。黄锦树也有文章讨论马华文学与中国性、语言及文学史之间的吊诡关系。如果我们从语言层面来考察的话，这种主体性的强调，应该不会与华语文学的概念相冲突吧？

答：冲突才让问题变得更有辩证意义。语言是我们讨论华语文学最基本的层面。一个作家用华语写作的话，那他想象的读者除了马华地区，还应该想象到更多华语地区的读者。我当时用华语文学这个概念的时候，是想到了Francophone（法语为母语）和Anglophone（英语为母语），想到了法语的文学和美语的文学，就是十九世纪英国人或法国人在非洲、中南美洲的殖民地留下的语言资产和文学资产，也就是我们所说的殖民地文学。那我们中国，我现在用的就是Sinophone，就是华语，这里最后的判断就是phone（语）。这个词的来源是后殖民主义之后，这些新兴的国家或地区的作家意识到他们自己的文学都不被承认了，自己的母语都被剥夺了，虽然已经独立，可是经历了一两百年的殖民历史，现在只能用宗主国的语言来抒写了，这是迫不得已的，是一种创伤抒写，只能用这种抒写来表达殖民之后的创伤，因为他们“回不去了”。这种概念放在华语文学研究里面不见得完全适用，甚至可能恰恰相反，因为近百年的历史中，中国大陆不用说了，即使在台湾、香港等受殖民统治地区，殖民者并没有办法完全实行其殖民政策，尤其是文化和语言方面。不管是日本人还是英国人统治，华语始终维系了一个文化的向心力。另一方面，华语文学还有一个特点，还是以马来西亚作例子，那些来自中原的移民，迁移到当地以后，非但没有和当地的语言族裔或文化相契合，反而刻意要强调他所来的祖国的文化影响。所以，在这个意义上，Sinophone不见得是一个离散的问题，而是一个归属的问题，就是不管你漂流到哪里，始终还是用中文来写作。就说香港吧，一百五十年的殖民统治，可香港的文学作品，英语创作的少之又少，还是以华语为主。所以，Francophone、Anglophone与Sinophone还是有很大的差异，中国的情境不适合Francophone或Anglophone这样的定义标准，我觉得这是为什么做Sinophone研究有意义的地方，你运用了西方后殖民的一些理论，却与它形成了一个强烈的对话关系。这是我想强调的一种辩论。

问：听你这么一讲，我更能理解你所说的华语文学的意义了，它的背后还深藏着这些理论渊源呢。

答：对啊，理论的戏法人人会变，就看你怎么运用了。我今年十二月会在哈佛召开一个关于华语文学的讨论会，除了各个华语地区的学者，也邀请了美国国内教亚美文学的学者，希望听听他们怎么想。每个人对华语文学都会有不同定义，我觉得我要定义华语文学的话，不会排除中国大陆，因为它是华语的根源。但是我也有策略性的看法，如果排除掉中国大陆的话，那还是会堕入原来的那个陷阱，把中国大陆文学和海外文学截然分开，他们是一块儿，我们是一块儿，我们是海外的、弱势的、小众的，他们是强势的、大众的。我觉得这肯定行不通，既然都是华语文学，两者之间不但要有对话，还要有交锋。有的人标榜自己是边缘政治，拒绝和语言母体对话，可其实还是在呼应过去的中国大陆与海外、大众与小众的基本论式。我还是强调彼此之间的对话，把语言的问题完全变成一个真正的语言的问题，用平常心来看待语言流动，不要说海外华语文学，就是中国大陆境内语言的声音也是各个不同的，这里面有很多可以细分和深究的东西。

问：换句话说，我们对待华语文学、对待Sinophone可以采取更加包容的心态，对吗？

答：这个包容里当然可以是有策略性的。我曾经用了张爱玲那句奇怪的话“包括在外”来说明。有一个选集要收录张爱玲的作品，她就说千万不要选进去，请把我“包括在外”吧。包括就包括了，怎么会“包括在外”呢？这是反义嘛！这可能是张爱玲的无心之失，可是“包括在外”对我来讲恰恰是一种策略。我现在觉得“包括在外”反而是做华语文学研究的一个立场，你不喜欢的，你就把它包括在外，但是你不能不包括，对不对，这是我想要强调的。

问：当你用华语文学的框架来评述各个华语社群的文学创作时，往往跨越了疆界，跨越了时空，呈现出华语文学无所不在的对话关系。比如张爱玲与朱天文、朱天心、白先勇、王安忆、叶兆言串联起从海派到张派的渊源与传承，沈从文、宋泽莱、莫言、李永平不断激荡着我们原乡神话的想象，从二十世纪初的《新中国》、《新纪元》，到二十世纪末的《迷园》、《泥河》、《酒国》、《废都》，形成了一种乌托邦想象的崩解，令人拍案叫绝。可是，这会不会影响到文学史的叙事？它会不会削弱作家、文本在原有的文学史脉络中所承载的意义？这种文学史思考的合法性与合理性的基础何在？

答：当然，将作家与文本放置到一个确实的历史脉络中去作细腻解读与论证，这是任何文学史研究的起点。但另外一方面，我一直强调的是，在文学史的编纂中，断裂性总是存在的，文学史家永远只有后见之明。在这样的层次上，我如何找寻一个策略性的位置，来凸显我自己的关怀，这是一个专业读者交付给自己的责任。历史的层次千丝万缕，很多意义是作家自己想不到的，也许批评者能提供更多的线索与角度来丰富这些文本。在断裂性与连续性之间存在着太多可能，这永远是个挑战。我们不管是把文学当作象征性的资本或是文化资本，文学的流传与影响力在很多地方是你想象不到的，至于合法性与合理性的基础，是需要不断被讨论的。每一次的书写都要经过这样的检测，在一个研究中，解读策略的合法、合理与否必须在个案中去证实，辩证地去思考。我所说的合法性并不只是在这里所谈的论述效力问题，而是说文学与律法的关系，文学批评术语里所说的“再现”（representation），represent这个词在英文里也是“代表”的意思，这样的作家与作品能代表什么？这背后可能牵扯了权力关系的竞逐过程。因此，合法性是建立在不断被协商的过程中。更何况，随着全球化潮流的影响，跨国与理论旅行的问题，已经让我们无可避免地要面对没有所谓纯粹性的问题。把这些华语文学的作家与文本放在一起考察，往往更能彰显文学史的一些重要问题。

问：我觉得你的这番话，对于国内学界的写史情结倒是很有针砭的意义。你也知道国内学者热衷于撰写各种各样的文学史，这当然是名利双收的啦。可是，西方学界很少见到这种现象，只有那么几种最权威的文学史，而我们这里单是《中国现代文学史》就已经有了上百部，这个数字是很惊人的。你参加的宇文所安和孙康宜主编的《剑桥中国文学史》完成得怎么样了？

答：已经差不多了，只有几个人还没有写完。

问：从先秦一直到现在，对不对？你写的是哪部分？

答：从《诗经》开始，可能比《诗经》还早，两大卷。我写了六万字，是现代文学部分。我的文学史分期跟国内不同，我的那一章从一八三九年开始做，一直做到一九三七年。一九三七年以后是奚密做的。很多部分恐怕就是老生常谈了。

或者说就是把材料呈现给读者，写史有时候就是流水账。唯一的贡献就是把“五四”放在现代文学中间而不是当作开头。对国内学者重写历史或文学史的努力，我也不会一味否定，毕竟我们对文学史真相的挖掘、谱系的重组其实还远远不够。其实，我曾经说过，述说历史不难，述说历史的“难以述说性”却又“必须述说性”才难，这应该成为文学史撰写者自觉的道德承担。

问：嗯，的确如此。宇文所安也说过，我们应该对习以为常的充满自信的文学史提出质疑，应该探询那些文学史写作所围绕的“重要的”作家，他们是何时，又是被什么样的人视为“重要作家”的作家，依据的又是什么样的标准。他所主张的文学史，似乎是充满历史想象力的无定无常的文学史。这并不是一味否定现有的文学史写作，用他自己的话来说，是为了更好地描述我们所知道的东西，以及我们所不知道的东西。我觉得他的这些思想与你的观念完全是相通的，很期待看看你们的中国文学史是怎么写的。我知道你一向没有写史的兴趣，不过，你的《台湾：从文学看历史》我倒愿意看作是一本非常独特的台湾文学史。

答：我的专业是现当代文学，但却一向以为我们对现代性的认知如果没有更广阔的历史意识和知识的铺垫，终究会显得狭隘，所以我有意对十九世纪及更早的台湾文学史料作些初步的爬梳，也可以累积自己的阅读所得，串联起明郑以来台湾文学与历史的互动过程。这本《台湾：从文学看历史》严格说来是一本文选加导读，还称不上是文学史，我也没有写台湾文学史的企图。台湾文学史的发展，也只有在广义的华语文学的框架中加以考察，让这种思考方式成为构思台湾文学史的其中一种面向，那样我们的视野才会更丰富。

问：我完全理解你的立场。事实上，在华语文学的框架下，我们会发现比起前面所说的马华文学来，台湾文学与“五四”新文学有着更为密切的关系，这是无可否认的事实。虽然二十世纪五十年代到八十年代，“五四”新文学在台湾受到封杀，存在一个断层，但两者依然是血脉相连的。

答：对，我可以补充一些我个人的经验。我大学时代对“五四”新文学是非常无知的，大概只知道鲁迅，看过一点徐志摩和朱自清，还有一点郁达夫，所以一开始以为“五四”新文学就是郁达夫加徐志摩加点朱自清。我记得我读书时候的台大还没有现在这么庞大的规模，在台大校园的对面，每天晚上都有些卖旧书的摊子。有一次，一个书商悄悄地告诉我说：“这本书你应该看，好看。”他说的是《边城》，读了《边城》，我才第一次了解谁是沈从文，那时是大学二年级。到了美国之后，我才知道茅盾、巴金、老舍等等，才开始大量阅读在台湾被禁的“五四”新文学作品，所以我对中国现代文学的领悟其实是要感谢“美帝”的。这当然是开玩笑。但是，另外一方面，一个很有趣的问题就是，台湾对“五四”新文学的禁止有将近四十年，这四十年的空白之后，为什么台湾还可以发展出这样的一种文化现象？为什么还有现代主义文学思潮呢？我说当年国民党的文宣机器是一个很僵化而且愚蠢的机器，它在整个地实行控制的时候，也留下了太多让人有机可乘的空隙。我们现在所熟悉的李敖，二十世纪五十年代就是台大校园里的叛逆分子，他的文章大量发表于《文星》杂志，另外还有殷海光先生主编的《自由中国》，这些杂志其实在某种意义上是延续了“五四”的传统。所以，“五四”的传统就以这种非常间接的方式在台湾落地生根了。当然，《自由中国》还是一个偏向政论式的杂志，在文艺方面最重要的当然就是夏济安和他的朋友们（包括一些一九四九年从上海到台湾的非常洋派的学者和文人）创办的《文学杂志》。这个杂志再次让我们想起了文学研究会、创造社这些早期同盟性质的相濡以沫的社团。杂志做得很精致，读者很有限，但是却培养了一大群重要的年轻作家，比如白先勇、王文兴等人。《文学杂志》居然就在无可为、无可不为的缝隙里面培养了对于文学以及文化的一种向往，艰难生存了好几年。等到六十年代，白先勇他们的《现代文学》杂志出来，更进一步延续了“五四”文学的传统，成就了另外一个伟大的故事。国民党不够严密的管制政策，毕竟让台湾的“五四”文学传统，至少是想象力的这个部分流传了下来，生根开花了。“五四”的传统在台湾，在一个最不可能的情况之下，就这么若断若续地传下来了。虽然今天“五四”文学再次被压挤到最最边缘，可是从台湾种种的强烈的抗议姿态，“愤青”的姿态，也还是可以看出那个“五四”的遗传，所以在这个情况下，我们依然要承认“五四”文学的影响。

问：很有意思，我也深有同感。我参观过位于台南的台湾文学馆，当时就产生了一种很怪异的感觉。这么一个建筑相当独特、豪华的台湾文学馆，里面陈列的作家作品却乏善可陈，恨不得凡是文字的东西都把它放进来，吕秀莲的诗歌也成了台湾文学的重要作品。如果像他们这样，刻意强调台湾文学的主体性，刻意剔除与“五四”新文学、与大陆有关的作家作品和文学活动，我怀疑所谓台湾文学到底还剩多少东西呢？

答：现在是这种样子啊，台湾文学馆也是一个非常有修辞技巧的定名，它的问题就是不知道应该如何定义台湾文学的疆域。这个文学馆说来话长，是一件很可惜的事情。现在台湾文学过于强调主体性、本土性，我的《台湾：从文学看历史》出版之后，也受到过严厉的批判，因为我没有热烈表态。我觉得很可笑。对于国家主义我没有什么好恶。上次在复旦大学有一个学生，单刀直入就问我到底是什么主义者，是民族主义者还是世界公民主义者。我说从他的定义上我不是民族主义者，但我绝对不会立刻跳到另一面说我是世界公民，我觉得那也太容易了。你的荷包里得有两个子儿，你才能做世界公民，你的护照要让你能够通行无阻，你才能做世界公民啊。民族主义的定义有千百种，但不能因为你抗拒民族主义，你就变成了世界公民。台湾文学的定位现在是非常矛盾的，它的身份本身就是暧昧的。关于主体性，关于“台独”，它叫得很厉害，其实它不敢做到那种程度，毕竟有强大的内在的反对势力，所以做出来的这个文学馆自然会变成一个扭曲不定、左右不是的东西。今天上午我们看苏州博物馆的新馆，真的很有感触，它不需要有很好的馆藏，苏州博物馆的存在本身就是最好的展览和见证。可是，台湾文学馆说穿了其实是堕入了最传统的国家文学的窠臼，这个“国家”当然是指十九世纪末二十世纪初的非常僵化的国家定义，一定要强调国家文学的来龙去脉，一定要收编各方族类，成为一个僵化的忠烈祠了。

问：还有一个比较奇怪的现象，不说它荒唐吧，就是现在台湾学界一窝蜂地在做台湾文学研究，做台湾文学的人太多了，这里除了跟主体性、本土性、“去中国化”的潮流相关外，是不是跟行政的经济资助直接相关？

答：当然啊，你怎么能不做呢？你到台湾的“国科会”申请项目，如果是关于台湾文学的话，你会得到特别的待遇，也更容易获得资助。你想想，中国文学有三千年，而台湾文学照他们的标准只有一百年，一八九五年之后才有台湾文学，之前都不算的，那是“清国文学”。所以，即使从资源的比例来讲，研究台湾文学也更有胜算嘛，而且这也是表态的好方法。当然，也不能一概而论，有的人是很诚心诚意的，他们生长在台湾，对台湾文学当然更加关心，就像你们在苏州当然会对苏州文化付出更多，希望做出更多成果来，这也无可厚非。现在的问题就是，回到我们刚才的话题，就是如何定义国家的文学史。为什么要从一八九五年开始呢？对我来讲这是不可思议的，这不是台湾被割让的创伤的开始吗？不是你的语言被割断、失去、失语的开始吗？怎么会把这个时间作为台湾文学史的开端呢？我觉得如果我是一个有气派的“台湾国家主义者”，我就大大方方地说清朝也是我的，荷兰那段也是我的，都是我的嘛。可他们现在是用减法来做文学史，这个也剪掉，那个也剪掉，最后当然就只剩下骨架，就是你在文学馆看到的，单薄得可怜，只剩下赖和、杨逵等几个作家，不断地重复。然后研究的东西也越来越细，小得不能再小，就好比我们也来一个什么木渎文学讨论会、甪直文学讨论会之类，反正跟台湾有关的课题经费也特别容易拿，但是如果你做的课题牵涉大陆文学，政治不够正确，就会有纠察队出来纠察你。这不是很可笑吗？对不对？总之，台湾文学研究这些年突飞猛进，也真做了不少，但不能否认许多事倍功半的实例，是很可惜的。

问：真是很可惜。作为一个人文学者，可做的东西实在太丰富了，即使不做大陆文学，那还有西方文学、西方理论等等啊，只局限于台湾本土文学那么一小块，那不是井底之蛙，自我设限吗？

答：是很可笑。我举个例子，上个星期我在哈佛的一个学生从台湾开会回来，感到很委屈，就跑来找我。这个学生是有台湾背景的，家里还是绿色背景，但是他本人选择了不投靠绿营。这次他应邀参加了一个彰化的台湾文学讨论会，他研究的是王白渊，王白渊是台湾彰化人，在日本受过教育，是一位美术评论者和诗人，其实也只是非常一般的诗人，他二十世纪三十年代到过大陆，有一段很短的时间和左翼的像谢春木等台共人士有过来往，作为台湾的旅行者去过大陆，跟大陆有过接触，我觉得非常正常啊，我这个学生就写了一篇文章，我觉得可以，他就拿到彰化会议上发表，结果被狠狠地批判一通。一些原来很让我们尊敬的学者竟然质问我的学生，你为什么讲他在中国的这段经验，为什么要讲他站在扬子江头怎么怎么样，等等。然后就是美学的问题，一讲美学就更危险了，台湾毕竟根基比较浅，没有一个美学的传统，所以一讲美学就只好附会到日本或中国传统美学上来，那问题就更大了。你看这样一来，研究文章都没法写了。

问：所以，还是意识形态性打败了美学性，台湾文学的“去中国化”令人担忧。

*本篇最初发表于《渤海大学学报》二〇〇八年第四期。

海外汉学：现状与未来

王德威访谈录之二

问：现在海外汉学研究越来越受到关注，我也接触过一些国内知名学者，他们都愿意和我讨论海外汉学，也很支持对海外汉学展开研究之研究。如何在研究中体现我们的主体性，以一种比较理性的立场来审视、评价海外汉学，而不是一味地肯定或否定，这是大家都很关心的问题。从专业角度来说，我现在关心的是，海外的中国现代文学研究怎么和国内的中国现代文学研究形成一种互动？中国现代文学研究目前在美国的定位是相当边缘的，但它取得的成果又是相当丰富、不容忽视的。不仅仅现代文学这一块，古典文学研究、历史研究、文化研究等海外汉学研究，现在在国内也备受关注，绝对成了一个很大的热点。

答：我倒没有什么本位主义，海外汉学不管在国内怎样的蓬勃和热闹，在国外相对于英美文学与文化研究来说，还是绝对的小众，我们要知道自己的定位。当然，最广义的海外汉学中的中国文学研究，从十八世纪到今天，起码也有了两百年的历史。一开始它就属于东方学嘛，就是东方主义的对中国的好奇，研究方法也是五花八门，非常杂乱，基本上是萨义德所说的东方主义的那一套。

问：萨义德的东方主义或者说东方学，大概包括三个层面：一是纯粹的东方学，就是欧洲十八世纪以来的人类学家、语言学家以及历史学家对整个东方的人类学研究、史学研究；二是欧美人对东方世界的想象；三是欧美人处理东方事物的方法和机制，以此作为他们管理、制定和理解东方国家的理论和政策依据，达到他们殖民的目的。最初的汉学研究基本上还是第一个层面的吧？

答：对，比较严肃的汉学研究，尤其是文学研究，大概要到二十世纪二三十年代之后，比如高本汉的语言学研究，费正清的历史学研究，等等，逐渐烘托成了一个大的学科，基本上还是对中国的研究吧，也就是所谓地区研究，area studies。文学方面的汉学研究，我倾向于用英文philology这个词来形容，这个词中文其实没有一个好的对应，也不是章句训诂之学。

问：有时候叫文字学，更多的称为语文学，含义比较复杂，确实很难有完全对应的中文翻译。我记得李赋宁先生专门有一篇短文谈对philology一词的理解，他把它译成“语文文献学”。

答：这个philology主要指很细腻的文本解读，所以传统汉学往往是钻在故纸堆，找到一个题目钻进去，虽然很精深，但也可能钻错了。之后理论兴起，对汉学研究产生了巨大的影响。其实大家现在关心的还是这一块，就是理论兴起之后看待中国的方法。一讲到理论的话，那自然就是西方的理论，这本身就暗含了一个不平等的关系。海外的人得风气之先，学了一套洋玩意儿，回过头来运用到中国研究中去，自然会有一些新的发现，他的研究跟国内的结论自然不太一样。过去的二十几年海外的中国现代文学研究给国内学界带来的一些影响，我觉得是值得肯定的，尤其是相对于中国的国情，相对于历史和政治的因素，海外汉学所代表的一种很有想象力的研究方向，绝对是一个正面的效应。但是，进入九十年代以后，海外与国内的交流越来越频繁，国内出去的人也多了，对海外汉学，我现在倒觉得应该更多地用平常心来对待了，不必过于夸大它的功效。

问：我完全同意你的观点。虽说海外汉学依然是一个热点，但还是应该理性地、客观地进行评说与反思。从中国现代文学研究这方面来说，比较理想的状态是海外与国内学界能形成互动。事实上，虽然对海外的中国现代文学研究评价褒贬不一，但它毕竟一定程度上影响了国内的现代文学研究格局，八十年代以来国内现代文学研究的发展路向与它有着千丝万缕的联系。无论是对沈从文、张爱玲的重新评价，还是“现代性与中国现代文学”，无论是“重写文学史”，还是“晚清与被压抑的现代性”等学界热点，都与海外学界有着密切的联系。所以，不管海外中国现代文学研究有着怎样的局限，它毕竟提供了全新的视角，拓展了思想的空间，推进了理论的纵深，我觉得还是值得认真借镜的。

答：说到互动的话呢，有一些成功的例子，也有一些失败的例子。你所列举的这些可能是比较成功的，那么我个人觉得失败的例子最明显的就是关于“后学”的讨论，我想这个也不用我多说。最近这十五年，引进了各种理论，热热闹闹的，拿来就用了，也不管青红皂白，这里面肯定会产生一些问题。当然，也有比较有意思的互动，比如前些年的上海研究，上海这个城市九十年代再次兴起之后，引起了很多的注意，其中汉学家就扮演了重要的角色，他们从经济层面、历史层面、都市研究层面、文化研究层面切入，比如李欧梵的《上海摩登》，就立刻让上海城市文化研究变得丰富起来，也相对地引出批评的对话。还有个很好的例子就是陈平原他们做的民国以来的文化生产研究，像期刊杂志研究、大学教育研究、文人交往研究，等等，跟国外的理论正好形成互动。昨天问了你们Pierre Bourdieu怎么翻译的？

问：布尔迪厄。

答：嗯，这个布尔迪厄所说的文化研究或文化生产研究是在非常细腻的社会学与经济学的架构上做出来的，他提出了一个重要的概念，即文化场域，the field of cultural production。其实如何将这些理论运用到文学研究上，布尔迪厄他们未必知道怎么做。陈平原他们本来做的是很规矩的国学研究，现在与布尔迪厄理论一碰撞有了新的火花，成了时兴的文化研究或者说文化生产研究，变成了热门的卖点。最近布拉格的几个教授正在研究晚清的百科全书，而且发现了清末民初黄人编纂的一部百科全书。对了，黄人还是你们苏州大学的呢！

问：对，当年东吴大学的黄摩西，他的那部百科全书是不是叫《普通百科新大词典》？陈平原还写过文章加以讨论，题目就是《作为"文化工程"与"启蒙生意"的百科全书》。最近还看到预告，陈平原和米列娜（Milena Doleželová-Velingerová）合编了一本《近代中国的百科辞书》，里面有瓦格纳、费南山（Natascha Gentz）、阿梅龙（Iwo Amelung）、夏晓虹等人研究百科全书的论文，讨论晚清新政与西学百科全书的关系、百科全书与科举制度的关系等等，看起来很有意思。

答：就是这本书，这是他们一次会议的论文集。

问：最早把布尔迪厄的文化场域的概念运用到现代文学研究的应该是贺麦晓（Michel Hochx）吧？他专门编了一本书，把文化场域作为切入文学史的一个很有效的面向，很有启发。不过，文化场域主要是指我们的研究工作要努力挖掘各个场域内或场域与场域间的权力与知识之间的纠葛，这一点在陈平原他们的研究中似乎体现得还不够明显。

答：对，我更多着眼于这种理论与文学研究的互动。像百科全书的研究，过去也是一个很标准的学术研究的课题嘛，现在用一个新的观念套进去，自然产生不同的意义维度。大家重新发现晚清西学百科全书的价值，认为百科全书代表了文化生产、知识生产的重要步骤，我觉得这种研究还是蛮有意义的。这类的互动研究不少，成绩基本上也是正面的，但是接下来我要讲句实在话，国外的学者包括我自己在内，在客观研究，即材料部分，我们是有所欠缺的，所以才更多地注重与理论的互动。但是，对一些唯理论是尚的同事，我不太能够认同。我用一个很不恰当的比喻，你们都知道齐人有嗟来之食的故事，这些理论是我们学来的，并不是自己发明的，其实是嗟来之食。在西方吃得快快乐乐，然后回到国内，很是骄傲，也接受了很多的掌声，这也许都无可厚非。可是，我觉得不能对理论有一种自以为是的骄傲，回来之后这个理论的身段一定要放下来。

问：你说得很尖锐。其实，很多人坚持的主体性也值得商榷啊。

答：主体性如果缺乏历史经验的填充，便是一个空洞的词，一个非常黑格尔式的东西。谈到主体性的问题，其实最主要还是要有自己的一个场域，充分加以利用，来和外界的场域进行交换，这是一个策略性的问题。不能说你接受了某种理论，或者你跟某位海外学者有交情，你就丧失了主体性了。我觉得不至于，这就是一个学术对话的策略，而且这种学术对话会越来越频繁。现在汉学研究用的都是西方的模式、西方的理论，而我最希望看到的则是，我们在谈本雅明、阿多诺、布尔迪厄、拉康等人的同时，也能充分认识到同辈的中国学者在方法及理论上的独特建树。我们现在有多少时候能平心静气地思考章太炎那种庞大的既革命又虚无的历史观呢？现在对陈寅恪讨论很多，可他著作里面的隐喻的诗学，还有《柳如是别传》这样的巨著，有多少西方学者能够认识呢？很多人说钱锺书的《谈艺录》、《管锥编》是老派的东西，我并不觉得。你是专门研究钱锺书的，钱锺书那种跨越中西的胸襟与能力是令人惊叹的。当然，一九四九年之后，有不得已的政治环境的限制，但这种限制也启发了他开创全新空间的可能性。诸如此类的建树，我觉得海外的同事并没有正视，这是很可惜的。我觉得到了二〇〇七年了，如果还是张口就说本雅明什么的，那未免太单调了吧。学然后知不足，我没有那个能力做章太炎研究，但我至少有能力和虚心读读章太炎吧？王国维在国内备受推崇，可在国外却是小众中的小众，这不是很可笑吗？讲了那么多年的文化交流、学术交流，却还是单向的。我们在国外的人，有那么多的资源，又有语言的优势，理当为学术对话做点工作。我们教了那么多年的阿多诺、萨义德，当然可以让人们知道朱光潜、宗白华、瞿秋白。这其实又回到所谓主体性的问题。

问：有道理！只有立足于中国学术自身，自然也就体现出了主体性，而不必刻意去强调。我也觉得，如何强化这种学术对话的策略，的确引人深思。这种学术对话，既是海外学者与国内学者的对话，同时也是海外学者与西方理论的对话。

答：话说回来，我们不必斤斤计较各种理论的国籍身份，但也不应该仅仅甘于做“西学东渐”的代理人。我们应该叩问在什么意义上，十九、二十世纪的中国文学发明可以放在跨文化的平台上，成为独树一帜的贡献。这未必全然是乐观的研究，因为在任何时代、任何文明，各种创造接踵而至，有的不过是昙花一现，有的是新瓶旧酒，有的证明此路不通，而最新颖的发明往往未必就能为当代或后世所接受。在审理海外中国文学研究的成果时，我们也应该问一问：西方理论的洞见如何可以成为我们的不见——反之亦然？传统理论大开大阖的通论形势和目前理论的分门别类是否有相互通融的可能？在什么样的条件下，中西古今的壁垒可以被重新界定，中国文学论述的重镇——从梁启超到陈寅恪，从王国维到王梦鸥——可以被有心的学者引领到比较文学的论坛上？

问：我们一直说要走向世界，其实我们就在世界的平台上，但中西古今的壁垒如何打破，确实非一日之功。我还想问一个很大众的问题，可能也经常有人问你这个问题，就是美国的中国现代文学研究，从夏志清到李欧梵再到你，构成了一个鲜明的发展脉络，你被看作是第三代领军人物，那么你觉得你和夏志清、李欧梵在研究理路上有什么异同呢？

答：大家总是把我们三个拉在一块儿，我觉得特别惭愧，因为他们两个都是我的前辈。像夏先生等于是我的师爷爷辈，因为我的老师之一刘绍铭是夏济安先生的学生，夏济安先生是夏志清先生的哥哥。李欧梵是夏济安的学生，长我一辈。当然我们也是特别好的朋友。我觉得我们的相同点，可以说某个意义上继承了一个海外的人文学的传统，尤其是欧美人文主义的传统。至于不同的地方，像夏志清先生在二十世纪五十年代求学任教，受到强烈的英美新批评的训练，还有欧洲人文主义传统的熏陶，而那是一个冷战的时代，在政治上每个人都有很大的承担，夏先生也必须作出他的选择。我和李欧梵生长在台湾，在探问文学现代性时，因为时代的改变，角度上自然有所不同。夏先生觉得很迫切的一些历史和政治问题，我们却要换一个方法来问，作出不同的结论。从这个意义上来讲，夏先生问的问题是感时忧国，李欧梵关注的却是浪漫主义或上海摩登，自然不一样。至于我，实在是后来者，把我跟他们相提并论，我当然很荣幸，但也感到很惭愧。我受到学术训练的时候已经是欧美的结构主义与后结构主义的时代了，所以我可能不像夏先生那一代，对历史离乱有切身之痛。我对文学、历史、政治的关系也很有兴趣，但研究的角度自然偏向多元、解构的看法。李欧梵对海派的关注，有他先天的优势，他对西方的音乐、美术从小就得到陶冶，那是家学渊源，所以我也写不出像《上海摩登》那样的书。我反而对表演艺术很有兴趣，我更偏向于诗学与历史之间的关系，我现在正在重新考察沈从文所代表的抒情传统和现代性的问题。我的抒情在定义上跟传统的定义很不一样，不是小悲小喜的抒发，而是希望把抒情还原到一个更悠远的文学史的脉络里去。

问：海外的中国现代文学研究发展到现在，已经发生了巨大的变化，比如说刚刚我们谈的理论与文学研究的互动，可以说已成为一大热点。但是，有的理论运用难免生硬，而有的理论的确为中国现代文学研究提供了新的契机。你能不能对这些变化作些评价？

答：其实我给你们写的《海外中国现代文学研究的历史、现状与未来——“海外中国现代文学译丛”总序》里，已经谈到了一些，我不妨再申述一下。首先是理论与文学研究的互动，对理论的关注当然说明学者磨炼批评工具，以便更深入探讨学术问题的用心，因此产生的史观和诠释也的确令人耳目一新。这一现象也显示东亚研究学者不甘也不能自外于学院新潮理论所代表的象征资本交易。这可以说是大势所趋。像周蕾一九九一年出版的《妇女与中国现代性：西方与东方之间的阅读政治》，就具有相当的象征意义与代表意义，它对现有批评典范的反驳，对女性主义、心理分析、后殖民批判以及广义左翼思潮的兼容并蓄，树立了一种不同以往的论述风格，也引起中国研究以外学者的注意。对此我们应该加以充分的肯定。但是，我前面也说了，理论与文学研究的真正互动其实还是不够的，尽管九十年代以来西方中国现代文学界众声喧哗，可是挟洋以自重者多，独有见地者少。从后殖民到后现代，从新马克思主义到新帝国批判，从性别、心理、国族、主体到言说他者，海外学者多半追随西方当红论述，并迅速转嫁到中国领域，以至于理论干预成了理论买办，这是我们必须保持自觉和警惕的。其次，九十年代以来的现代中国文学研究早已经离开传统文本定义，成为多元、跨科际的操作。已有的成绩至少包括电影、流行歌曲、思想史和政治文化、历史和创伤、马克思和毛泽东美学、后社会主义、跨语际实践、语言风格研究、文化生产、大众文化和政治、性别研究、城市研究、鸳鸯蝴蝶和通俗文学、后殖民研究、异议政治、文化人类学研究、情感的社会和文化史研究，等等，尤其是电影或广义的视觉研究更是备受关注。相对于以往唯文本、文类、作家、时代是尚的研究方向，这些议题无疑为现代中国文学领域注入源头活水。但换个角度来看，文化研究也不无历史因缘。在很多方面，它让我们想起半个世纪以前夏氏昆仲和普实克等人自不同角度对文学与文化、文化与社会互动关系的强调。风水轮流转，经过了新批评、形式主义、结构主义、解构主义等以语言为基准的理论世代，新一辈的批评者转而注意文学和文化的外延关系。性别、族裔、主体、情感、日常生活、离散、国族、主权、霸权、帝国等又成为津津乐道的话题。最后是对有关历史论述的重新审视。以往文学史研究强调经典大师的贡献，一以贯之的时间流程，历史事件和文学表征的相互对照，也就是大叙述，master narrative。而上个世纪末以来的文学史研究则对大叙述的权威性提出质疑。这背后后现代的各种历史观，比如福柯的谱系学、德里达的解构说、怀特等人的后设历史等都产生了重要的影响。我一直认为，现代中国文学研究最重要的成果之一是对现代性的探讨，相关论述层出不穷，但我们对现代性的对立面历史性的辩证仍显不足。历史性不只是指过往经验、意识的累积，也指的是时间和场域、记忆和遗忘、官能和知识、权力和叙述种种资源的排比可能。海外现代文学学者在借镜福柯的谱系学考古学、巴赫金的众声喧哗论，或是本雅明的寓言观末世论等西学方面，不落人后，但对二十世纪章太炎既国故又革命、既虚无又超越的史论，或是陈寅恪庞大的历史隐喻符号体系，王国维忧郁的文化遗民诗学，并没有投注相等心力。我觉得这仍然是不平等的现象。

问：对你所概括的这几个方面，我也是深有同感。在考虑“海外中国现代文学译丛”的选目时，我们也有意识地希望能够呈现这几个不同的面向。从地域上讲，兼顾欧美；从作者来讲，兼顾老中青三代学者，又以青年学者为主；从选题来讲，兼顾纯粹的作家作品研究、文学史研究、理论研究以及文学与电影研究，以此体现海外中国现代文学研究特有的包容性与研究趋向。

答：现在译丛包括了哪些选目？

问：目前初定十五种，包括了老一辈的学者，比如普实克的《抒情与史诗：现代中国文学论集》、夏志清的《夏志清论中国文学》、李欧梵的《李欧梵论中国现代文学》、佛克马（Douwe Fokkema）的《中国文学与苏联影响（1956–1960）》，还有中青年一辈的学者，比如周蕾的《妇女与中国现代性：西方与东方之间的阅读政治》、奚密的《现代汉诗：一九一七年以来的理论与实践》、柯雷（Maghiel van Crevel）的《粉碎的语言：中国当代诗歌与多多》、王斑的《历史的崇高形象：二十世纪中国的美学与政治》、刘剑梅的《革命与情爱：二十世纪中国小说史中的女性身体与主题重述》、张英进的《影像中国：当代中国电影的批评重构及跨国想象》、柏右铭（Yomi Braester）的《反证历史：二十世纪中国的文学、电影与公共话语》、贺麦晓的《文体问题：现代中国的文学社团和文学杂志（1911–1937）》，等等。

答：哇，阵容强大啊！这些都是经典的或很有影响的成果，很有代表性啊！

问：这些选目也是在你们推荐选目的基础上，再根据版权等情况，慢慢形成的，希望二〇〇八年年初推出第一批。在组织这批译丛的过程中，我们深深地感受到你所说的海外中国现代文学研究的百花齐放、多姿多彩。你上面所概括的海外中国现代文学研究的特点中，我感受最深的可能是跨学科、跨领域研究所产生的巨大能量。这些研究跨越中西，穿梭于理论与文本，往来于文学、政治、历史、文化、语言等学科之间，迸发出很多思想的火花、学术的灵感，呈现出与国内现代文学研究迥然不同的面向。

答：对，海外中国现代文学研究的百花齐放确实来自一个跨领域研究的理想。越界、旅行、跨国等政治文化地理的观念真正落实到了学科的合纵连横上。跨领域研究的优点不言自明，它能活络各行间的对话，也促使我们重新思考我前面提到的所谓再现和代表的政治。所谓再现和代表，不只是艺术媒介对事物的诠释和呈现，也是经由艺术媒介对身份、学科、社团、方法、立场呈现的认同和否认的机制。当然，也有人说，跨领域的文学文化研究所带来的再现辩证，每有操之过急之虞。在批判、抹消已有的文学研究领域、身份、方法、立场的同时，部分研究者未必能够充分掌握其他学科的脉络章法，研究所得或是浮光掠影，或是眼高手低。当人人都自认占据边缘，或随时准备跨越活动，非但不能呈现或再现议题的复杂性，也更失去了代表或批判某一领域的辩证力。这话说得也不无道理。

问：我觉得再现与代表的政治，其实是一个非常重要的理论问题，也是我们评价海外汉学的重要立足点。

答：对啊，我们一直讲文学的再现性，representation，文学作为社会生活的再现啦，作为一个文化形态啦，或者是一种模拟啦，都是representation。Representation这个词还有另外的意思，就是代表和代表权的意思，represent，我代表谁，I represent you，我代表你，我代表苏州，我代表中国，等等。现在国外的汉学界，在再现和代表之间总是有一种紧张性，我觉得值得提出来。我们的任务首先是再现，我在海外把中国的文化与文学介绍给美国的学生或同事，我再现一个我想象的中国。但同时我也代表中国，一旦说到代表中国，那就是很微妙的艺术了。代表其实是有政治含义的，我们在什么意义上，获得一个比较活络的身份，纾解再现和代表之间的紧张，这是很有意思的。我们不能因为我的任务是再现中国，那我就真的代表中国，那是无法承受之重啊！所以，你要代表到一个什么程度，你有多大的能量、多大的合法性来代表，都是需要思量的。我们有的同事，动不动就代表国家利益，开口就是中国你们都不了解，得听我说。还有现在很热闹的帝国主义批判，突然来告诉我们说，我来告诉你们所不知道的历史。这些人的代表早就越出了文学本业，越代表越大：代表反帝，代表反殖民，代表女性，代表城市，等等。我觉得agency的问题，就是你的能量、你的代理权，到底有多大？这是必须反思的。除了批判，我也要自己反省，一方面你不愿意让文学变成一个被动的故纸堆里的东西，成为简单的审美的狭小的文本，但另一方面你也不愿意无限上纲，把文学夸张扩张，把自己变成一个无限的无所不包的东西。在再现和代表之间的一个代理权的问题，我觉得是一个严肃的问题，尤其对于我们做现当代文学研究的人更是如此。最近几年，美国的中国现当代文学研究做纯粹的文学研究的著作非常有限，很多都是纠缠于代理权跟代表权，我愿意把这个问题提出来，也作了适度的批判。我当然不是天真地觉得文学应该回到它的本业，只是认为取舍进退之间应该采取一个姿态。有的人在海外声称代表中国，可我很少看到对发生在东北的矿难，对三农问题，对山西的童工问题用文学的管道来阐释他们的关怀。我所看到的都是非常高缈的，甚至阴谋论式的论述等等。我觉得我们可以把这些问题拿出来讨论，不论你是什么主义，都可以把它切入到对这个问题的讨论。在这个环节上，我还没有看到广义的文学文化研究作出相应的贡献。我希望自己也可以加入这个环节，从华语文学的立场发表自己的意见。

问：你对海外汉学再现与代表的政治的分析，真是鞭辟入里。再现与代表的辩证，其实何尝不是国内学界面临的问题呢？你曾经说过，海外学者如果有心持续四海一家式的大中国论述，就必须思考如何将不同的中文文学文化聚落合而观之，身在海外的中国文学学者更多一层内与外、东与西的比较视野，尤其应该跳脱政治地理的限制。只有在这样的视野下，才能激荡出现代性的众声喧哗，也才能重画出现代中国文学繁复多姿的版图。在此过程中，国内学者恐怕也应该敞开胸襟，包纳四海，加入到众声喧哗、繁复多姿的版图构建之中。以你对海外中国现代文学研究的观察，你认为还有哪些面向值得海内外学者共同贯注心力呢？

答：目前海外中国文学研究的多样发展值得继续鼓励。也许仍有三个方向值得我们共同关注和努力。一是有关现代文学批评的批评。过去一个世纪对于中国文学的批评、批判的声音不绝于耳，甚至有一个时代批评的威胁如此之大，乃至及于身家性命。但是如果我们能将眼光放远，不再执着批评和理论所暗含的道德优越性和知识（政治）的权威感，而专注于批评和理论所促动的复杂的理性和感性脉络，以及随之而来的傲慢与偏见，应该可以为一个世纪以来的批评热作出反思。二是文学和历史的再次对话。文史不分曾经是传统学问的特征，也曾经受到现代学者的诟病。在经历了一个世纪的理论、批评热潮之后，借着晚近中西学界对历史和叙述、历史和想象的重新定位，文学应该被赋予更多与史学对话的机会。以文学的虚构性来拆解大历史的神圣权威，以历史的经验性来检验、增益文学创作和文学理论，已经是老生常谈。文学和历史之间千丝万缕的关系，应该是建构和解构文学（后）现代性的最佳起点。三是打开地理视界，扩充中文文学的空间坐标。在离散和一统之间，现代中国文学已经铭刻了复杂的族群迁徙、政治动荡的经验，难以用以往简单的地理诗学来涵盖。在大陆、在海外的各个华人社群早已经发展出不同的创作谱系，因此衍生的国族想象、文化传承如何参差对照，当然是重要的课题。

问：由此看来，海外的中国现代文学研究依然任重而道远啊！文学与历史的重新对话，尤其值得我们关注，虚构和现实、历史和想象，总是缠绕不清。你也曾经讲过，现代中国文学研究最重要的成果之一是对现代性的探讨，现在人人都乐于谈论现代性，现代性俨然成了一个无所不包的理论框架，可对历史性我们却有意无意地忽略了。

答：历史性作为现代性的对立面，我们对它的辩证，确实显得不足。"历史"在文学批评语境里永远是个大词，但过去二十年来有关历史性的讨论，或被后现代论说解构成不可承受之轻，或被左翼论述持续包装成最后的"天启圣宠"，以致不能有更具创意的发现。其实历史性不只是指过往经验、意识的累积，也指的是时间和场域、记忆和遗忘、官能和知识、权力和叙述种种资源的排比可能。现在大家都开始强调历史的多元歧义现象，相对以往的意识形态挂帅的一家之言，这无疑是一大跃进。但所谓多元歧义一样可能是空洞的指涉，有待填充，所以这应该是问题的起点，而非结论。正因为现代的观念来自于对历史的激烈对话，"现代性的历史性"反而成为任何从事现代研究者最严肃的功课。

问：你一定也注意到，国内学界一些学者对海外的中国现代文学研究发表了不同的看法，甚至是尖锐的批评，比如郑闯琦《从夏志清到李欧梵和王德威》、王彬彬《胡搅蛮缠的比较》、栾梅健《“海外汉学”与学术自主创新》，尤其是郜元宝的《“重画”世界华语文学版图?》，对你的《当代小说二十家》提出了十分尖锐的批评，认为你从中国大陆、港台地区以及新加坡、马来西亚选取了二十位作家，无法真实呈现各个地区真实的文学版图，尤其是入选的七位大陆作家，他们的特色与成就无论如何放大，都不足以代表大陆当代文学的成就。而且，你“围绕这二十位作家展开的理论与历史的论述空间异常阔大”，这与实际论述对象之间很不相称。从我的角度来看，这里面似乎有些误读。这本书原本只是由一系列的导言汇编而成，你本来就无意为其文学史排定座次，也不想为各个地区的华语文学安排百分比，只不过有意无意地形成了这么个面貌。对郜元宝的批评，能不能谈谈你的看法呢?

答：谢谢你的理解。海外汉学或者《当代小说二十家》受到一些批评，说明受到了关注，我完全能够坦然面对。可以接受的部分就不必多说，不能够接受的部分恰恰就是我们前面提到的广义的华语文学的问题。你刚才也说了，这本书原来是和台北麦田出版公司合作之下的一项成果，当时为麦田主编“当代小说家”系列，只是希望借此推荐汉语写作社群的优秀作品，促进彼此之间的对话，真实地呈现汉语写作的文学版图。我并没有预设一定要把重要的作家全部囊括。事实上，那也不可能。我自己也正想要用这样一个随机的编辑的经验来证明任何文学的现代性或当代性都是与时俱进的，我当初就没有预想到台湾会出来黄锦树这样的作者。对于大陆的作家，也是有缘的话就可以拿到他的作品，像是王安忆的《长恨歌》，台湾版甚至比大陆版出来得还早一点。总之，我恰恰希望用这二十位不同的作家，来说明华语文学在当代多变的可能性。也许有人会不满，为什么大陆背景的作家只有七位呢？大陆这么大，十三亿人，怎么只有七位？要按照比例的话，那台湾应该只有零点二位，对不对？这恰恰说明我当时做的时候，完全是无心插柳，后来觉得这样的结果也挺好，至少代表了一个海外学者对于当代文学的不同看法，正是这样一个阅读方式，才可以引起话题，引起大家关于入选作家或选择标准等问题的讨论。所以，我需要再一次说明，书名中的二十家没有做排行榜的意思，也不是在选"文学超男"或者"文学超女"，只是表明这十年中这些作家恰巧经过不同的途径在台湾这个出版环境里得到一个像我这样的专业读者的重视而已。

问：不管有没有代表性，也不管你的选择是不是更多出于个人的喜好，但我想这些作家的入选还是有一个相对的标准吧？你下面有没有计划继续写作类似的作家论呢？

答：当然有一个相对的标准。我所选择的作家不管是来自大陆或台湾地区，还是马华，一般都是年纪比较轻，取得了相当的成绩，而且仍然处于创作高峰期的作家。目前入选的大陆作家，都是有相当分量的。其实不瞒你说，有些作家和出版公司本来就有合作的关系，像叶兆言，所以我自然就先想到把他们先纳入嘛。当然如果可能，我也想写女作家林白，她后来有很大的变化，贾平凹、张承志也是我想写的。我希望我读得更多更广一点，多介绍几个年轻的作家，只是后来我实在太忙，阅读的速度慢了，就没有继续写下去。我现在问自己，如果再多选几个作家的话，那么人数上会不会变成十五个大陆作家、五个台湾作家呢？我想不见得，因为我有一个海外的立场，我这么写就是因为我在海外，我就这么看文学嘛。如果有人说我对大陆作家关注得太少，那么反过来他们对海外作家也很少关心啊，多与少只是相对的嘛。如果我有机会回应这些批评者，我就要问他，你告诉我你到底看了多少海外的文学呢？Anyway，以后这本书如果有机会修订，我还是希望能补足其他我认为重要的作家和作品，包括对贾平凹的评论，对林白的评论，我希望能提出不同的看法与评价。至于阎连科，我写了一篇一万八千字的文章，早就发给你了，可惜因为种种原因还是没能发表。

问：这篇评论阎连科的文章，我作了些删节和处理，回头发给你审定，准备发表在《当代作家评论》“阎连科评论专号”上。

答：好，谢谢你。我原来希望文集的名称叫《当代小说二十二家》，没有什么理由，只是正好有二十二篇，但是编辑认为其中的两篇显然是有问题，最后就取消了，还是二十家。你开始的那个话题很有意思，我愿意再多说几句。文学这个东西，它当然是和政治、文化、生活、社会息息相关的，但是也不是一对一、备份式的。也许某个时间段某个地区，比如一九六六年到一九七六年的大陆，我们今天所说的好作品，实在是太少太少了，几乎没有。而与此同时，海外或其他地区的一些作家却或许取得了相当的成就。比如六十年代末期台湾的乡土文学作品，你只要把眼光放远，只要把代表权的问题放下，你自然就会认同这个作品是好的，是值得我们去阅读的。像陈映真，我想大家都知道，他是台湾的“最后一位马克思”，他的作品就非常好，在台湾也非常受重视。在这个意义上，我觉得文学在今天的场域中仍然存有一席之地，是因为它用文字的、流动的方式，捕捉了很多我们从政策、市场、金融等方面无法看到的东西，恰恰是文学想象的可能性给了我们一些新的期许或憧憬。至于这些文学来自哪里，我们当然有追逐它的好奇心，这些作家到底是山东的作家、西藏的作家，还是香港的作家、台湾的作家？但是我们今天讨论文学，毕竟不只是讨论护照或外交权的问题，没有必要过分强调作家的国籍或身份。所以，对郜元宝教授的批评，恰恰这个方面我有不同的意见。我觉得只要稍稍把这个场域的地图打开，很多心结都会迎刃而解。

问：这里其实涉及你所倡导的华语文学、华文文学的观念问题，之所以会出现这样的误读，可能是对华语文学的观念还缺少必要的理解。对你而言，大陆和台湾地区的文学，都是站在同一个平台上，没有高下优劣之分。

答：是的，刚才我也说了，批评者如果看过我的书的话，应该知道我其实一开始研究的是二十世纪二三十年代的文学、文化和政治，对不对？像茅盾啊，老舍啊，沈从文啊，都是我深感兴趣的。但是对当代文学，我应该有更多的自信，尤其是海外当代文学的复杂变动，我也算是亲历者了。正是因为看了这么多，现在回过来再看国内这二十多年的文学发展，更是觉得有必要把它们整合在一起，推动更积极的彼此互动的可能性。

问：我很理解你的良苦用心。我觉得对海外汉学的批评，用一句老话来说，也应该具体问题具体分析，不能简单地加以肯定或否定，而应该真正进入到海外汉学的语境，进行学理化的评析，这样才称得上是对话与沟通。

答：我完全同意。我觉得与其批判一个海外学者方法学上的适当与否，不如敞开胸怀去理解他为什么要用这样的方法，或者为什么批评理论变成海外汉学的一种价值取向。无论赞成还是反对，都可以以平常心与海外学者对话。一些对海外汉学的批评，恰恰显示出批评者内心的不自信，其实我特别强调理论有千百种，不见得海外的理论就比中国的理论更好。当然，我们研究文学，自然应该对文学理论的动态保持兴趣和关心，这也是基本功夫。另外，我同意你的看法，对海外汉学也好，对海外文学也好，对它们的发展可能还要有更充分的认识，对整个来龙去脉、整个问题的导向要有清楚而宏观的理解，这样才能避免无的放矢，才能与你的批评对象展开真正的对话或辩论。这是我的一个看法，可能又会引起不同意见，我愿意与大家坦诚交流。

*本篇最初发表于《文艺理论研究》二〇〇八年第五期。

当代文学：评论与翻译

王德威访谈录之三

问： 刚才你说了,《当代小说二十家》的入选与成书都是因缘际会的结果，还是漏掉了一些作家。我知道在海外学者中，你的阅读量是惊人的，对大陆的当代文学始终保持着相当大的关注。尽管现在由于种种原因，难以做到跟踪式的阅读，但对当代文学你还是相当熟悉的。能不能对你感兴趣的当代作家作些点评呢?

答： 所谓漏掉了一些作家，也只是相对的说法。选择里面当然还是有自己的一个审美判断，还是要选投合的作家嘛。我觉得陈忠实的《白鹿原》是一部很好的小说，但是整体来讲我宁可去写贾平凹。李锐的创作量并不多，他的《无风之树》等作品，我觉得是非常经典的东西。但是，作家的写作历程有时很长，变化也多，有时候我评价得很高，可后来的作品似乎始终突破不了自己，野心可能也小了。像叶兆言早期的《夜泊秦淮》写得多好，他的世路人情的切入点，典丽而不华丽，有些凄凉而未必苍凉，戏仿民国春色，重现鸳蝴风月。

问：他比较新的小说《没有玻璃的花房》，还有“重述神话”的命题小说《后羿》，与早期的小说有很大的不同。比如《没有玻璃的花房》写他自己的成长体验，尤其是写到“文革”给戏校大院孩子的种种启蒙，他们的斗争游戏，以及暗流涌动的当代生活中被日常生活消费掉的生命。一点一滴的体验，都成为顽强而又斑斓的生命成长的佐证。

答：很遗憾，这些我还没有看，应该赶紧补上。我觉得目前绝大部分作家都没有超过他们的早期成就。我公开说这样的话，很多作家会很生气，但作为一个评论者，必须有勇气说一些真话。我通常缺乏这样的勇气。

问：这可能不纯粹是勇气的问题，只是你人好而已。

答：既然没有这个勇气，就要尽量和他们保持距离，如果有了人情的包袱，你就更说不出什么了。那二十家当中，台湾的作家是最全面的，因为地缘的关系，因为当初是面向台湾的读者，当然选得比较全面。我觉得很可惜的是，这些作家经过了创作的高峰之后，现在的创作非常迟缓。仅仅相隔几年，二〇〇七年你再去看看你曾经推崇的作家，真的是乏善可陈。台湾文学现在绝对是一个低潮期。所以就像我在序里一再讲的，幸好我用了“当代”两个字，它本身就是与时俱变的，就是变动的。我写的序论或者当初编的系列，它的首和尾应该都是开放的，因为我写完以后他们已经写出不一样的作品来了。

我只是在历史的那一刻对他们作了一些观察，作了一些见证，至于他们下一步的发展，正凸显了世纪之交的这些作家曾经有过的面貌。我没有想把他们定位成什么经典，作一个论断式的认定和判断，所以也没有心理压力。

问：我们当然可以不把你当初的这些论述作为最终的结论，相信以后你也不断会有新的观察和评论。但是就目前来看，你比较看好的大陆作家有哪些呢？王安忆？贾平凹？莫言？我们先说贾平凹吧，我个人非常喜欢他的《秦腔》，一开始有些阅读障碍，可一旦进入小说的清风街世界，你就欲罢不能，完全被小说所表现的农村底层的历史性转型所深深吸引。小说既是具象化的写实，又是抽象化的象征，这赋予小说很强的表现力度。尤其是贾平凹极其绵密的流年式的叙事语言与书写方式，让我想起了普鲁斯特的《追忆似水年华》。去年《秦腔》获得了香港的红楼梦奖，真的是实至名归。当时你和黄子平、刘绍铭、郑树森、聂华苓、陈思和组成了决审委员会，你是决审委员会主席，当然最有发言权啦。

答：刚才我说到贾平凹，没来得及谈《秦腔》，没想到你提到了，非常好。当初评选过程中，最终有两个竞争者，一个是贾平凹的《秦腔》，另一个是董启章的《天工开物·栩栩如真》。你知道董启章的，绝对是一个非常优秀的香港作家，对吧？

问：对，我也很欣赏董启章的作品，跟他本人也有过一些交流，我感觉他的小说样态在大陆作家的作品中是很罕见的，更多地接近于卡尔维诺、博尔赫斯他们的作品。即使从小说形态多元性的角度看，董启章的作品也特别值得重视。相信等他两百万言的“自然史三部曲”全部完成后，一定会引起强烈反响。

答：董启章的《天工开物·栩栩如真》的确是一部非常重要的讲述香港的小说。我们都说香港是物质主义的天堂，董启章就毫不掩饰地把各种各样“物”的历史呈现出来。在反讽的意义上，他可能才是最唯物的作家呢。以这个“物”的变化，照应了香港六十年变迁的形形色色，但是他写作的方式不再是一个大历史的起承转合的、家族的变动的写作方式。他是用各种我们所亲近的录音机、电风扇或者电视机，各种各样寻常的，我们所接触的、消费的“物”的经验，第一手的经验来拼凑出一个香港的整个的改变，所以我个人觉得这是一部重要的作品。当时我们的两难就是，到底应该鼓励一个名不见经传，但是一出来就石破天惊的香港作者呢？还是嘉奖一个很有成就，某种意义上又曾经被误解的资深作家呢？我对于贾平凹有很深的尊敬，他是一位很有成就的作家，《秦腔》代表他多年创作的一个高峰，一个转折点，具有原创性，所以大家最后的结论是给贾平凹这个奖。当时有记者采访我，我对《秦腔》的一个基本评价就是，作者借陕西地方戏曲“秦腔”，写出了当代中国乡土文化的自解，以及民间伦理、经济关系的剧变，作品细腻写实而又充满想象活力。当代小说中有关中国城乡关系的创作并不少见，但《秦腔》同中求异，以伦俗写真情，平淡中见悲悯，寄托深远，笔力丰厚，足以代表中国小说的又一次重要突破。小说中秦腔的消失当然可以以城乡关系转变，生产消费模式更替，或是国家政策主旋律重新定调等原因来解释，但我以为贾平凹还有别的寄托。如果这种声腔来自八百里秦川的尘土飞扬，来自三千万人民的嘶吼传唱，它就不只是简单的音乐,《秦腔》里的秦腔就应该被视为一种触动通感、应和物我的音韵体系，也是三秦大地生生世世的话语、知识体系。有的评论者赞美《秦腔》贴近生活底层，是对当下农村最现实主义式的白描，这并没有点出《秦腔》的特异之处。小说家“仰观象于玄表，俯察式于群形”，象的变化层出不穷，现实人生的琐碎混杂，因为一曲秦腔才纷纷归位，形成有意义的象。秦腔的没落于是成为人心惟危、时空逆转的象征，是一种异象，所以我说秦腔最实在的部分安顿了现实人生，最神秘的部分打通了原始的欲望和想象。能够参透这虚实相生的象的人物不是常人，因此小说的主要叙事者引生就是半癫半痴的角色，经过他的喃喃叙事，秦腔戏文曲牌和现实、自然、超自然世界的声音产生互动。

问：你对《秦腔》的分析非常独特，评价也非常高，我很佩服。但是你注意到没有，贾平凹的创作也有起伏，也有《土门》这样的不成功的作品。

答：对,《土门》是写得不好。最近我刚给《秦腔》的台湾版写了一篇序言，也回顾了贾平凹的创作历程，就像你说的，一直到《秦腔》，他经历了好几次的起伏。我觉得他八十年代已经有一些成绩，早年也受到了沈从文这些人的影响。对他而言最重要的一个点当然是《废都》，当他把《废都》里的颓废写出来以后，他就成为一个不容忽视的作家。写出这种颓废，是贾平凹最大的贡献。对于我们这样的社会，大家总是会讲文学的功用，会讲文学是表现人生的光明面等等，但是贾平凹写出了文学以及社会的颓废面，这代表了他个人对于生命以及审美的独特看法，所以我说颓废的文明成就了一个作家的文名。《秦腔》是一本具有末世视景的小说，是一本忧郁的、预知死亡的纪事。从《废都》到《秦腔》，贾平凹对中国城乡的蜕变作了动人的观察，但只有当他将自身的“黏液质+抑郁质”扩散成为文明乃至天地的共相，黏黏糊糊，他才形成了自己的“场”。唯其对现实现世的多思多虑，他才有转投幽冥、一窥休咎的欲望。而结果的废然而退，似乎是必然下场,《废都》如此,《白夜》、《怀念狼》如此,《秦腔》也是如此。有意无意之间，他的小说投射了社会知识阶层的一种精神面貌。作为贾平凹的读者，我们能不心有戚戚焉？无论如何，坐镇废都的作家以他的秦腔，为新世纪的中文小说写下了重要一笔。至于他后面会写出什么样的作品，我也非常好奇。

问：听说最近他正在写一部讲述农民进城之后生活的长篇，值得期待。与贾平凹相比，王安忆尽管也有起伏，但这么多年她的创作保持了相对一致的水准，真的很不容易。但她的长篇《遍地枭雄》发表后影响似乎没有预期的大，我知道你对这本小说评价颇高，为什么呢？

答：王安忆很努力，她完全是劳动模范式的写作。王安忆是持平的，就是她不会让你失望，但是这些年她也很少有让你惊喜的那种感觉。当然，我非常尊敬这种类型的作家。二〇〇五年出版的《遍地枭雄》我不太清楚国内的反响，我个人以为它是王安忆《长恨歌》之后的一个转折点。她不再写旧上海十里洋场或者一个女性在历史上的起伏，而是写一个在上海以开出租车为生的年轻司机无可奈何地卷入一起抢劫案中，一个单纯的小司机和三个亡命之徒如何在中国长江沿岸的各大城市流窜，而最后这个年轻司机竟然半推半就地变成了三个亡命之徒的同谋。这是一个反向的少年成长或青年成长的小说。这个青年在城市里面磨炼之后，被城市甩出来，卷入了亡命之徒的生活。在江南、江北逃亡的过程中，这四个青年不断地用讲故事的方法来召唤已经逝去的浪漫的精神。我认为这正是王安忆的野心所在。这个时代我们实际上已失去了讲述故事的能量，我们想象未来的能量也随之消逝了。而没有想象未来的力量，我们又怎么能够重新创造历史？所以，王安忆实际上以很大的野心来看待快速发展的长江下游的经济社会变化，以及我们的年轻人怎样一次又一次地卷入铤而走险的亡命游戏。千百年以前的所谓遍地枭雄的时代，已不可复得，就算是二三十年代的民族伟人，或是其他打江山的，不论是主流、非主流的历史力量，似乎在这个时代都已经纷然散去，变成民间那一种欲振乏力的小抢匪，作一下小案子便立刻撒腿就跑。所以，王安忆的一部小说对历史论述的变与不变有着非常悠远的浩叹，我个人是非常推崇这部小说的。

问：有道理。那《启蒙时代》你读了吗？觉得怎么样？我注意到一个细节，这部小说写于二〇〇六年，这一年是“文革”发动四十周年和结束三十周年，而小说正是叙写“六八年人”思想革命的心路历程的，或许王安忆是想借小说的方式，反思那个特定的启蒙时代的理性与疯狂？王尧把这部作品概括为“‘思想事件’的修辞”，我觉得是很有道理的。但是，王安忆的小说基本服务于思想场景的描述，大段大段地叙写“大辩论”、“演说”、“谈话”的内容，这固然构成了小说特殊的修辞方式，但也极大地影响了小说的阅读。不要说一般读者，像我都觉得难以读下去。

答：我也看了，说老实话，我也觉得有些失望。最喜欢这部作品的是宋明炜，他永远是热情的读者。他读完后就打了几个长途电话来谈感想。这个故事有一个宏大的企图，有一个好的架构，屠格涅夫《父与子》式的架构，她完全可以借此写出一群生动异常的上海年轻人特定的心灵史。可是读完以后，总觉得没有到位，没有那种说服力，尤其是中间部分让我觉得失望。我没有经历过“文革”，但你可以借助于小说想象那个时代，可这部小说难以让我产生那种联想。

问：它不像《坚硬如水》那样，一下子就把你带到“文革”那种历史情境之中了。

答：《坚硬如水》就这样嬉笑怒骂地写出来，它让你觉得不可思议，又让你觉得这就是“文革”的疯狂和荒诞。我知道

《启蒙时代》王安忆也花了很大的心思来写。

问：看得出她很用力。我感觉她是不是想表达的东西太多了，或者说她借助这个故事想要承载的东西太多了。

答：我觉得恰恰相反，王安忆这次没有写出什么来。

问：她大段大段的长篇大论式的修辞，这次成了累赘。

答：对，对，我同意。你读了，但是你很难被感动，这个很奇怪。我想到了胡发云的《如焉》，这是一部很平实很传统的小说，胡发云好像也不是我们过去关心的作家，可是《如焉》却成为一本大受欢迎的小说。对我来讲，胡发云找对了那个点，在一个平庸的《包法利夫人》式的故事，一个中年女性第二春的故事中，不露痕迹地包括了一些重要的事件，比如非典啊，对左派的评价啊，等等，由此表露出对历史的一种洞察。《如焉》没有很大的企图，反而成为一部一气呵成、给我留下深刻印象的作品。我可以理解它受欢迎的理由。相比而言,《兄弟》更让我失望。我很难理解，为什么复旦的同事对《兄弟》有那么高的评价。

问：是很奇怪。小说的上部还不错，到了下部则完全失控了，有失余华的水准。不是说《兄弟》写得如何糟糕，而是说它没有达到余华应有的水准。这是我的一个感受。

答：余华的《兄弟》当初在台湾出版的时候，也曾经希望我写一篇比较仔细的导论或者介绍。我看了它的上半部之后，也觉得不错。虽然讲真心话，它没有超过余华以前所树立的标准，但仍然是一部可读性很强的作品，有悲有喜，有哭有笑，等等，很能够显示余华灵活的写作技巧。但是下半部呢，我觉得完全与我们对余华的认识不相吻合。不只是因为它大量的色情描写，我觉得这个不需要我们当一回事的，到了今天二〇〇七年了，谁怕这个，是不是？但是，余华的问题在于这部作品缺少了原创力，尤其是我们已经看了莫言的作品，九十年代的《酒国》，尤其是《丰乳肥臀》，或者是看过阎连科的《受活》，然后再来看余华，就会觉得少了些东西。这是我的感觉。文字的操作上，有点杂沓，这不是我们原来所看到的、所知道的余华的风格。

问：那么对《兄弟》这类作品如何进行价值判断呢？可能把它放到更远的文学史脉络会看得更清楚些吧？

答：至于价值判断的问题，我觉得是一个有意义的问题，而且不容易回答。你看过我的《被压抑的现代性》，其中有一章是选择黑幕小说作为出发点，来讨论整个二十世纪文学论述里面关于价值的论述。这个价值，不再只是所谓物质生活上的价值交换，更多的是指布尔迪厄关于各种象征以及文化资本的问题。这方面余华有意无意地介入了市场的运作与呈现。这本书用上下两册的编排方式吊起你的胃口，大肆宣传余华的“十年磨一剑”，然后小说中“文革”的母题变成一种资本，作者在二〇〇六年、二〇〇七年的时空环境里以一种诡异的、乡愁式的、怀旧的方式去追溯往事。复旦大学的一些同事认为这是一个很好的作品，因为余华正是看到了目前社会的腐败现象，所以才用一个腐败的小说、腐败的文本、腐败的故事以及腐败的人物来以毒攻毒，以腐败来反腐败。这个说法很难让我信服，其原因正是因为我做过晚清小说研究，在吴趼人的《二十年目睹之怪现状》、李伯元的《官场现形记》等作品中，在一百年前，这个修辞技术已经用过了。

问：那么莫言呢？我始终觉得莫言是一个天生的小说家，也是最有大家气质的小说家。

答：其实到目前为止，大陆作家中我最好奇的还是莫言，他的能量让人觉得深不可测，我对他非常看好。他也不是每一部作品都好，但是他写出来的那个架势让人觉得就算没写好，也很有意思，你会想象如果他写得更好的话，会达到什么境界。

问：这就像练功的人，功夫的深与浅，一招就可以看出来。莫言的《生死疲劳》你看了吗？我觉得写得相当不错，他以传统的六道轮回来结构小说，写出了半个多世纪中国农民对生命、对土地的无比执着，写出了农民与土地、时间与记忆的深刻意旨。宣传文字称这是一部向中国古典小说和民间叙事的伟大传统致敬的大书，说得夸张了点，但确实是一部很不错的小说。

答：这本小说我还没看完呢。就我看过的部分而言，我感觉有些零散，就是那种写得啰啰嗦嗦、缺少节制的语言狂欢，不过这种零散在莫言的架构里我完全可以接受。至少《生死疲劳》比《四十一炮》要好。我觉得《四十一炮》不够好，我最喜欢的还是《檀香刑》，非常喜欢。

问：那是莫言写得最经典的作品了。到目前为止，莫言最好的长篇应该是《丰乳肥臀》、《檀香刑》，还有这本《生死疲劳》。

答：对于莫言来说，庞杂就是他的风格，我完全可以接受。我写《莫言论》的时候，虽然只写到了《酒国》和《丰乳肥臀》，可我已经谈到了莫言从天堂到茅坑，从正史到野史，从主体到身体荤腥不忌、百味杂陈的写作姿态和文本形态，这些又脱不开历史与空间、叙述、主体性几个面向。正是因为他的庞杂，所以我才有“千言万语，何若莫言”的感叹。那次我告诉莫言，我读了《丰乳肥臀》，觉得故事没有说清楚，他写了好几个后记去补充交代，也没有交代清楚。莫言听了哈哈大笑，说后来他自己都没法说清楚了。我觉得这正是莫言的特异之处，没有人规定小说一定要写得完美，莫言的成功或许就是他的不完美。

问：你这种完美与不完美的辩证倒是很有意思，不过很难有普适性吧？这两年还有一些中长篇作品值得关注，比如格非的《人面桃花》，林白的《妇女闲聊录》，阎连科的《为人民服务》、《丁庄梦》，李锐的《太平风物》，等等，你有什么评价呢？

答：格非的《人面桃花》想写出那种迷离的朦胧的感觉，可是好像没有能完全写开来。我理解格非是一位很努力的作家，也没有哗众取宠的意图，可是他十多年之后写出这本《人面桃花》还没有给我惊喜的感觉。很遗憾。我期待他三部曲的另外两本，相信会有不同的面目。倒是林白这位过去以写女性的性、身体见长的小说家，突然摇身一变，以她雇用的一位保姆的自述为基础，敷衍出对湖北乡下的纵深描写。对于林白而言，这是由绚烂归于平淡的一部作品，它通过一个保姆的娓娓叙事，叙写了中国农村二十年改革开放所带来的大裂变，而林白所投注的观照，却是非常悲观的，也带有部分的批判。阎连科的《为人民服务》比起他九十年代末期的重要作品，比如《日光流年》、《坚硬如水》，尤其是《受活》这样的作品来，其实过犹不及。很多内容《坚硬如水》里都已经写过了。这样一本作品，却产生了那么大的反响，当然是因为那句“为人民服务”，它让我们想起了各种集体的政治记忆。阎连科是用一种色情的方式亵渎了一个社会、一个群体、一个意识形态里面最最碰不得的集体记忆的一个核心部分。我觉得阎连科的近作之所以可观，还是来自他对自身所经历的共和国历史提供了一个新的想象和反省的角度。在后革命时代，他有意重返历史现场，审视那巨大的伤痛所在——无论那伤痛的本源是时空的断裂，肉身的苦难，还是死亡的永劫回归。他的世界鬼影绰绰，冤气弥漫。不可思议的是，阎连科看出这伤痛中所潜藏的一股原欲力量。这欲望混混沌沌，兀自以信仰、以革命、以性爱、以好生恶死等形式找寻出口，却百难排遣。死亡成为欲望终结或失落的最后归宿。这是他的小说最大的魅力。我的那篇《阎连科论》都谈到了，这里就不多说了。至于李锐的《太平风物》，写得不错，只是觉得写得太有意味了。李锐现在有一点……怎么讲？

问：是不是有点作？

答：对，有点那个意思。小说这个东西很妙的，写小说真是一个太艰难的行业了。你读小说，有时就是觉得有些意犹未尽，something missing？有时作家对他的小说期望太深了，反而成了他的限制。作为批评者，我们也没有资格多说什么，对吧？

问：说到李锐，不得不说到他跟张炜的关于《精神的背景》的论争。很多人把它视作九十年代关于人文精神讨论的一种延续，又呈现出若干新的特质，比如这次是通过网络扩散开来的，波及范围不仅限于文学界和知识界，还吸引了更多公众的参与，话题也辐射到广泛的现实领域。其实政治话语和文化话语之间既有重叠，也有差异，很难混杂一体加以讨论的，这样一来许多价值的命题就无法进行更深入的探讨了。张炜所说的精神的重新寻求，也就失之空泛了。你昨天的演讲也涉及这个话题，能不能再展开来说说？

答：张炜号召我们要重新恢复对精神的寻求，我不知道他所说的是什么精神，反正精神这两个字听起来挺好的。就像你说的那样，借助于网络的力量，他们两人的论争已经演化成了一个事件。这个事情的来龙去脉，你可能比我更清楚。李锐的立场是基本上认同张炜的观察，我们的确是在一个精神破产的边缘上，但是李锐的问题是，他的批判不只是对所谓资本主义社会化的批判，他还要反问张炜，你在说精神堕落的同时，你自己的精神堕落了没有呢？不错，李锐要强调的是我们现在的文学、文化，甚至我们的社会，在市场化的冲击之下，的确已经越来越没有志气了，越来越缺乏伟大的精神了。对李锐而言，这是结果而不是原因。让这个社会如此的市场化、自由化、混乱失序，让我们缺乏了精神资源的背后的原因是什么呢？这个当然就牵扯到政治上的辩论了。李锐当然是有他的立场，他和张炜针锋相对，由这个表面的对精神的追求，逐渐来叩问这个精神后面的政治上的角力问题。在这个问题上，李锐火力全开，最尖锐的批评是认为张炜表面上是站在一个批判的立场，但是有意无意地却迎合了主流声音或主流价值，而这个主流价值呢，是有物质的报偿的，所以这个话就越说越远了。我从这个事件中，看到了过去十年里中国的批评界或舆论界最常见的两种论述的对立或对峙，比如“新左”与自由主义。我无意暗示李锐或张炜是站在哪一面，只是借着这个事件衍生出两个作家之间的争执如何照应了广义的论述。现在“新左”与自由主义的对话，也已经是强弩之末了，大家都忙着干别的事去了。自由主义是发展西方从十八、十九世纪以来，一直到二十世纪三十年代哈耶克所强调的市场的自动调控机制，让投资者、让所有的公民有一个自发自为的场地来参与社会的各种各样资本的运作。这个资本不再只是物质的资本，也有象征的资本、文化的资本。自由主义的盲点在于它不能够摆脱所谓完全自由操作的这个最后憧憬的限制。而“新左”方面呢，他们所标榜的当然是一个社会的公平、福利、有正义的实践性。这些话题永远不过时，永远不落伍。这些都是完全可以接受的辩论。所以我不再去说明两者之间的理论上的得与失，我关心的是这些理论付诸实践的时候，当它落实到文学或是文学评论实践的时候，会出现什么问题。这里牵涉到的不再只是理论辩证的层次，也牵涉到人与人之间，以及人怎么落实理论的问题。我要强调的是，即使到了今天，即使有这样的关于“新左”与自由主义的辩论，对于广大的读者大众或绝大部分的文学专业人员来说都已经是无伤大雅的事情了。这也许代表了一个社会的改变或代表了我们这个社会对于文学以及文化事业的一个重新定位，而这个定位的好或者不好，有待于我们的进一步思考。这是我对李锐与张炜论争事件的一点粗浅思考。

问：昨天的演讲中，你抽取了一九〇五年、一九五五年和二〇〇五年三个时间点，来讨论百年中国文学的变与不变，非常新颖，也深有启发。你为什么会想到抽取这三个时间点呢？百年中国文学的变与不变，给我们的最大启示是什么呢？

答：我选择一九〇五年、一九五五年、二〇〇五年三个历史时刻，来讨论现代中国文学发展的曲折脉络，主要的想法是一九〇五年见证了新旧文学互动以及“被压抑的现代性”的现象，一九五五年则标志着革命启蒙话语和国族主义的空前高峰和内爆，而二〇〇五年的文学虽然持续反映后现代、后殖民、后社会主义的影响，但一九〇五年、一九五五年的影子其实驱之不去。我虽然抽取了这三个年份，但并不想暗示这里面有什么历史因果律的必然。相反地，我只是想重探二十世纪以来中国文学复杂的轨迹。我认为中国文学的现代性不能以特定时期、公式、创作或阅读群体来断定，现代性的意义也不在于内烁真理的呈现，而在于对历史坐标的不断定位。只有当我们折冲现代的多元时间面向时，我们才能持续启动，也化解现代谜样的魅力。要说最大启示，应该是三个方面：一是我们这个时代对于批评、对于理论有着很大的重视，我们站在所谓批评理论的立场上不断地辩证文学到底是什么，文学该做什么或文学该向何处去等问题，而我恰恰要提出来，我们今天的文学批评是不是自己也应该被批评了？站在一个批评的位置上，是不是就让我们真正地、自动地享有道德上的优越性或是知识上的优越性呢？二是我前面也提到的，我们不断地强调现代性的问题，但是现代性的另一面，就是现代性本身的历史性，我们却没有给予适当的重视。三是站在二〇〇七年的坐标点上，我觉得我们对于中国文学的定义不能再停留于过去的、传统的、帝国式的定义。中国如果能够成其大的话，它的文学地理的疆域不应该只是国内与海外这样简单的二分法，对海外华语文学有必要进行进一步的考察以及对话。文学的过去可能渺不可寻，但是我们文学的未来应该是什么，仍然是值得我们继续讨论或对话的。

问：我们谈了这么多当代文学的情况，改革开放三十年以来，当代文学的确精彩纷呈。如果请你对这三十年文学作一个总体评价，你会怎么评价呢？现在已进入一个数字化、网络化的时代，你对当代文学的发展前景怎么看呢？

答：我只能说一九七七年以来的三十年华语文学有很多精彩的时刻，这些作家的成就是不容我们用一两句话来抹杀的，也不容我们用一两句话就捧上云霄的。无原则的吹捧或无限上纲式的批评，我都没法接受。我还是要强调，过去三十年里很多值得骄傲的文学成就，不应该只限于大陆，我觉得在台湾、香港以及新马，甚至欧美华人社区的创作场域里，都有很多非常精彩的表现。我甚至有时候跟我的学生说，"五四"文学可能是被我们典范化、神话化了，其实我们拿过去二三十年里当代文学的精彩作品来跟"五四"文学作比较的话，可能有过之而无不及。但是"五四"文学时期是把文学当成一个神圣的、崇高的文化实践来看待，这个典范的意义已经逐渐地解构和播散了，所以当代作家或当代文学未必能享受到"五四"时期那样的荣誉或者争议。至于当代文学的发展前景，要看你怎么去定义文学了。如果就是我们用文字所铺陈的想象力的一种结晶，无论是对过去还是对当下或未来的想象，我觉得作为文明持续产生活力和发展的重要媒介，无论如何都是有生命力的。也许我们现在熟悉的文类会逐渐边缘化，甚至消失，但那并不代表广义的文学的消失。这一点我还是很乐观的。

问：对当代文学的总体评价其实也是多元的，既可以是主流意识形态的标准，也可以是民间的文学立场，比如像红楼梦奖这样的民间奖项，年复一年地延续下去，也就构成了对当代文学的一种评判。同样，官方的茅盾文学奖这么多年备受争议，可同样也构成了对当代文学的一种评判。

答：说到茅盾文学奖，我随便插几句。我想到几个问题，一个是茅盾这个名字本身在当代文学史、政治史上就有相当的寓意；二是无论是茅盾文学奖、老舍文学奖，还是鲁迅文学奖，每个人名字后面都有一套关于文学经典的标准，现在用茅盾的名字命名，其实是在召唤像茅盾那样的文学；三是这个奖其实是想证明一个文学存在的合法性和权威性。所以茅盾文学奖，不是一个简单的文学奖，有时甚至会造成一个反讽，尤其是在国外。之所以形成这样的现象，恰恰也说明了现在这个文学史的形成，也隐含了对“什么是文学”这个基本问题的质问。而这个问题，不只是一个理论的问题，或文学创作的问题，它更是一个政治的问题，在这个环境里面，它是一个跟所谓物质的、空间的实践有关系的问题，获奖之后，我相信会带来一系列可资利用的资源，所以这里面的问题，就不再只是文学的、纯粹的、审美的判断。我对茅盾曾经做过很多的研究，茅盾个人牵涉到的文学、政治还有后来的文化政治上的姿态，使得他所代表的意义，甚至比鲁迅文学奖、老舍文学奖还要大。我们可能得把它放在当代文化生产的大的语境考察，才能清楚地认识这个奖项。

问：我完全同意你的看法，也正是因为茅盾文学奖文化政治的意涵，才一直争议不断。先不说茅盾文学奖，如果我们把当代文学，尤其是九十年代以来的文学，放到世界文学语境中来考察，你觉得它们到底占据一个什么样的位置呢？就我个人的阅读来讲，我觉得有一部分作品是相当不错的，即使与一些诺贝尔文学奖获奖作品相比，也未必逊色。

答：先不说诺贝尔文学奖，就说这几年的美国国家图书奖，哈金就得过这个奖，或者英国布克奖的获奖作品，的确有一个回归写实的潮流。过去解构式的后现代的作品，包括元小说之类，已经发展到了一定的程度，不能不变了。现在西方很多优秀作品也都是在讲人情世故的故事。从这个意义上讲，中国作家是写得不错的，尤其是九十年代以来的一些重要作品写得非常不错，与国外作品比起来，我觉得完全不逊色。当然，能不能推到国际上，能不能在国际文学界占据一席之地，那是另外一回事。汉语与西方语言完全是两回事，这个牵涉到有没有一个好的翻译者。

问：我知道这方面你做了不少工作，组织了一系列的作品翻译，这个工作还在做吗？以后有机会我很想梳理一下当代文学的作家作品在北美翻译介绍的情况，这对我们了解当代文学在国际文学界的定位，进而反观自身，推动当代文学的发展，还是很有必要的。

答：你知道的，我和哥伦比亚大学出版社合作了很多年，他们协助翻译了很多作品，包括台湾、香港、大陆的都有。前几年我在哥伦比亚大学出版社主编出版的“中国文学翻译系列”，已经出版了陈染的《私人生活》、朱文的《我爱美元》、韩少功的《马桥词典》、叶兆言的《一九三七年的爱情》，还有王安忆的《长恨歌》。张爱玲的《海上花》、《流言》也都出了。台湾的作品也翻译出版了十来部，包括前卫的作品，如张大春的《野孩子》、朱天文的《荒人手记》，到正宗的吴浊流的《亚细亚的孤儿》、李乔的《寒夜》等，试图呈现丰富而多元的台湾经验。这些从量上来讲，已经是相当可观了。

问： 这批翻译作品市场反响如何？每每看到媒体上称某某作品的译本在西方引起巨大反响之类的报道，我总是心存疑惑。我曾经跟葛浩文在杜维明先生的寓所谈过当代文学的翻译问题，作为一个著名的中国文学翻译家，他也深感中国文学翻译的寂寞。让我感动的是，他依然坚持翻译作品的选择标准，还让我推荐了一批值得翻译的作品，如果能够多几位葛浩文这样的翻译家，我想中国当代文学进入西方视野的前景还是可期的。

答： 我们这批译作的品质相当的理想。《一九三七年的爱情》刚出来还引起一阵小小的轰动，当时就卖出去一些欧洲的版权。像张大春的《野孩子》，还登上了《纽约时报》和英国《经济学人》的书评版。这些书评作家每个月会收到成百上千本的新书，我们翻译的书能跃上这些版面，真的代表着品质的卓越。在销售数量上，每一本大概也都有五千到一万本左右的数字。确实，我们最在意的还是这批译作的翻译水准，采取绝对高标准的品管准则。不能去问立竿见影的文学效果，这是一项漫长但必须坚持的工作。任何外国文学要在西方（尤其是以美国为重心）的英文市场打开局面都不是件容易的事。很坦白地讲，别看英文市场虽然大，但英美读者阅读的趣味和口味其实是有限的。在市场上法文、德文、日文的作品翻译过去，同样也很难成为大众畅销读物。我们也不是做畅销书，只要持续地做，好的作品会永远留下来的。如果二三十年以后有一个读者从书架上找到王安忆的《长恨歌》，知道这是二十世纪九十年代中国文学的经典作品之一，那我会觉得很高兴。我觉得不需要急功近利，这是一个慢慢积累的结果，我会持续做下去的。我看重的是文学史的意义，未必一定会有文学市场的意义。我也很敬佩葛浩文多年来持之以恒地对中国文学的译介，他是美国头号的中国文学的translator（译者），尤其是对莫言持续关注，每本都翻译，现在还在翻译《生死疲劳》，葛浩文能这么积极地翻译，出版的途径已经相当畅通。有些作品，明摆着就是要赔钱的，比如王安忆《长恨歌》马上就要出了，那么大的部头，出版方肯定要赔钱的。

问：《长恨歌》是谁翻译的？

答：白睿文（Michel Berry）和陈毓贤。白睿文你可能认得，是我的学生。我告诉王安忆，对《长恨歌》的市场反响得有平常心。我可以讲讲这背后的故事，你们可以看到美国文学市场的绝妙之处。当时《上海宝贝》的译本出来，热热闹闹的，敲锣打鼓，但是卖得奇惨，因为《上海宝贝》出版的那个星期正好是“9·11”，谁有心情去关心这些东西啊！因为当时书商一直想做一本关于上海的小说，就发现了《上海宝贝》，然后又是拍电影之类，才突然蹿红，这是另外一回事了。我这个学生很有野心，他翻译完《长恨歌》后，通过经纪人试了二十来家美国的主流出版公司，每一家都看过王安忆的小说大纲，也看过前面的两章，就是没有一家明确表示要出版。更可笑的是，有的说第一章看不懂，小说第一章是讲上海的弄堂、鸽子什么的，有的说能不能删掉，有的说能不能重写，然后把小说的名字改一改，改成“上海女儿”、“上海小姐”、“上海沧桑”之类，只要有上海两个字就行了。有了《上海宝贝》就要有《上海小姐》，这不太可笑了吗？最可笑的是有人说你把它删成二百五十页我就出。当然这个学生非常沮丧，绕了一大圈，最后还是到哥伦比亚找我。我说这个忙我一定要帮，因为王安忆是好作家，这本书是好书。我打电话给哥伦比亚出版社，他们吓坏了，翻译出来的初稿有七百页，他们说我们肯定要赔钱，我说没问题，我们就照张爱玲的模式。张爱玲的《海上花》是我帮她重新整理的，找了香港的孔慧怡重翻的，张爱玲晚年真的是衰退了，她翻译得前言不搭后语。我们重新整理翻译之后，找了一笔赞助，顺利出版了，出得非常漂亮。《长恨歌》也许没有市场，但如果你问我九十年代大陆的小说哪一本有重要的意义，我想《长恨歌》绝对是其中的一本吧？我就以这个理由找了一万美金，跟哥大出版社谈妥了《长恨歌》的出版。《长恨歌》在法国是畅销书，可是我跟王安忆说，你在美国绝对不要想你的书能卖到一万本，美国人现在对当代中国文学没有这种消费的好奇心。一旦清楚了这一点，你也就不会有过高的期望了。

问：组织这种大规模的翻译系列，个中艰辛，也是一言难尽啊！这些翻译书的前面也会附上一篇导读吗？就像麦田出版公司“当代小说家系列”那样？

答：没有。在出版社的建议下，我们只会在前面用篇幅简短的说明，交代小说的背景，我们不想影响读者接近这些小说时的思考，让好的作品自己来说话。比如李乔的《寒夜》，我们只在书前附上一些关于客家人的习俗与相关历史背景说明。

问：我相信经过这样长期的积累，会逐步帮助西方读者认识中国文学，这些译本的文学史意义随着时间的流逝，也会越来越彰显出来。我们常常说“跨文化之桥”，你们的这些译作其实就是搭建了中外文学交流的桥梁，如果没有这个桥梁，中国文学要被西方所认识、所接纳，那真是不可想象的。

*本篇最初发表于《当代作家评论》二〇〇八年第五期。

抒情传统与中国现代性

王德威访谈录之四

问：你目前正在进行的一个课题是重新考察抒情传统和现代性的问题。你前不久在北大的系列演讲的题目就是“抒情传统与中国现代性”，讨论沈从文的三次启悟，从瞿秋白到陈映真所代表的红色抒情，江文也与胡兰成所代表的抒情传统与礼乐方案，还有李渝、白先勇、钟阿城的《江行初雪》、《游园惊梦》、《遍地风流》，等等。我没有机会聆听你的讲座，只看到你的讲义，但我知道你的抒情定义，与传统的定义很不一样，不是小悲小喜的抒发，而是希望把抒情还原到一个更悠远的文学史的脉络里去。昨天你已经提到了普实克提出的抒情和史诗的传统，那你的问题的提出，是不是从这里出发的呢？

答：可以这么说。一讲到抒情这个词，大家可能有不同的解读方式。通常我们讲到抒情，想到的首先是很个人主义，感伤的，有可能是小资的那种情调或者浪漫，对不对？但我做这个抒情主义，一个强烈的愿望就是想和抒情主义的另一个面向来作对话，也就是史诗。将抒情与史诗并置来讨论中国现代文学，最早是捷克一位非常重要的汉学家普实克的想法。李欧梵帮他编的那本论文集，书名就是“The Lyrical and the Epic”，我看到这本书也已经纳入到你们的译丛了。对于普实克来讲，中国现代文学以及文化的转变，正是从抒情的阶段转换到史诗的阶段。所谓抒情，指的是个人主体性的发现和解放的欲望；所谓史诗，指的是集体主体的诉求和团结革命的意志。据此，抒情与史诗并非一般文类的标签而已，而可延伸为话语模式、情感功能以及最重要的社会政治想象。对于普实克而言，这两种模式的辩证形成一代中国人定义、实践现代性的动力，而现代中国史记录了个别主体的发现到集体主体的肯定，从抒情到史诗的历程。普实克这个从抒情到史诗的法则其实暗含一个（伪）科学的假设和一个政治时间表，两者都与他的意识形态息息相关。不过，不必因普实克的盲点遮蔽他对中国文学现代化的洞见。我们的关怀在于他对现代中国文学抒情性的论点。普实克六十多年前提出这个观点的时候，的确有他强烈的意识形态的指称，他自己就是一个左倾的欧洲汉学家。我觉得时间过了六十多年了，我们对于中国文学现代性问题的考察，尤其是革命和启蒙的这个部分，已经做得非常精致和充实了。事实上，我们还有很多的面向有待探问，而这些面向不见得是史诗的或社会主义式的或集体的文学表征可以概括或回答的。所以，我想到这个抒情的问题，不能只是单独地讲抒情而已，它必须有一个对立面，也就是抒情与史诗之间的对话。

问：你是不是围绕抒情这个传统，来重新解构通常的抒情观念？那你所说的抒情或抒情主义，它与中国传统的文学史脉络又有什么关系呢？

答：可以这么说。我们所定义的抒情，不再局限于以十九世纪传到中国的浪漫主义为主轴的抒情主义。事实上，浪漫主义对于抒情的定义一旦到了中国也发生了很大的变化，浪漫主义的兴起原本是和欧洲的社会政治息息相关的。这个我们暂且不谈。我想要强调的抒情主义，恰恰想回到我所召唤的中国传统文学或文论里面关于抒情的表述，我想到的线索至少包括了《楚辞·九章》里面诗“发愤以抒情”的问题。这个抒情，不再只是简单的小悲小喜，当屈原“发愤以抒情”的时候，已经是一种愤怒的抒情，它中间有强烈的张力，值得我们来扩充。此外，也包括了儒家从《论语》以来的诗教里面所产生的对于礼、乐的一种完满的乌托邦式的憧憬。那是一种大型的、对抒情的一种向往或陈述。还有老庄道家的哲学，魏晋以来的美学，陆机《文赋》的“诗缘情而绮靡”，等等，都包含了抒情主义的问题。一直到《红楼梦》，都可以从抒情的角度来解读。当然，这是我想象的比较复杂的抒情的一个层面。所以，我在用抒情这个词的时候，不再只是把它当作抒情诗歌，也把它当作一个审美的观念，一种生活形态的可能性。你看六朝的整个近四百年间，那么混乱的历史时局里面却焕发出一个最精彩的、具有开创性意义的美学空间，在那个时空中，抒情是一个生活实践的层面，也可以是一个政治对话的方式。因此，我觉得中国文学史与文化史的发展，不应该像普实克所概括的那样，那么简单地从抒情到史诗，从个人到集体，等等，我觉得不可取。一般以为二十世纪中国文学的典范不外乎革命与启蒙，这一典范的声音标记可以以鲁迅的“呐喊”为代表。相形之下，抒情话语要么被贬为与时代的历史意识无关，要么被看作现实主义律令以外的小道。这是一种误解。在文学的场域中，即使是在史诗的时代，也不能阻挡有非常抒情的声音出现，比如革命党人瞿秋白的散文或毛泽东的诗歌也是有抒情的面向的，反过来，即使像沈从文这样的作家，当他刻意采取抒情姿态的时候，无疑也是一种政治表白。沈从文四十年代写作《长河》的时候，很多抒情文字其实是很无奈地对当时政治上的一种表态方式。对我来说，抒情这个词并没有什么价值判断，没有好或坏、是或非的问题，我只是希望把抒情这个词当作我们审视现代文学史的另外一个界面，透过这个界面，我们可以看到许许多多的中国作家的抒情面向与史诗面向的来回交错。大家熟悉的何其芳、卞之琳、冯至这些抒情诗人，经过时代的大变动之后，也可以成为一个史诗的吹号角者，对不对？或者像周作人，这个抒情的面向却让他最后抛弃了对国族主义的信仰，成为一个汉奸。同样，胡兰成这样的作家，是一个不折不扣的抒情主义的代言人，他的传承来自他特别怪异的对儒家抒情美学的解释。当然，说到胡兰成，我们第一个想到的是他是张爱玲的前夫，第二个想到的是他是汉奸，就这两点，我们就不能承认他在文学史上的位置。但是，如果我们换一个角度，把他和其他抒情的发生者的成绩合在一起的话，我们会很惊讶，中国“五四”后的现代性发展，真是让我们叹为观止。在各种层面上，我们的作家都有不同的对中国想象的可能性。

问：你所说的抒情的面向既解构了抒情与史诗的简单划分，也给我们的现代文学史研究提供了一个新的契机，打开了一个新的空间。你在北大的演讲总共八讲，这八讲的设计基本上也是沿着这个思路吧？

答：对的。抒情在希腊文学传统里，本来就是跟史诗相对的，可是后来对抒情的理解过于狭隘了，我刚才说了，它可能是郁忿之情，也可能是耽美之情，其实是很丰富的。从文类的角度来看，原来把抒情和诗等量齐观，诗是所有文学创作的核心，是最精致的文字，如果诗是文学创作中最精致的核心，那么我们是不是要问抒情与文学的关系？什么才是文学？在一个史诗时代，我们如何为文学（或者说抒情）寻找定位？还是回到二十世纪中国文学的传统，如果从审美的观照来讲的话，抒情的对立面可能是写实或现实主义；如果从意识形态的观照来讲的话，抒情的对立面可能是革命和启蒙。我们可以把抒情分成不同层次，这就和我的八个讲座的设计联系起来了。先是导论，重新梳理抒情主义与抒情传统。如果我们现在所理解的文学现代性是以启蒙为标准，以革命作为力量的展现，那么国家则成为文学最后的对应面。以此观之，我觉得每一个抒情的层面其实都可以提出一个抒情的反驳来，所以第二讲就是谈沈从文的启悟，而不是启蒙。第三讲，则讲革命过程中所产生的各种抒情的可能性。第四讲呢，则是讲抒情主义跟国家的关系，我有两个反面的例子，一个是胡兰成，一个是江文也。第五讲，海外中国学的抒情视野，是围绕夏志清、普实克的问题展开的讨论。第六讲把这个问题进一步扩大，讲的是历史创伤和抒情的问题。第七讲是想象中国的方法，是以小说史研究中的一个讨论。最后一讲是诗人之死，恰恰是把问题拉回到原点，就是到了二十世纪末，文学到底是什么东西？诗人都已经自杀，除死亡美学外，抒情诗在世纪之交还能够承诺什么，不能承诺什么？

问：嗯，我理解你的意思了，你要考察的是所谓抒情主义的复杂面向，它已经不是习惯意义上的简单的情感抒发，而是牵扯到中国现代性建构中的另类视野的问题。

答：对我来讲，这个抒情也有一个反讽向度的文类。二十世纪五十年代，西方重要的批评家诺思罗普·弗莱（Northrop Frye）的《批评的剖析》就讲到抒情作为一个文类的特征，它正好和反讽是相对的，其实是具有戏剧性的一个层面。你一旦要抒情，就得把自己架构在一个美学的审美的状态里面，这个架构在文字方面表现为怎么操作语言。抒情诗不是想写就能写出来的，你或者依循格律，或者打破格律，反正创作的时候必须有一个configuration，就是架构。这是任何艺术创作都要面临的重要问题，也就是形式的问题。你利用声音、文字，还有审美的各种资源，把它们架构起来，从而形成抒情诗或者文学。这恰恰是社会活动里面最精致的一个面向。文学这个东西没有实际的用途，它的用途就是告诉你我用文字这个东西可以操作，可以建构出一个你原来想不到的可能性，以此类推，繁复地衍生，所以从抒情的面向切入，我也在问自己到底想要做什么。也许，我无非问的就是到了二十一世纪，文学到底还有什么用。启蒙和革命已经不再讲了，这个抒情也许还可以开拓出新的面向。而且，特别有意思的是抒情这个面向充满了争议性，人家会说你果然是小资的情调，果然是王德威式的抒情，可是他们忽略了抒情的复杂面向，鲁迅的《野草》，毛泽东的诗词，你不用抒情主义来讲怎么讲得好？我美国的同事，尤其是左翼同事，也会说这个东西不是太小资了吗，我立刻说，No，你们所喜欢的现代西方两大马克思主义理论家都讲过抒情问题，想想看本雅明的《发达资本主义时代的抒情诗人》，讲波德莱尔，对不对？波德莱尔是处在西方十九世纪五十年代资本主义发生转折的那个点上，我们不能老讲波德莱尔啊，中国有的是抒情诗人，我们可以从任何一个抒情诗人切入，去讲中国历史的那个点上抒情所带出来的不同的反驳。另一个理论家是阿多诺，他讲那个Negative Dialektik，反面辩证法。

问：这里译成“否定的辩证法”。

答：否定的辩证法，他讲的抒情诗是否定辩证法最好的例子，毫无用处，完全是过去资本主义时代的文类。我将来可以写文章把这些思想串联起来。当然最后还是回到普实克，还有谁比普实克在那个时代“又红又专”呢？普实克承认现代中国的抒情充满西方（和日本）浪漫主义与个人主义的特征，但他对中国古典诗学和情性的传承一样念兹在兹。他认为，无论现代中国文人如何放肆、反传统，他们毕竟从古典文学中，尤其是古典诗词和诗学话语中，继承一种书写风格，以及塑造现代主体性的特别姿态。所以，他告诉我们，中国的抒情主义的面向有两面，一面是西方的浪漫主义所带来的抒情的传统，另外一面是中国古典文学的传统。“五四”那一代人，其实都是从古典传统里出来的，怎么可能完全丢掉呢？所以，我把普实克的观点稍微地扭转一下，为我所用，而且我认为关于抒情主义的问题如果不推向中国古典的抒情传统，你是没法做得深透的。我现在最大的挑战就是对古典的抒情脉络至少要稍微地整理一下，那实在是太丰富了，我自己感觉学到了很多。

问：我感觉，当你从抒情主义重新切入古典抒情传统的时候，已经不再是那种简单化的情感抒发或抒情表现，也并不等同于西方的浪漫主义，而是你所说的一种文类特征，一种美学观照，一种生活风格，甚至一种政治立场，所以你才说抒情应当被视为中国文人和知识分子面对现实、建构另类现代视野的重要资源。

答：正是如此。西方的浪漫主义所理解的抒情其实很窄，就是郭沫若所接受的那种浪漫主义传统。而从广义上来理解，尤其是回到中国的抒情源头来讲，抒情包括了太多可以操作的议题。我现在最感兴趣的是“五四”一代和六朝的比较。我前面也提到，六朝黑暗混乱的四百年，却是中国美学萌芽的黄金时代，中国所有的书法美学、音乐美学等等，都开始了它的辉煌。六朝的时候，异国的东西开始进来，还有佛教东传，绝对是中国思想大裂变的时期。我查过很多诗人的生卒年月，那时活过五十岁的人真是不多啊！生逢乱世，这些诗人的抒情美学中不可讳言地投射了自己的心曲。与此相似，二十世纪也是战乱频仍，运动不断，够乱的，但同时也是中外文化大交汇的世纪，尤其是“五四”时期，外国文学与文化一下子涌入中国，推动了“五四”成为中国式的文艺复兴。有意思的是，“五四”的一些作家并没有忘记六朝，反而心有神会，鲁迅写魏晋的问题，周作人对晚明的思考，还有朱光潜和宗白华对六朝美学的重新关注，等等。所以，我现在做的这个课题不见得可以做出什么了不得的成果，但我觉得是很有意义的话题。

问：你说的重审抒情主义的思想，真的别具洞见，那能不能选择一个个案略加阐发呢？比如你的第四讲“抒情主义与礼乐方案”讲到了江文也。说实话，这个名字对很多人来说是很陌生的。我也是你提到之后，才去找些资料看，知道他是一个著名的作曲家、诗人，出生于受殖民统治的台湾，在日本生活过很长时间，拿的是日本护照。一九三八年来到北京，从此留下来，历经了种种劫难，被打成右派，也经历了“文革”，一九八三年在北京去世。他的意识形态立场并不可取，与日本帝国主义政治纠缠不清，可他一九三九年的管弦乐《孔庙大成乐章》却代表了中国现代音乐史的突破，试图以这首乐曲来呈现儒家哲学最深刻的层面，以儒家的礼乐之道来表现中华文明的本质。大陆好像很少有人关注到江文也，倒是台湾开过专门的纪念会，还出版过纪念文集。对于这么一位极为复杂的人物，你是如何从抒情主义的角度来阐述的呢？为什么你会把江文也的音乐、诗歌和乐论视为三四十年代中国抒情话语的一部分呢？

答：关于江文也，我已经写过一篇三万多字的长文《史诗时代的抒情声音：江文也的音乐与诗歌》，这里我再简单地阐述一下。我前面说了，抒情与史诗不应该成为互相排斥的概念，将中国抒情化的实验，即使在革命文学最兴旺的时候也不绝如缕，比如卞之琳、何其芳遥拟晚唐颓靡风格的诗歌试验，周作人对晚明文人文化的欣赏，梁宗岱在象征主义和古典中国兴的观念的影响下对纯诗的提倡，沈从文对《楚辞》世界的向往，胡兰成对《诗经》田园景象和儒家诗学的政治阐释。最重要的是，现代中国抒情写作能够成其大者，无不也是精心操作语言并用以呈现内心和世界图景的好手。当现实主义者把语言视为反映现实、批判历史的透明工具，抒情作家们借着精致的文字形式，接引象征体系，他们因此能在亦步亦趋的模拟现实主义以外，开出无限可能。通过声音和语言的精心建构，抒情主义赋予历史混沌一个（想象的）形式，并从人间偶然中勘出美学和伦理的秩序，由是肯定了人文精神的基本要义。而江文也构想现代音乐与诗歌的方式引导我们思考一个更广的课题，即抒情想象与中国现代性的关联。我认为江文也的音乐、诗歌和乐论应当被视为三四十年代中国抒情话语的一部分，正因为他暧昧的国族身份和对中国现代文化界迟到的参与，江文也对中国音乐和诗歌的推动特别是儒家诗学和乐论反而提供给我们一个独特角度，将中国现代文学作陌生化的处理。他的例子凸显了在一个号召史诗的时代里，任何抒情中国的想象所必须承担的变量和风险。作为一个音乐家，江文也比他的文学同行更能理解音乐和诗歌之间的密切关联。孔子的名言“兴于诗，立于礼，成于乐”或许可以为江文也的思想——诗是音乐的延伸，是中和之声的文字拟态——提供一个基础。我认为江文也对中国现代音乐和诗歌的贡献之一即在于他穿梭于传统间，并通过自己的音乐实验来调和异同，通过古典传统提倡音乐与抒情现代性的声音。对他而言，现实无法呈现自身，它是被呈现的。通过抒情的模式描述中国现实，不仅质疑了现实主义的优越地位，也同时重划了抒情传统的界限。在融会修辞、声音形式和主题内容的时候，他试图模塑人类情感无限复杂的向度，以因应任何道德、政治秩序的内在矛盾。抒情话语使他将语言与声音的创造性和人类知觉的自由性置于优先地位。他对诗歌与音乐表现的强调，肯定了作家和艺术家形诸世界的选择。的确，这种抒情性难以在一个要求史诗的时代存活。当爱国主义和革命精神占据主导地位时，对于法悦的沉思注定显得无关紧要。由于江文也的国族身份不明和他对历史危机的超然姿态，他的抒情主义更具有双重脆弱性。从江文也这里，我们可以再一次看到，或许现代中国文学和艺术最特殊之处不是从抒情迈向史诗的进展——这样的时间表到了上个世纪末似乎已然失效——而是尽管史诗的呼唤撼天动地，抒情的声音却仍然不绝于耳。因此，我们对史诗时代的抒情声音的考察，就是对中国音乐和文学现代性中看似脆弱却最具思辨力量的那个部分的考察。

问： 你越过了文学的场域，从音乐的场域中论述江文也的抒情方案和现代中国史诗话语的关联，这让你的“抒情传统与中国现代性”的命题具有更丰富的内涵和更普遍的意义。江文也的一生也真是颇有悲剧性，他透过音乐的创作，表达了一个殖民之子在异乡对原乡的呼唤，通过音乐与诗，这位现代主义者在史诗的洪流中构建了自己的抒情之岛。那么你这本书除了已经提到的，还包括什么内容？

答： 英文书我现在还在写，刚写完台静农的一章，我还准备把张爱玲和胡兰成放在一起合写一章，写他们彼此的对话，一直写到五十年代。其中肯定会评到《山河岁月》，那是不能回避的。我所定义的抒情主义不见得是有价值取向的，抒情这个东西是很slippery，很滑的东西。我还计划写关于费穆和梅兰芳的一章。梅兰芳是把京剧美学化、抒情化的一个关键性的角色，而费穆，我们通常会说他是电影诗人或者说他是最有中国电影美学传承意识的电影制作者，其实他就一个《小城之春》是最受大家重视的。讲这部电影的人很多，真正用英文把它写出来的并不多，我很想重新讨论一下。费穆的抒情问题可以把它做成传统定义中有点病态的小资的审美抒情，这绝对是抒情的一部分，不用否认。之所以把费穆和梅兰芳放到一起，是因为我偶然发现费穆跟梅兰芳曾经合作拍摄了中国第一部彩色电影《生死恨》，那是一九四八年。这个一九四八年太值得写了，老舍的《四世同堂》和钱锺书的《谈艺录》也是在那一年写完或出版的。我后来想，费穆也许正是通过梅兰芳，经过梅兰芳的媒介，才想到把中国传统的剧场美学转化为电影美学的。

问：这是一个非常丰富的话题，我很期待你的新书早日问世，你的每本书都会给我们带来新的惊喜。说到梅兰芳，你自己也是京剧粉丝，所以我想到梅兰芳和京剧正好是现在比较时髦的性别论述理论的一个很好的个案，而且性别论述跟国家论述的关系本身就是一个意味深长的话题。王斑的《历史的崇高形象》里就谈到国家论述与体魄美学的关系。

答：这的确是个很重要也很复杂的问题。我一直很关注性别与性别表演、性别与文类之间的关系，我关心的是如何以性别的身份，来描述国家的身份，中国到底是男性还是女性，性别再现与国家性别之间呈现出什么样的对应关系。我是从鲁迅《论照相之类》开始我的讨论的。我们都知道鲁迅的著名论述，他说："我们中国的最伟大最永久的艺术是男人扮女人。异性大抵相爱。太监只能使别人放心，决没有人爱他，因为他是无性了，——假使我用了这'无'字还不算什么语病。然而也就可见虽然最难放心，但是最可贵的是男人扮女人了，因为从两性看来，都近于异性，男人看见'扮女人'，女人看见'男人扮'，所以这就永远挂在照相馆的玻璃窗里，挂在国民的心中。”鲁迅从性别表演的扮装过程，产生了一种再现中国人、再现中国民族性的危机。在舞台上，在照相馆橱窗里，人们可能看到一个风华绝代的女子，仔细分辨竟是男人所扮，这里所产生的性别认同的犹疑，以及随之而来的焦虑（“她”到底是什么性别），让鲁迅非常关心，因为在这个不男不女的两性之间，有一个幽灵似的第三种性别，逐渐流窜于一般的对性别的区分及认同的过程中。而戏剧的再现，也是一个危险的过程，舞台上的种种现象，似乎应该是假的，但是，在最精妙的扮演里，假可以成真，往往在观赏时，人们已经分不清真假。对这样一种男人与女人之间由于扮装表演所产生的认同危机，可以附会到鲁迅对中国现实性更大的关怀，鲁迅对中国现实与现实性的认知和在现实生活中遇到的种种虚实难分、真假难断的现象，有无限犹疑。比如著名的砍头事件，一九〇六年鲁迅在日本仙台一所学校读书，看到关于中国人砍头的幻灯片，中国人居然能够不动声色地看血淋淋的砍头场面，把一个真实的同胞即将受难的场面当作是一场前所未有的血腥大戏，这让鲁迅极为震惊。而梅兰芳或当时的旦角在舞台上的形象，明明是假的，是男人扮的女人，却仍把角色本身当作是货真价实的女人。这些真假难辨的效果，成为鲁迅批判中国现实时让他难以释怀的问题。鲁迅关心的是，中国人的民族性，中国的性别到底是什么。到底是男性做代表，还是女性做代表。中国的阳刚气质是否因为在反串扮装表演过程中，不断被妥协、分化，乃至被瓦解。在这种情形下，要如何呼唤出一代新国民以及新的国家主体的诞生。

问：鲁迅之所以如此敏感，当然是出于他现实关怀的立场。就像你说的那样，在角色扮演过程中，角色反串在正常的性别之外创造了一个难以捉摸的第三性，以至于模糊了一清二楚的现实，解构了通常认为理所当然的现代性的实践。其实，这种角色反串，并非中国特有的产物，而且从性别论述的角度来看，正是性别反串，才创造了更多的性别论述的可能性。

答：训练男童成为旦角，这一直是中国戏曲的大宗。男旦需要从很小就开始训练。相对于自然成长的生理过程，男旦的训练非常艰苦，风险也很高。青春期前，童音清亮，能扮演精致的女性唱腔，以假乱真。一旦十三四岁进入青春期，声腔、喉带开始变厚变宽，发音共鸣腔部位下降，这时的很多旦角“倒嗓”没有调理好，逐渐不能控制发声部位，声音变得浑厚，就只能沦为次要角色，之前的训练化为乌有。在西方也有类似传统。十八世纪以来，西方训练歌剧女高音时，也常在男童中寻找资质可造就的演唱者，但一旦他们到了十三四岁，师傅们就要发愁了，训练了几年，眼看着声音越来越难听，如何继续扮演女生呢？他们就把这些男童阉割了，这样一来，声音因为生理上的变化，就维持在原来声腔窄而薄的偏近于女性的声音，这是西方音乐史上的惨烈事实。相形之下，中国的男旦如梅兰芳、程砚秋最后都子孙满堂，还是很幸运的。这个训练过程隐含着性别以及政治上的暧昧性，也就是说，如果西方的这些美声阉伶是无性的，是第三性的话，中国的男旦却是正常男人，在表演和日常生活中，他们必须不断游移在两种性别之间，舞台上是风华绝代的杨贵妃，实际生活中却是七尺昂扬的须眉汉子。如何悠游在男性与女性、社会与伦理的界限之间？此外，这些旦角如何勾引出剧场观众潜藏的不同的性别欲望？梅兰芳、程砚秋在舞台上的扮相美艳，理论上应该吸引男性观众，但同时却也吸引了女性观众。男性看见的是舞台上的女人，而女性观众看到的是女人身上潜藏的男人，两者之间的骚动产生了性别、欲望的流转，如何附会、投注于人们的想象？从声音政治和音乐政治上，性别再次成为很重要的问题。

问：这也就难怪鲁迅一直对京剧冷嘲热讽，他虽住在北京很多年，可从未进入京剧界。一个写《呐喊》的作家，确实很难忍受什么《黛玉葬花》、《霸王别姬》。

答：所以一九三四年十一月，鲁迅连写了两篇《略论梅兰芳及其他》，直指当时的伶界大王、中国戏曲界的天皇巨星梅兰芳。当时梅兰芳正代表中国周游列国，盛装出行苏联。这对当时呈现左倾迹象的鲁迅来说，不可容忍，这样一个不男不女、年岁不小的中年男子，居然要化妆成娇美的女子，代表中国的国粹，代表中国的表演艺术，跑到刚刚革命成功、现在是工农兵的“天堂”那里去表演。而且，梅兰芳一九三四年八月接受访问时提到，他的艺术是所谓表演的象征艺术，这更让鲁迅怒不可遏，在一片批判现实或写实的风潮中，居然有个他认为已经过气的男旦跳出来说自己在表演象征艺术，这对中国现实是何等的反讽。所以，鲁迅才接连写下两篇文章，郑重声明兼讽刺批判。

问：那么从抒情主义的角度来看，你如何评说梅兰芳呢？

答：鲁迅不喜欢京剧呀呀哎哎的声音和梅兰芳有他的道理。当时北京戏园子的陋规，戏馆的嘈杂，确实糟糕。从这个角度看，梅兰芳改革京剧的贡献不能小看。当然，当时他身边有一群文人，尤其是那些遗老型的文化人，是民族风格的推倡者，对梅兰芳影响不小。比如齐如山，江文也的老师、苏联人齐尔品（Alexander Tcherepnin）的义父，就是梅兰芳的智囊。齐如山透过梅兰芳所做的一些中国人的体魄实验，就是很有意义的。当然，这是题外话了。在一个崇尚穿西装的现代中国，梅兰芳的工作是反其道而行之的，他有意无意中把中国传统剧场的审美或美学完全精致化了。这当然是旁边一帮人帮他出的主意，他一个男旦，不可能有那么大的抱负。各个国家都有各自的剧场传统，唯独中国的这个传统，经过齐如山等人的打造，把京剧变成了国剧，国剧不足就成了国粹。这就不得了了，国粹就是national essence，似乎只要问中华民族有什么东西，那就是梅兰芳。我们刚才讲到的抒情有一个剧场的联想，抒情是你要进入那个状态，你才能抒情。梅兰芳借助于京剧和剧场，进入到了抒情的状态。抒情完了就是合法性的问题了。有人说，不能这样抒情的，梅兰芳的"黛玉葬花"扭扭捏捏的，怎么代表中国的民族性？这是一个我想探讨的问题。

问：那么费穆呢？

答：我现在就倒回来讲费穆跟《生死恨》。一九四六年梅兰芳复出，抗战期间梅兰芳留了胡子，这是抒情美学的最大反讽。日本人叫他去演戏，梅兰芳不干，最后在报纸上登了一张照片，留了胡子，用生理上的男性特征完全把那个抒情美学的国粹解构掉了。这正是我所说的史诗时代（抗战）的抒情姿态，这个抒情姿态是完全的自我逆转。这个过程很复杂，也很有趣。抗战之后，梅兰芳和费穆合作京剧《生死恨》，故事来自宋代话本，讲金兵入侵北宋的时候一对夫妻离乱的故事，隐含了非常强烈的民族意识。这也是在史诗时代用韩玉娘的故事讲女性的问题。所以，我认为梅兰芳跟费穆两个人都是有想法的，我们讨论三四十年代的抒情美学或抒情声音的话，不能回避史诗的问题。史诗时代与抒情美学两者之间激烈的张力，还有最后互相的毁灭，着实惊心动魄。我想梅兰芳用性别的问题，用剧场演出的身份认同的问题，来提醒我们抒情美学的一个面向，这个面向跟舞台、跟表演艺术有关。

问：那费穆和梅兰芳这一章正好跟前面的江文也、沈从文等一脉相承，共同演绎出中国现代的抒情传统。

答：对。其实我每一章都谈论一个抒情的向度，比方说梅兰芳是剧场的问题，费穆是视觉的电影美学的问题，江文也是音乐的问题，刚做完的台静农是书法的问题，还有林风眠是绘画的问题，等等。最后的问题浓缩到我们二十世纪最重要的史诗的一刻，那就是一九四九年。我就要问，这些人在一九四九年前夕和之后，他们如果是秉持着某种程度的抒情想象的美学的话，那在一个史诗性的政权、一个史诗时代中，他们作什么样的选择？他们又面临什么样的结局？

问： 你曾经提到过，你很关注四五十年代作家如何选择的问题，他们在一种文学的、历史的、政治的复杂互动中，一方面要生存，要适应新的史诗时代，另一方面又怀抱某种诗学理想，两者之间的激烈矛盾，给很多人的后半生带来了悲剧性的结局。这个问题其实已经融入“抒情传统与中国现代性”的讨论了吧？

答： 对，其实融在里面，这些人各个不同，可是最危险的恰恰都是要坚持自己的理想。比如“沈从文的三次启悟”就讲，一九四九年他自杀未遂，还得活下去啊，怎么办？我作了很多考证，用了一些蛮巧的材料，就是一九五七年五月一日，沈从文住在上海外白渡桥旁边的一个大厦九楼，他从楼上往下看那个“五一”劳动节的游行。那天正好是《中国共产党中央委员会关于整风运动的指示》在《人民日报》发表，全党整风从此开始，拉开了反右运动的帷幕。沈从文那天晚上就写了一封信给张兆和，还画了三张画，画的是“五一”那天外白渡桥所见。我觉得这是一个线索，他用那样的方式作了一个对自我的宣言，不能再有文学了！以后的故事就得从那本服饰史再开始了。

问： 沈从文的故事很动人，那几幅画我在《从文家书》里看到过。从你的这个做法，我想到了以诗证史的说法，其实你不是简单地以诗证史，而是着眼于诗学和历史的辩证。

答： 诗学和历史的辩证，确实是我一直的兴趣，历史的幽魂飘荡于文学的场域，摆脱不掉。

问：最能代表你相关研究与思考的，应该是《历史与怪兽》吧？

答：可以这么说。台湾版的中译本收了四篇文章，而英文本有八篇。后来想想也罢，没什么了不起的，我这些东西再过几十年也就忘掉了，只是做的时候很快乐，胆子很大，我就用这个怪兽性和现代性，Monstrosity and Modernity，来串联起很多的问题。你看这两个词的发音都很相似哦。阿多诺早就说过，任何一个文明都是野蛮的历史，他这个观念有很多的隐射在里面。后来觉得很恰当，二十世纪各种恐怖，真的层出不穷。做完《历史与怪兽》，我觉得应该正视审美的话题了，这是另一种挑战，所以才转向了抒情传统。

问：这本《历史与怪兽》四章看起来各自为政，其实还是可以看到相互之间若即若离的贯穿主线，那就是呈现文学纪恶的种种吊诡，讨论文学、历史与恶的互动。你怎么会想到梼杌这个形象，进而使之成为贯穿全篇的一个意象的呢？

答：找到梼杌这个怪兽纯粹是偶然，有一次看古典的东西偶然看到，一下子就想到，这不正是我要讲的Monstrosity吗？梼杌是《神异经》里面的怪兽，人面，虎足，猪身，有一个很长的尾巴，后来成了神话里的一个母题，然后再从怪兽变成人，成为恶人的隐射。对我来讲，历史有如怪兽一般，非理性的难以归纳的成分总是存在的，我所处理的重点是偏重在恶这个层次上。每一个章节都触及了历史中的某些主题与关键年代，但在梳理之后，我又把这样的关键年代给打破掉。每一个时空都是反关键的时空，每一个创作时刻才是关键时刻。比如其中《魂兮归来》一章处理鬼魂或魂兮归来的现象。我觉得二十世纪末两岸三地的小说创作中，鬼影绰绰。我所关心的是，小说中的鬼魂是在怎样的社会与文化语境中出现，它又跟写实传统呈现着怎样的对话姿态与张力。而《革命加恋爱》这章，则处理了左翼传统中作家如何书写色相情欲、意识形态、政治行动的关系，我希望将公领域与私领域中不断交错的过程处理得细致一些，比如说白薇，她是为了恋爱才去革命的，不是因为革命才去恋爱，在爱到最极端的时候，她从她的爱人，也是一位左翼的诗人杨骚身上传染了淋病，仿佛为她的政治、情欲探险，付出了身体的代价。这种环绕在爱情、疾病与政治之间的纠葛，是我极有兴趣的命题。所以我想，虽然左翼文学是中国现代文学一个重要的传统，但以往从制度史、作家的思想风格等方式去进行的研究似乎已经走到一个关口，也许从不同的路径还能挖掘出新的可能出来。

问：再谈一个问题，你的文学史研究从晚清一直延续到当代，你也谈到二十世纪末的小说和晚清小说的特征颇多相似，是不是中国的现代化经过了一百年后又回到了一个原点。你的《被压抑的现代性》的最后一章从晚清小说的多重现代性，转向当代文坛，通过对八十年代以来大陆、台湾、香港和海外代表作品的考察，试图表明中国文学已然重拾晚清即已开始、至今尚未完成的发明现代的工作。晚清小说所包含的被压抑的多重现代性，是不是在二十世纪末的中文小说里重新浮出历史地表？你写完《被压抑的现代性》已经又过了十年，你现在对晚清文学与现代性的观点有什么发展吗？

答：你也知道，我一开始研究的范畴是二十世纪三十年代到四十年代，也就是“五四”之后那段时期的文学、历史和政治之间的互动。《抒情传统与中国现代性》是探讨四五十年代国共分裂之后，作家、艺术家和知识分子的抉择问题。《当代小说二十家》则是讨论当下华语文学创作的得与失。我觉得要弄清现代文学的发展，必须回到晚清，也要兼顾当代，首尾呼应，这样才能看出这个时代错综复杂的脉络。《被压抑的现代性》的序言里，我谈到晚清复杂的文学面貌、晚清文学种种不可思议的实验，都不是“五四”那一代所能够企及的。如果没有晚清的《海上花列传》，怎么会有后来的张爱玲？如果没有晚清的《二十年目睹之怪现状》，又怎么可能有三十年代鲁迅、张天翼、吴组缃这么一个批判现实主义的传统呢？晚清文学所建构的庞大的所谓正义问题，后来在革命小说、革命话语里都逐渐作出曲折的诠释。晚清其实有很多文学、思想、文化的资源，提供了我们理解“五四”时代的最重要的线索。“五四”与“五四”文学后来是被典范化了，我写《被压抑的现代性》主要就是想作一个相反的观察，我认为“五四”固然重要，但是晚清一样重要，你能从中看出整个文学、文化史里非常微妙、细腻、辗转周折的改变。我说二十世纪末的文学与晚清的相似，并非说是文学史的简单重复，我也从来不相信历史会重演，因为历史不是录像带，也不是DVD，你绝不可能倒带回放。但你从历史的每一个点倒回去看，你都会看出一些问题来，从而形成对文学史的看法。你问我现在过了十年了，我的问题是否还有它的ability（能力）。我借晚清小说提出了四个有关现代性论述的问题，就是“What is truth? What is justice? What is desire? What is value?”（何为真理？何为正义？何为欲望？何为价值？）分别讨论科幻小说、侠义公案小说、欲望和身体的问题，等等。这些问题到了二〇〇七年仍然大有可为。如果我有时间的话，我应该改写我的最后一章。我真的觉得这个历史的鬼魅，这个历史到底是除魅，还是招魂？有的是刻意地招魂，有的是不请自来，反正晚清的幽灵全部都回到了当下。晚清时候的国族主义这样的问题，与世界沟通的问题，到现在我们还是在里面打转转。从这个意义上讲，我才说余华太像晚清时代的作家了，并不是中国经过一百年后又回到了起点，而是说晚清现代性的很多命题至今依然有效，这是值得我们深思的。

问：我一直很欣赏你在文本细读的过程中对西方理论的灵活化用，福柯的话语理论，布尔迪厄的文化生产理论，巴赫金的对话理论，热奈特的叙事理论，等等，如水中之盐，渗透于文章之中，却又无迹可寻。理论穿透与文本细读的完美融合，给你的著作带来一种特殊的魅力。很多时候我们看到的更多是对西方理论的生搬硬套。你如何看待对西方理论的借鉴和运用呢？最后我想问的是，作为一个文学史的研究者，你觉得如何体现对文化的参与呢？

答：我早就说过，我们对任何理论、任何方法，不应该只是人云亦云的推崇或贬斥，它的合法性应该建立在其是否能增进我们对某一文学现象的了解之上。我经常讲一个笑话，这个女孩子最理解了，你买了一个名牌的衣服，巴不得把名牌反穿，让人家看出你买了一个Dior之类的东西。不要忘了，还有很多名牌故意把标签做得很大，像那个Gucci就是这样。我觉得西方理论的运用也是这样，理论操作中没两下子就把理论的牌子亮出来了，不是很可笑吗？理论本来就是为我所用的嘛，我最反感借助西方的理论话语来批评中国怎么样怎么样。到了二〇〇七年，我觉得理论风潮已经过去了，现在不会动辄祭出理论招牌了吧？至于文化参与，它的方式应该有很多种，我认为以我的个性与愿意着力的方法来说，做好研究的专业性是比较能够胜任的一种参与方式。对我而言，保持一种清醒而警觉的研究视角，厘清学术与外部的批评距离，写出好的学术著作，等等，都可算是一种参与。只要我能扮演好这个角色，就能够对文化产生正面的影响。现在跨国与理论旅行的问题，已经让我们无可避免地要面对没有所谓纯粹性的问题了。对西方主流的理论话语，我们所能做的就是批判性的转化。这十多年来，西方的文学理论也陷入沉寂，已经很久没有新的理论话语出现，其实这也是一个契机，我们可以重新返回扎实的文本研究，进行细腻的专业的研究累积，以我们的努力真正丰富文学研究史的研究，发出我们的学术之声。

问：好的，今天谈得够多的了，你辛苦了！我想那句老话用在这里特别贴切：“与君一席话，胜读十年书。”谢谢你！

答：哪里哪里，不客气，希望下次我们还有机会像这样聊天。

*本篇最初发表于《书城》二〇〇八年第六期。

我译故我在

葛浩文访谈录

二〇〇九年三月，葛浩文（Howard Goldblatt）来苏州参加第二届中英文学翻译研讨班，我说好请他和阎连科、毕飞宇、盛可以，还有蓝诗玲（Julia Lovell）吃饭。那天在凯莱酒店大堂匆匆握手见面，连寒暄都免了，他是主事者之一，忙得不可开交。我和连科他们回房间边聊边等，可左等右等，总是不见他的踪影，我们只得先去吃饭的地方，留了学生等着陪他过来。幸好我订的饭店“土灶馆”就在凯莱酒店对面古色古香的平江路上，步行十分钟就到，不然真怕他连吃饭的时间都没有。到了第三天，陈霖请原班人马再到凤凰街吃晚饭，苏州的作家荆歌、朱文颖也来助阵。可能是研讨班已近尾声，葛浩文神闲气定了许多。荆歌为了检测葛浩文的汉语水平，说了两三个很荤的段子，葛浩文悠悠地拆解，闲聊中还偶尔利用一下。荆歌的检测结论，当然是绝对优秀。酒足饭饱之后，再到隔壁的茶楼，分成两拨喝茶。连科、飞宇，还有荆歌他们一拨，我们则找了个小间，跟葛浩文聊天访谈。其实后来想想，真应该请连科他们一起聊天，作家与翻译家之间也许更能激发出一些有趣的话题。那天晚上，葛浩文一支接一支地抽着烟，谈兴甚浓，妙语不断，我们的话题也像那圈圈烟雾，随意展开。可惜的是，访谈中的不少妙语都被葛浩文审阅时无情地删掉了，留下来的只是比较正经的适宜发表的内容，却少了些葛浩文可爱、性情的一面。未经删节的版本，只能永远保存于我的电脑里了。

问：葛老师，谢谢你接受我们的访谈。前天看到你那么忙碌，我都不好意思再提访谈的事。

答：没关系啦，老朋友了，我们随便聊聊吧。

问：对，我们只是随意聊聊天，至于能不能整理成一篇访谈，到时候再说。你这次来苏州主要是参加第二届中英文学翻译研讨班？我知道上一届是在莫干山，这是第二届。这个研讨班是个什么性质的活动？

答：这是中国国家新闻出版总署与英国艺术委员会、英国文学翻译中心、澳大利亚悉尼大学等机构合作，由凤凰集团与英国企鹅出版集团联合承办的一个中英文学翻译研讨班，主要以交流研讨的形式进行中英文学互译实例分析，所以除了我、杜博妮（Bonnie McDougall）、蓝诗玲等翻译者，还邀请了阎连科、毕飞宇、盛可以、王刚等作家，以及几十位从事中英文学翻译的学员，一起进行翻译实例的研讨。另外还有英译中的研习班，邀请几位以英文写作的作家与中国的翻译研习英翻中的技巧。

问：其实是一个中英文学翻译的培训班吧？这对于培养中英文学的翻译人才倒是很有意义。

答：我们希望是这样，但效果如何，就难说了。

问：这么多年，你一直坚持不懈地做中国文学的翻译，我知道这在美国绝对是一项孤独的事业。夏志清先生说你是中国当代文学的首席翻译家，应该也包含了一种敬意在里面。到目前为止，你大概翻译过四十多部中国小说？

答：翻译这玩意儿，一言难尽啊！我像个鲨鱼，你知道鲨鱼要不停地游动，一旦停止就死了。我做翻译就是这样，一定要不停地翻，一旦没事干，没有货了，没有小说翻译了，恐怕就要归西天了，是吧？所以我说“我译故我在”。我没有统计过确切的翻译数量，我翻译完了，就不愿再看了。因为看到第一页、第二页就会觉得这里、那里应该翻译得更好，结果我的自信心就会受到打击，于是我索性不再看我自己的翻译作品了。有时精装本要改出平装本，需要重看一遍，我也请别人代劳。

问：这不是坏毛病，是精益求精，追求完美，可能你总是想着下一部会更好。

答：希望是那样子，但往往开始动笔了，信心就又受打击了。我认为一个做翻译的，责任可大了，要对得起作者，对得起文本，对得起读者，我要多想的话，恐怕早就放弃了，所以我不大去想这些问题。我觉得最重要的是要对得起读者，而不是作者。一般的作者英文并不好，他们都信任我。要是将来中国的作家英文都好了，那翻译这口饭就更难吃了。他们可能会对你的翻译说三道四，就更难做了。当然，也许等他们英文搞好，这种事情早就不在考虑之中，或许他们就用英文写作了。

问：这可能不是最大的问题。你曾经说过，其实翻译不是最困难的，最困难的是选择。你现在是不是还这么认为？

答：也许说困难绝对了点，但重要的还是选择，这话没错。中国每年不知道要出多少小说，我们只能选三五本，要是选错了的话，就错上加错了。美国人对中国不了解的地方已经够多了，还要加上对文学的误解，那就更麻烦了。

问：你选错过吗？

答：我选错过。

问：比如说？

答：这个不能说。哈哈。当然，有的也不是我选错的，而是出版代理给我的，代理告诉我有一家出版社愿意出钱找人翻译某一本小说，正好那个时候我有空，就接下来了。像这个就不是我选错了，而是非做不可的。

问：有时候好奇怪啊，像《北京娃娃》、《狼图腾》这样的作品在国内并不被看好，却在国外获得不小反响，甚至评价很高，真正是墙内开花墙外香。这里面文化的差异、解读的取向应该是不可忽视的因素。

答：没错没错。一个国家的评价标准或者说文学观，跟另外一个国家的文学观当然是有差异的。《狼图腾》的书评普遍说它非常好，甚至有人说是年度最好的中文小说，连美国的《国家地理》也会发《狼图腾》的书评。《国家地理》发行量很大，每个月上百万份，这对《狼图腾》的销量肯定会有影响，现在已经出了平装本。到目前为止，《狼图腾》也许可以说是一本突破性的中文作品。有时候我也纳闷，我常常选择我特别喜欢，也认为是老美非读不可的作品来翻译，可是他们未必那么喜欢。其实美国人爱什么，我也不知道。我只知道我爱中国文化和中国文学。

问：哈哈，真正的“爱国主义”。那一般的美国读者比较喜欢哪一类中国小说？

答：大概喜欢两三种小说吧，一种是sex（性爱）多一点的，一种是politics（政治）多一点的，还有一种是侦探小说，像裘小龙的小说据说卖得不错。其他一些比较深刻的作品，就比较难卖得动。

问：裘小龙的不能算中国小说吧？是华裔作家的英文小说。不管怎样，你基本上还是按自己的兴趣来选择翻译的作品，那现在国内每年都有大量的作品，你怎么选择呢？是有固定渠道，还是很随机的？找你翻译作品的人应该不少吧？

答：我就是照自己的兴趣来，基本上只翻译自己喜欢的作家作品。有的是出版社找我的，有的是作者本人给的，有的是我自己偶然看到的。我也不可能天天在刊物寻找什么作品，那样我就没时间做别的了，我在家里还有自己的生活。很多时候一部作品能不能翻译，还得看出版社的意思呢。我抽屉里面翻完的，或者快翻完的，或者翻了相当部分的小说大概不少于十本，但是出版社不要也没辙。

问：那些别人给的作品，也要看看是谁给的吧？

答：对啊。比如说莫言，我们都认识好多年了，我认为他写的东西不会不好，绝对不会，所以他的新作我都会看。

问：说到莫言，那我们就先聊聊他吧。我知道他和苏童可能是英语世界中最有影响的中国当代作家，也是你翻译得最多的作家。你最早怎么会想到翻译莫言的？这种信任感是怎么形成的呢？

答：我最早读到的莫言的小说是《天堂蒜薹之歌》，我很惊讶，也很喜欢，其中的爱与恨很能打动人。我就写信给莫言，莫言回信说很高兴我能翻译他的小说。后来，我又读到《红高粱》，没看几页，我就坐不住了，马上跟莫言说，《天堂蒜薹之歌》是很了不起，但是我觉得作为他的第一本与英语读者见面的作品，《红高粱》会是更好的选择。所以，我先翻译了《红高粱》，然后是《天堂蒜薹之歌》、《酒国》、《丰乳肥臀》、《生死疲劳》，还有一本中短篇小说集。

问：好像莫言的作品销得还不错？

答：也就《红高粱》最好，我查了一下，已经发行到两万册左右了。虽然是印了十几年累计的数字，但中国文学的翻译能够到两万册，我已经很高兴了。

问：可是翻译小说在中国很受欢迎，销量很大的，这个问题其实涉及中国文学在国外的传播问题，我们一会儿再聊。我想问你，你觉得莫言写得最成功的作品是什么？

答：我觉得《生死疲劳》是一部非常非常有意思的小说，写得真好，《檀香刑》写得也不错，但是非常残酷的，真的残酷。

问：对，虽然是想象出来的，可是看得人毛骨悚然。

答：对，毛骨悚然，都是想象出来的，凌迟其实不是那么一回事，凌迟嚓嚓砍头，他不是，他写凌迟到最后只剩下两个眼睛。还有檀香刑的刑法，太恐怖，太可怕了。我始终认为莫言是一个非常了不起的作家。他的《酒国》看过没有？

问：看过,《酒国》在国内评价并不高，并不受重视。

答：这本小说也很有意思，结构上有两个主线，一个是侦查员丁钩儿到酒国市调查干部烹食婴儿事件的故事，还有一个是作家"莫言"和文学青年李一斗的通信，最后还有李请求推荐发表的几篇短篇小说。那个人的小说写得实在不怎么样，但是每一篇小说，都是模仿中国各种各样的小说，从《狂人日记》到武侠小说，再到魔幻小说、先锋小说之类都模仿了一遍。我觉得最了不起的是一个好作家愿意而且能够写那样的小说。故事演变到最后，几条线索都合并起来了，真不简单。

问：莫言的长篇小说结构上都很讲究，他最大的成功也是结构。他的几部长篇的结构各具特色，那个《檀香刑》用猫腔,《生死疲劳》变成了六道轮回。我觉得莫言是当代作家中少有的天才式的作家，他那种文学的感觉是其他作家学不来的。

答：是啊，这个人真是聪明，你要是跟他一起，你问他什么，他都能说。还不是扯淡，他真能说。有一次，他在我美国家里住过三个晚上，他住的小房间有一个书架，有不少台湾作品，很多是当时国内看不到的。他临走前我对他说，那个书架上你要什么书就带回去，他说，没有关系，我都看过了。好几十本呢，他竟然都翻过了！

问：所以，这么聪明的作家学什么东西都快，包括对外国文学的借鉴。

答：说到这事，我问过莫言，他说他很喜欢福克纳，也很喜欢马尔克斯。有一天我问他，你到底看了多少福克纳和马尔克斯？他说《百年孤独》没看完，一直想看，总是看了一点就放下。前不久，他告诉我，说后来邀请他到日本去参加一个什么会，听说马尔克斯也要参加，他说，啊呀不好意思了，就很快地把那本《百年孤独》看完了。结果那个会马尔克斯没去，书白看了。

问：他有一次在日本演讲，题目就是《两座灼热的高炉》，指的就是福克纳和马尔克斯，会不会就是那次会议的演讲？

答：有可能。我又问他福克纳的看了多少，《喧哗与骚动》看了没有，他说没看。我又问他到底看了什么，他说就看了几个短篇。他说，我不用看福克纳很多作品，我能够跟他认同的，他是我的导师，这个人大概就是我。我劝莫言多看看福克纳的作品，说不定观念就要改变了。他说，所以我不看！

问：哈哈，有意思，只要看几篇短篇就可以成为“灼热的高炉”了。不过，福克纳的短篇是写得精彩啊！如此看来，莫言小说里的高密乡，未必就跟福克纳的约克纳帕塔法世系直接相关了。以后研究莫言与外国文学的关系，还真得小心求证呢。除了莫言，你翻译作品最多的是苏童吧？

答：对的，苏童也翻译得比较多，《米》，《我的帝王生涯》，《碧奴》，现在正在翻译第四本，中文好像是《河上十一年》，快要翻译完了。

问：现在的名字是《河岸》，比《河上十一年》好多了。这部小说刚刚在《收获》上发表，写得真不错，是我们熟悉的苏童。你能不能评价一下苏童的小说？

答：我喜欢他的作品，尤其是《米》和《我的帝王生涯》。《米》写得特别好，小说里一片黑，一个好人都没有，一点好事都没有，就像陀思妥耶夫斯基抓住人内心的黑暗面，然后完全把它表现出来。其实，人不可能总是那种good side，好的一面，不可能，每个人都有bad side，坏的、黑暗的一面，一辈子都在压，压压压，压下去，但偶尔也会爆发出来。苏童更加极端，他全部写bad side，甚至把好的一面也压下去了，所以他描写的那些人的内心世界真是丰富，所以我基本上同意"人性本恶"。《我的帝王生涯》虽说是历史小说，可还是能看出它的当代指向。对了，这里有没有苏北人？苏童的新小说里面有一个词儿，没有人知道，他说这是苏北的土话。

问：哪个词？

答：空屁。

问：这是小说主人公的绰号，空屁，在我们家乡话里就表示什么都没有，什么都不是。

答：嗯，我明白他的意思了。小说里写主人公对他爸爸说，你这样就空屁了，全世界都空屁了，别人把我叫作空屁，现在我不跟你姓了，我姓空了，名字是屁，空屁。小说里还形容这个人比空还虚，比屁还臭。我明白他的意思，但是我得琢磨琢磨如何翻译，理解和翻译往往是两码事儿。

问：你可以用拼音，然后用注释说明它的意思，照你这样一转述，空屁已经不仅仅是一个语义的效果了，它也像一个符咒。

答：我现在用的就是拼音。这个词用声音念出来，才更有意义，很难找到合适的英文，也不能直译。

问：翻译确实很困难。毕飞宇的作品你翻译过《青衣》？你好像很喜欢毕飞宇，既喜欢他的作品，也喜欢这个家伙。

答：对，对，我特别喜欢。我和我太太翻译了《青衣》，已经出版了。《玉米》也已经翻译好，刚看完校样。《推拿》刚看完，也很好，我很愿意翻译，他也愿意我翻译。不过，一旦版权卖给出版社，出版社就要选择译者，未必会找我，找我的话，我当然很愿意。毕飞宇很能写，是很独特的一个人，你看他跟京剧没有接触，可是能写出《青衣》;《玉米》写三个小镇里的姐妹，他能写得入木三分;《推拿》也是，所写的经验，跟他几十年在世界上的生活毫无关系。特别是那个《玉米》，他怎么能那么了解女人呢？我问过他，怎么能写出这些完全不同的作品，他说，我只要抓住人的内心，人的思想，人的感觉，那么再找个故事套在上面就可以了。

问：一直都说苏童写女人写得很好，没想到毕飞宇的《玉米》、《玉秀》也很厉害。

答：毕飞宇将来也会是大作家，我相信。

问：毕飞宇在隔壁听到这话，一定乐开了花。你现在是不是在翻译阎连科的东西？

答：我只翻译过阎连科的短篇。《丁庄梦》别人正在翻译，还没有翻译完，听说还要半年才能完工。大概很难吧。

问：如果这个不容易的话，那《坚硬如水》就更难了。《坚硬如水》里面所有的叙事语言，全是从“文革”时期各种各样的大字报啊口号啊标语啊三句半啊顺口溜啊这些东西转化过来的，外国读者根本搞不清楚，除非你每一页都加很多很多的注解。小说的情节翻译起来没有问题，但它的叙事语言的不可译性很明显的，很难。我们是六十年代出生七十年代成长的一代，还能够感受到《坚硬如水》那种语言的氛围，没有经历过那个时代的八〇后、九〇后的读者，已经读不出《坚硬如水》文字背后的东西了，也不会喜欢。对于外国读者来说，可能更难，你哪怕用很好的英文传达过去，可背后的东西他们还是很难体会。

答：这当然是个挑战。那天我和阎连科坐在咖啡馆，谈了一个多小时，谈到新小说的构想，构想得真是好，但我不能多说，因为他还没写呢。如果跟出版社说好了，倒愿意翻译他这部新小说。这部小说应该比《为人民服务》、《丁庄梦》更能代表阎连科的实力。

问：给你这么一说，我们也对连科的新作充满期待了。你好像也翻译过李锐的东西？

答：我翻译过他的《旧址》，我觉得是好小说，也翻译了一部分《万里无云》，还有一个忘了名字。

问：《银城故事》？《无风之树》？

答：对，《无风之树》，翻译了大概三分之一，给出版社，出版社不要，他们说绝对没有市场。后来马悦然（Göran Malmqvist）急着要出版，找了另外一个人翻译，那个人是我的一个学生，挺不错的，我就跟李锐说很抱歉，我不能跟我的学生抢工作，就让他来翻译好了。

问：他的《银城故事》倒可能有市场的，讲几代人的革命故事，对中国现代史感兴趣的人也许可以看看。

答：李锐写得很不错的，特别是《旧址》写得很好的，书评也好，《华盛顿邮报》、《纽约客》都发过很好的书评，可惜还是卖得不好。

问：像《华盛顿邮报》、《纽约客》上的这些评论，都是媒体组织的，还是出版商组织的？

答：都是媒体自己选择和组织的，出版商会把书送给他们，由他们自行决定是否评论。你绝对不能去拉什么关系，一拉关系就死了，就完全封杀掉了。

问：嗯，这种独立的评论，保证了它的权威性，这跟国内很不一样。除了这几位，你最近还有什么翻译计划？

答：还有王安忆的书，就是《富萍》，已经翻译了一部分。我认为《富萍》写得很好，王安忆是写自己熟悉的上海弄堂生活，我很喜欢，所以主动跟王安忆说我要翻译，希望能快点做完。另外，还有家出版社邀我重新翻译《骆驼祥子》。《骆驼祥子》已经有三个译本了，都不好。最早的译本是抗战时一个日本集中营里的英国人翻译的，他认为英美读者看中国的东西要是一个悲剧的话，会接受不了，所以就改成了一个喜剧性的结局，完全歪曲了原著。后来北京外文出版社又出一本，可是他们依据的是老舍根据政治需要改过的版本，又是照字面翻译，没了老舍作品的味儿。还有一个译本是一个美国人翻译的，夏威夷大学出版社出的，这个译者不知道文学作品的好坏，英文的把握也很有问题。我觉得这实在对不起老舍。我喜欢老舍，由我来翻译可能会做得稍微好一点。

问：其实，从数量上来讲，华语文学（包括港台文学）翻译成英文的已经不少了，但是影响还比较有限。

答：美国人不怎么看重翻译的东西，他们对翻译总是有些怀疑，而美国人又懒得学外文，所以就只看英美的作品。不要说中国文学的翻译，拉美的、东欧的文学翻译，他们也都不大看的。现在渐渐好一点了。

问：除了对翻译的偏见，跟美国人的心态也有关系吧？是不是有一种文化上的优越感？

答：是语言上的优越感吧，世界上很多国家的人都要学英文，说英文，美国人不用，因此对外文不重视。

问：不管怎样，美国人对翻译的这种态度，还有他们的优越感，已经决定了中国文学翻译在美国注定是属于边缘的边缘，这么多年你却坚持了下来，让中国文学有了更多发声的机会，我们应该对你表示敬意。这么多年仅靠兴趣是不足以支持的，靠的应该是信念。

答：没话了。

问：哈哈，一表扬就没话了？

答：我的傲气现在是一点都找不着了。不是原来没有，有的，年轻时我吊儿郎当，很自信的。有一段时间我很想当个中国人，二三十岁的时候，觉得中国话美，中国姑娘美，什么都美，在家里穿个长袍什么的，多好。后来一想真笨，你要想当中国人，再怎么下功夫也没用，只有等转世投胎了。现在经常有人说我，葛浩文，你比中国人还中国人！后来我听腻了，就问他，这是好话吗？

问：哈哈。那说点实际的，在美国做翻译，经费主要从哪里来？

答：经费申请不太容易，幸好我在大学还有教职，有薪水，不需要完全靠翻译过活。我还有太太挣钱，可以支持我。有时也会申请一些经费，比如最近我刚刚申请到古根海姆基金会的资助，可以专心翻译《檀香刑》。古根海姆基金会很少资助翻译的，大都是资助科学、艺术创作方面的项目，所以我觉得很意外。

问：你太太业余时间也做些中国文学的翻译？

答：我跟我屋里的已经合译了五本书了，包括刚才说到的《青衣》。我很想再跟她合作翻译一些，她很喜欢，因为她自己也写小说。可是她在大学工作，很难抽出时间一起做翻译。她的学问做得挺不错，应该让她把时间放在更重要的事情上，我来做做比较次等的工作，就是翻译。

问：你的工作对于中国当代文学来说，也非常重要啊。

答：可惜英语界专门从事中国当代文学翻译的人实在太少了。现在专门翻译中文作品的，在美国和英国也许只有我跟Julia Lovell两个人，Julia目前翻译了有四五本吧，阎连科、韩少功的小说就是她翻译的，其他人只是偶尔客串一下。这也难怪，你如果在大学工作，翻译作品对评职称、升职等什么的没有用，绝对没有用。

问：国内也一样。

答：所以我们才搞这个中英文学翻译研讨班，希望能培养一些年轻人，他们当中只要有几个人愿意下功夫翻译点东西，那就好了。

问：有了翻译人才，还得看出版社的兴趣啊！美国的大学出版社重视积累、传播，可能还好，不会以经济效益为唯一的标准，可商业性的出版社，可能就只肯出有市场、有效益的译本了。

答：对。商业性的出版社绝对不会慢慢地卖销量很小的作品，如果放在书店里两个礼拜还卖不好，就把它收回、毁掉。目前美国出版的当代中国文学作品主要是小说，每年大概也就出版三五本的样子。肯定不会很畅销，像莫言的《生死疲劳》能够卖一两千本就算是好的了。莫言的小说，除了《红高粱》，其他的都卖不好，连苏童的东西也不太好卖。余华的《兄弟》可能好一些，海外也得到好评，但是我不知道究竟会有多少人买。

问：《兄弟》是我朋友翻译的，哈佛大学东亚系的周成荫和她先生罗鹏合作的，他们也是客串翻译，还获得了一个法国的奖,《纽约时报》又是登余华的访谈，又是登书评，也不知道会不会卖得好一点。

答：不见得会有什么作用，除非你得布克奖、诺贝尔文学奖、普利策奖，那销路一定好。不过，幸好还有一些美国的大学出版社不唯利是图，比如哥伦比亚大学出版社一直在坚持出版中国文学的翻译作品，有台湾系列，有大陆系列。大学出版社的缺点是，不管作品多么好，销量总是一般，因为没什么钱做广告，但它会持续地销售，也可以作为教材，虽然一年就卖个两三百本、三五百本，他们也很乐意的。

问：我知道哥大的这个系列，是王德威主编的，最新的一本就是王安忆的《长恨歌》，应该是最有系统的中国文学的翻译系列了吧？

答：是。我给他翻译过好几本了，像朱天文、朱天心、施叔青、王祯和。王祯和的《玫瑰玫瑰我爱你》不知道你看了没有，真好，讽刺得真到位，里面用了国语、英语、闽南语、客家话，还有些没法写的话，就画个小图，很好玩。

问：既然说到王祯和，那就说说台湾文学吧。从你的翻译来看，你觉得台湾文学和大陆文学有什么不一样？

答：嗯，是有区别，区别在哪儿呢，很难讲，要看具体的时代。七八十年代的台湾作品比较带有国际性，不是那么狭隘地只写台湾，当然黄春明这样的作家是例外，他只写自己本地的故事，可是刻画人物及人性，很能吸引台湾以外的读者。像白先勇、陈映真这些作家，他们的作品就涉及台湾以外的地方。而那时候的大陆作家，只写大陆，大陆背景、大陆思想、大陆故事，所以那时候大陆的作品我就不怎么喜欢。

问：可以理解，那是特殊年代的特殊产物，其文学性是有限的。那你现在的感觉呢?

答：现在就不一样了，我觉得不少作家的作品既具有中国特色，但又能走向世界。而现在台湾作家反而不写台湾了，写一些新时代的现代派的作品，我实在看不下去。要是写台湾，却又太局限在台湾，没有能够吸引台湾以外的读者的普遍性。现在台湾的作家也不多了，可惜了。

问：那香港文学你关注吗?

答：只翻译过零星的几篇，西西、钟晓阳、董启章他们都是很不错的作家。

问：到目前为止，除了巴金、老舍，你翻译的都是当代作家的作品。你翻译这些作家作品的时候，你觉得他们的作品是不是构成了一个看待当代中国的窗口?

答：通过翻译，我只能对作者本人有进一步的了解而已，并没有想通过他们的作品去了解什么社会。呃，社会很抽象，我看重的还是作者本人的思想观念。比如黄春明的那些故事，阿来的那些故事，写得都很好看，我翻译的时候，就会对一个人、一个作者的人生观有新的认识。这种人生观既是代表他本人的，也可以扩大到代表所有的人类，这是一个谜，a puzzle，我就喜欢琢磨这个。

问：嗯，你用了puzzle这个词，有意思。你翻译了几十部当代小说，那么你作为一个翻译家，对中国当代文学怎么评价呢？我个人感觉中国当代文学放在整个世界文学的框架中来看，它的总体成就还是有限的，至少在引领二十世纪文学潮流方面，中国作家从来没有走在前面，从这个角度来讲的话，中国当代作家恐怕还要努力。

答：很难评价。我们不说有没有伟大的作品，陀思妥耶夫斯基、曹雪芹这样的作家毕竟是百年难遇的，但我想当代文学还是有不少优秀作家和优秀作品的，很多作家都很努力，我对他们在不远的将来写出真正的杰作，还是很期待的。不过，我上次接受访谈时说过，中国文学还没有走出自己的道路，连作家自己都不太清楚要走向何方。我认为技巧不是最重要的，最重要的是要找到自己的声音。

问：有道理。刚才你说中国小说的翻译作品在美国并不好卖，但你也说毕竟比以前好多了。一个很有意思的现象是，《纽约时报书评》去年罕见地以整版的篇幅介绍几本当代文学的翻译作品，包括《生死疲劳》、《长恨歌》、《为人民服务》和《狼图腾》，今年又发表了关于《兄弟》等作品的评论，这在以前是不可想象的。

答：现在跟二十年前完全不一样了。因为奥运会，因为世博会，因为金融危机，中国的影响力正在越来越显现出来，当然也包括文学、电影方面的影响力。我相信再过几年，中国文学的地位在美国会超过日本文学。现在关于中国文学的书评还是不少的,《尘埃落定》、《丰乳肥臀》的书评都是发表在《华盛顿邮报》、《纽约客》这样的报刊上，有的作者还是很有名的书评家。

问：我们曾经把《纽约客》上厄普代克评论《我的帝王生涯》和《丰乳肥臀》译本的文章，译成中文在国内发表。《纽约客》的影响力甚至比《纽约时报》还要大，它们发表厄普代克的评论，也间接说明了中国的影响力。你好像对厄普代克的评论颇有微词?

答：厄普代克那个评论非常有问题，也许他评艺术评得好，可他连翻译都要批评，他不懂中文，凭什么批评翻译得好不好呢？他说“Duanwen was now licking his wounds”这句英语是什么陈词滥调，也许对他而言，这在英文里是陈词滥调，可是我回去看原文，原文就是“舔吮自己的伤口”，还能翻译成什么？他无法阅读苏童原文，就以为我用了什么陈词滥调把苏童小说译坏了。我最不喜欢的是厄普代克的那种自我中心的心态，字里行间似乎总在说，这些人写的东西，没有一个能跟我比，不是我喜欢的东西。那他喜欢什么？他喜欢自己，他就是标准，唯一的标准。他一旦发现有不同之处，并不认为这是中国文学的特色，而是认为中国文学不如西方文学。中国作品要都像西方作品，没有一点自己的特质，那还是中国作品吗?

问：嗯，可能美国文学界、美国读者接受中国或者其他国家文学作品的时候，或多或少都是以自己作为一个重要的参照和标准的，厄普代克这样的大家也不能免俗。

答：其实我也管不了那么多，我只能考虑自己，翻译自己喜欢的作品。

问：你对一些华裔作家的英文小说感兴趣吗？今年三月份《纽约时报书评》中国专版除了评价《兄弟》，还评了两位华裔女作家的作品，一个是欣然的*China Witness*，一个是李翊云的*The Vagrants*。还有哈金的作品，在美国也备受好评，我记得厄普代克也在《纽约客》上评论过哈金的《自由生活》。以前《纽约客》极少发表华裔作家的作品，可是这个李翊云连续发表了好几篇。这恐怕也是中国热的一部分吧？

答：他们的作品我看得不多，很奇怪《纽约时报书评》怎么会把欣然跟余华、李翊云放到一起。欣然的那本书基本上是纪实文学。李翊云是最近几年冒出来的女作家，很值得注意。《纽约客》上小说水准参差不齐的，有的完全是靠名人的名字。我看过那么多《纽约客》的小说，也没觉得有多少好作品。

问：哈金的小说我现在就觉得《等待》写得不错，其他都很一般，像*War Trash*可以说比较差了。

答：我同意你的看法。比如那本《等待》的开头，“孔林每年夏天都回到乡下去和他的妻子离婚”，多精彩啊，让人一见之下就想一口气读下去。

问：夏志清夸你是中国文学最好的翻译家，这是对你几十年的翻译工作的充分肯定。可是这么多年坚持背后曾经遇到的困难，可能也难以言说吧，冷暖自知啊！

答：什么都是困难的，研究是困难的，翻译也是困难的。

那天我们小组讨论“好色之徒”这个词如何翻译，讨论了很久，到底表示坏到什么程度，又好到什么程度？不一定坏，也不算太好。要用哪一个英文词语才是最恰当的，很难决定。

问：好吧，说了半天你的翻译工作，再简单说说你的研究工作吧？大家最早知道你，还是因为你的《萧红评传》，这本书是萧红研究的拓荒之作，也是经典之作。我听夏志清说，他对萧红的评价很高，本来也准备研究萧红，后来你跟他说起你要研究，所以他就没有再进行下去。

答：是吗？我最早开始研究萧红是很偶然的，大概是一九七一年前后，我在印第安纳大学图书馆偶然读到了《呼兰河传》，没读几页，马上就喜欢上了她。当时中国的资料很难看到，不要说在美国，就是在中国也看不到萧红的书。后来有机会去北京，我还见到了萧军、舒群、罗烽、冯牧、萧乾一大帮人，还去了哈尔滨，去了呼兰河，到了那个地方，我激动得热泪纵横。

问：那大概是什么时候？

答：一九八一年。我后来还申请到一笔资助，在哈尔滨待了一年，做伪满时期的中国文学研究。说起来，我的翻译最早也是从萧红开始的，因为研究萧红，我要向美国汉学界介绍她，就开始翻译她的作品。后来，逐渐就完全转向了翻译，评论写得越来越少。

问：你觉得你的《萧红评传》表达出来的感情，是对作品的感情，还是对萧红这个人的？

答：说实话，我的文学感觉太差，所以文学批评我做得不太好，我承认。我也不会为此难受得不行不行了，好在我还找到了一个我认为我能行的，那就是翻译。其实那个时候，萧红的作品我也只看了几本，其他的找都找不到。我的老师柳无忌先生是做中国古典文学的，这些不是他的专长，但他很支持我研究萧红，我非常感激他。再加上那时也没有什么文学理论，我就把她当作一个作家，当作一个人来研究，觉得她的生活、她的作品非常有意思。

问：看来《萧红评传》表达出来的感情，既有对作品，也有对萧红的感情。仅凭这本《萧红评传》，已经确立了你在汉学研究方面的地位了。你是美国比较早从事中国现代文学研究的学者了，除了这本《萧红评传》，还有什么评论著作？

答：在台湾出过一本集子，叫《弄斧集》，收集了一些研究性的论文，还有一些演讲稿，再加几篇随笔。本来想叫《班门集》的，后来我知道能写出这一本已很不容易了，所以就直接用《弄斧集》了。

问：这一本我倒没看过，应该把《萧红评传》和《弄斧集》等一起在大陆重出一下。其实你写过不少译本的译者导言，汇集起来，也是很好的一册啊！

答：我考虑一下，好不好？有点不好意思，我学问搞得不怎么样的，要出洋相了。

问：哪里啊，你太谦虚啦！后来你接触那么多中国作家，有没有发现在气质上、性格上或作品的文体上比较接近萧红的？

答：好像没有。萧红只活到三十多岁，我熟悉她最后十年的生活。看起来她好像没什么个性，老是依靠别人，老是看错了人，是很容易受伤的一个人，可以说她确实是一个弱者。可是，她写的小说却一点都不弱，她的小说是很硬朗的，跟她个性好像不大一样。这就像要看一个人的自传，不如看他的小说，更能够了解他的真实人生。自传假的多，真的少，很多没做过的事情，都会把它写进去，很多做过的，当然也就不写了。

问：钱锺书曾经讲过，某些人写自传的时候想象力是最丰富的，你要知道一个人，你得看他为别人做的传，你要知道别人，你倒该看他为自己做的传。自传就是别传。

答：对，但萧红写小说呢，没有这些动机，所以很愿意把心里的真话都写到作品中，写到人物身上。

问：你在科罗拉多大学待了多少年？

答：十三年。

问：很久了。你带过不少学生，刘剑梅就是跟你读的硕士，学生中有没有人继承你的衣钵？

答：没有搞翻译的 。说实话，我当老师当得不怎么好的，我是很自私的，我的自私和一般人的理解不大一样。我觉得自私不见得完全是不好的，我不害人，也很关心人，但是，每个人都有自己的一片天地需要去经营，不可能完全为公的。几十年之后，等我去向马克思，或者上帝、耶稣老爷报到时，我不能什么都没有，对吧？我不信教，虽然我现在教书的大学是天主教会办的。

问：明白你的意思了。圣母大学给你讲座教授席位，需要教书吗？

答：不教了，挂个名字，名义上是亚洲研究中心的director（主任）。没什么事做，我一个礼拜去一趟吧。

问：那不错啊，可以全力以赴做翻译。本来想跟你再聊聊欧洲汉学家对中国现代文学研究的情况，比如马悦然、顾彬、柯雷、贺麦晓这些人的，时间关系，我们就避开吧。如果请你对中国当代文学还有当代文学翻译说几句话，你会怎么说？

答：这样太正式了，哈哈。虽然我对中国当代文学很难准确地评价，但是我对中国当代文学的未来还是充满信心的，中国文学今后的发展方向不会是退步，一定是进步，不会走向封闭，一定是更加自由。我也说过，中国文学已经开始了创造的时代。我希望不远的将来能翻译中国文学真正的杰作。

*本篇最初发表于《当代作家评论》二〇〇九年第六期。

我并不尖锐，只是更坦率

顾彬访谈录

顾彬（Wolfgang Kubin），著名的德国汉学家、翻译家和诗人，长期担任波恩大学汉学系教授，从事中国古典文学、中国现当代文学和中国思想史研究，几乎把一生都献给了中国。一九六九年，顾彬开始在波恩大学专攻汉学，兼修哲学、日耳曼语言文学和日本学，一九七三年以论文《杜牧的抒情诗》获得波恩大学汉学博士学位。一九七七年至一九八五年任教于柏林自由大学，其间以《中国文人的自然观》获得汉学教授资格。一九八五年起任教于波恩大学，一直到退休。顾彬著述甚丰，以德文、英文、中文出版的著作或译作达五十多种，其中《中国文人的自然观》、《中国诗歌史》、《二十世纪中国文学史》及其所译介的六卷本《鲁迅选集》和一些当代中国诗人的诗集颇受好评。虽然他对当代文学的有些看法不无偏颇，我们并不完全赞同，但对他在中国文学研究与传播方面所作出的贡献，我们还是应该致以最大的敬意。

二〇一一年五月的苏州平江路，市声喧闹，适逢顾彬来访，我带他故地重游，并在当街的一家咖啡屋里，聊起他的《二十世纪中国文学史》，听他畅谈对中国当代文学依然尖锐的批评。他说，相比起德国汉学界那些缄默不言的人文学者，他不过是更坦诚而已。耳顺之后的顾彬，不再惧怕什么。不过，他的洞见和观察依旧新鲜和年轻，一如他随身携带的足球总是在不断证明他的青春和活力那样。此时的顾彬，不再是一个被媒体化的顾彬，而是重回一个热情、严谨、执着的学者化的顾彬。作为学者的顾彬，是一个不折不扣的精英主义者，也许以今人的眼光来看，他太过执拗，但是请大家原谅他的这份执拗，因为这里面有一份坚持，一份对理想、对文学的坚持，还有令人感动的对中国文学的那份激情。

问：二〇〇八年的时候，北京外国语大学海外汉学研究中心举办了“汉学与国学之互动——以顾彬《二十世纪中国文学史》为中心”的国际学术研讨会，当时李雪涛邀请我去，可是因为时间的问题，我没能成行。那时候你的《二十世纪中国文学史》刚刚出版，引起了不错的反响，现在这套文学史的其他著作，如莫宜佳的《中国中短篇叙事文学史：从古代到近代》、卜松山（Karl-Heinz Pohl）的《中国的美学和文学理论：从传统到现代》，以及由你和梅绮雯（Marion Eggert）、陶德文（Rolf Trauzettel）合作的《中国古典散文：从中世纪到近代的散文、游记、笔记和书信》等陆续出版，势必会引起更多的讨论。就我个人而言，更感兴趣的是两个问题。第一，这个文学史的编排形式很特别，是以文类史的方式推进的，并且还配有《中国文学作品德译目录》、《中国文学家传记手册》、《索引》。从传记手册这种形式来看，这套文学史的读者似乎更倾向于一般的文学爱好者，因为对专家而言，它更像是一本工具书。第二，这套文学史最初是以德文书写的，可是一旦当它翻译成中文，返回到汉语世界的时候，就会带出一系列的问题，比如艾朗诺就曾坦言其所参与编写的《剑桥中国文学史》，就是以英语世界的读者为主，因为对中国读者，特别是研究专家而言，它更像是一种常识。你的文学史也抱持这样的读者定位和阅读期待吗？

答：我反过来回答你的问题。首先，这套文学史的阅读对象，一定是一个国际化的对象。它势必要包括美国、英国的读者，同时也包含中国的读者。而且，它针对的恰恰不是一般的文学爱好者或普通老百姓，相反，我考虑更多的是学院内的文学研究者。我们试图在学术上形成一种对话，而不是进行一种知识的普及。其次，《索引》是按照德文版本编排出来的，如果要出中译本，那么必然面临重排的问题。可我个人觉得，中国未必有人愿意下这个功夫。不过，一旦完成，它就能为我们查找定位某些观点、论述提供便捷。比如说，苏东坡可能出现在诗歌史、散文史，甚至也可能出现在二十世纪文学史中，只有借助于索引，我们才能将之一网打尽，不至于遗漏。

问：的确，《索引》有它重要的检索价值，即使它不被译成中文，对部分懂德文的中国读者而言，也极具参考价值。比如我的一个博士生，她试图勾勒德语世界里的鲁迅研究和翻译现状，有了这本索引，就等于提供了一个研究的入口。从这里开始，顺藤摸瓜，很容易把其他的材料也逐渐掌握起来。另外，我想问的是，在中国也包括海外，文学史琳琅满目，那么，在你写作的过程中有没有选择哪一本作为你的参照或模本？

答：应该说，至少到目前为止，中国还没有这样一种从古至今、由先秦贯穿到当下的文学史。中国的文学史写作多数是阶段性的，如古代文学史、现代或当代文学史，而且它们不大可能由一个人来编写或担当编辑，多数是集体智慧的结晶。另外，我所主持的这个文学史还有两个比较突出的特点。第一个特点是，我们对长篇小说、中短篇叙事文学、戏曲、诗歌、散文、美学和文学理论等有一个很清楚的界定，它是以文类的方式进行编排撰写的，不像过去的文学史，把它们混为一谈，以时间来取舍分段。第二个特点是，讲求文史哲的各得其所。过去，我们崇尚文史哲不分家的书写原则，但是，在我这里，哲学是哲学，文学是文学，历史是历史，各归其位。例如，老子、孟子、庄子是哲学，我们就不把他们放到文学史里面来谈。

问：中国的文学史写作的确有点积重难返，人人都想一试身手，虽然成果不可谓不丰硕，观点也提出了一大堆，但真正说到对书写模式和观念有所冲击和改变，实在屈指可数。倒是你所说的这两个特点比较新颖，特别是第二点，不过，这似乎不太合乎中国传统的文学观念，中国人历来坚信文学、历史、哲学是互为指涉，甚至在某种意义上是同构的，这一点在新历史主义起来后，就变得更为突出了。你的标准似乎是外在于中国文学的？

答：对，我的标准来自德国文学。在那里，“文学”是一个比较晚才出现的概念。大约在十八世纪，也就是歌德时代，现代意义上的文学观念才逐渐浮出地表。因为在那前后，德国人开始把文学、哲学、神学区分得很清楚，泾渭分明。这就与中国的文学观产生了极大的反差。一个突出的例子是，许多受到中国文学史观影响的德国汉学家，在编写中国文学史时——到目前为止大概有十本——总是很自然地把哲学、历史混同于文学。直到最近，一本与我的文学史几乎同时出版的著作，依然延续这种认识，把文史哲混为一谈，我觉得这是一个非常落后的观念。文学、历史、哲学应该被分开来讨论，否则，文学史就变成思想史、文化史了。

问：尽管这种区分很有必要，至少它帮助我们重新认识何为文学性，可是，当它一旦落实到具体的操作上，这里头恐怕又千头万绪，难解难分。鲁迅点评《史记》是“史家之绝唱，无韵之离骚”。司马迁的这部历史大书，比起某些所谓的文学作品，其审美意蕴可能更为上乘，也因此它是我们文学课本中一再研读和学习的对象。

答：我觉得这是不对的，文学和历史还是有一个基本的质的差异。比如说杜牧的历史观就同司马迁、司马光的历史观很不一样，完全是两个世界。杜牧写《赤壁》诗一首，是带着历史的想象在写。他说“东风不与周郎便，铜雀春深锁二乔”，这实际上是一种历史的假设，有对历史进行重新规划和创造的成分在里面。与此相反，司马迁和司马光的历史观基本上是标榜客观、可靠的，他们不可能把历史重新改造一番。当然从今天的眼光来看，他们的写作事实上也带有想象的成分，但归根到底他们的书写仍围绕着写实打转。因此，对文学和历史的看法，从认识论来看是截然不同的。

问：文学与历史的分野，基本上还是遵循这样一种日常的认知逻辑，即文学以虚构为本质，历史以纪实为依托。当然，何为虚，何谓实，也值得我们反复斟酌。特别是文学史，王德威说，它到底是史学记述的旁支，还是文学作品和现象的编年排列，很难说得清楚，并不是一个非此即彼的观念。既然说到虚构和纪实，我就特别想知道，这和你所说的中国诗歌传统总是贯穿忧郁和主观主义的红线这一点，是否有关联？因为从面上看，文学的虚构使它更多地表现出主观的东西，而历史则更贴近客观。

答：这里我们首先遇到了一个概念问题，即何为主观主义。我们总是想当然地把它和西方的subjectivism对应起来，其实这里面有很大问题，只是我一时半会也说不清楚。

问：对，刘禾在《跨语际实践》中，专门提出了这种等值喻说的可疑性。她用福柯的理论来解释近代中外文学与文化的交流，指出翻译实际上是一种权力挪用的结构。她花费一章的篇幅来谈民国初年有关个人主义的论辩，指出它和西方的individualism完全是两码事，不能等同。相似地，主观主义和subjectivism也应作如是观。如果想要把问题搞清楚，我们也应该好好地作一番语词考古的工作，历史性地分解其旅行、变迁的路线。

答：“忧郁”也是如此，它真的就是我们今天所了解和认为的那个“忧郁”吗？我对此很怀疑。回到中国古典诗歌，特别是从中国中世纪的诗歌来看，我们会注意到李白，他还有一个前驱屈原，他们都特别热衷于使用“愁”这个字。可是，他们所说的“愁”，和今人所说的“愁”已经有了很大的落差，为此，我们只能臆测它，揣度它。在一种古典的意义上，我说“愁”或者说“忧郁”，是中国中世纪诗歌的一条红线。不过可惜的是，直到今天也没有人把这个问题搞清楚，我们只能从欧洲的情况来看。在那里，“愁”是一个后发概念，出现得比较晚，老实说，可能到了十八世纪才有。当然，之前也存在，不过从内容、形式、表达方式，乃至地位，都完全不一样。

问：李白集儒释道于一身，因而他的“愁”具有某种混杂性。但是，对大多数的古代文人而言，“愁”可能更多地偏向儒家观念，特别是屈原，他的“愁”就很强烈地传达出一种家国之思、黍离之悲。这就不得不令我们想到夏志清所说的，中国现代文学总也摆不脱一种“感时忧国”的迷思。这里面有没有什么关联？

答：忧国和忧郁完全是两个世界。

问：我想，你所说的忧郁可能更多地是从西方美学的观念出发，在某种意义上，它指涉一种个人主义的话语？

答：的确有，但不完全一样。我们知道从十六世纪文艺复兴以后，人开始从神权的桎梏中解放出来，认为自己可以和上帝一样无所不知，能够独立地设计自己的人生。他们把自己奉为先知。但是，也还有一部分人，特别是在德国，那些受到新教影响的人，他们并不承认自己是先知，他们知道除了自己，除了自我的世界和知识，还有更多他们所不能了解的东西，为此，他们一辈子都忧郁，不断地思考他们是谁？从哪里来？又到哪里去？换句话说，这种忧郁，是对一种无根性和漂泊感的焦虑。这种感觉在现代性之后，变得更为强烈，因为一切都四散了。与此相反，李白依然保有他的根据和依凭，他并没有斩断他和他的前人与文化的关联，也因此，他的忧郁和一个十六世纪以后欧洲文人的忧郁，完全不同。

问：也许正因为你所欣赏的是中国古典文人式的忧郁，所以你会对中国当代文学颇有微词，其中的一个批评就是，当代的作家对社会缺乏责任感，是这样吗？

答：在这个问题上，我想我可能是矛盾的，也没有办法把它弄得很清楚。不过对我而言，作家可以分为两类。一类是外露型的，他们观察社会，开诚布公地批评各种现象。在德国，这类人通常年纪比较大，他们并不惧怕什么，无论你同不同意他的观点，他们只是把问题提出来，敦促我们去思考。而在中国，这样的人很少，鲁迅是，但那是从前。而另一类则是内向型的，他们创作他们的作品，不一定老是要明确地提到社会问题，他们含蓄而隐秘地传达自己的观点、看法，发出自己的声音。作家应该拥有两副笔墨，以托马斯·曼为例，一方面，作为一个社会人物，他公开地批判纳粹，毫不掩饰；而另一方面，作为一个作家，他像中国古人那样托物言志，委婉地表达自己的意见，绝不直露。他创作的《浮士德博士》，隐喻重重，尽管目的是讽刺纳粹时代的德国人，但是这个人物绝不会像他本人那样公然地表露这一点。如果一个作家只有前一面，那么他终将被历史所淘汰，为世人所遗忘。海因里希·伯尔（Heinrich Boll）正是这样的例子。他孜孜不倦地书写德国的社会问题，创作了大量作品，其中他五六十年代的作品颇值一读，可是到了七八十年代，他依然这么写，就会有问题，因为一旦你所提出的社会问题解决了，那么这些记录它的作品就失去其存在的价值和意义。

问：如果有，那也只是历史文献的价值。文学不应当只成为社会历史的倒影和折射，它应该别有所图。最近，王德威把普实克有关抒情与史诗的观念进行了一番发挥和改造，基本上就是沿着这样一种文史对话的思路展开的。在他看来，三十年代以来愈演愈烈的革命情绪和史诗倾向，并没能掩盖住个体的声音。他们从各种权力结构中有意无意地泄露出来，展现了启悟、嘲弄，甚至反叛的特性。你所说的作家的两面与这种论述很有些相通之处。如果借用这样的观点来考察当代社会、当下作家，是不是也可以说，他们的噤声当中还是有一种社会的关怀和介入在呢？个人的我和社会的我永远不可能截然断裂分开。

答：我明白你的意思，但一般而言，中国作家无论在哪里——应该说这不光是大陆的问题，更是一个中文写作的问题——不论是在大陆，还是在台湾、香港、澳门，或者马来西亚、美国，等等，任何一个有中国背景、以中文书写的作家，基本上都没有自己公开的声音。特别是在海外，他们完全有能力和自由来表达自己，但他们依然三缄其口，这是为什么？我不想回答这个问题，你们应该认真地思考它！与此不同的是，在德语国家，我们总是能及时地听到各种针对社会问题的发言和批评，这与我们的传统和历史有关，特别是与它在“二战”中的失败有关。不过，我们必须承认，有时候这些公开的声音也很可笑，甚至是错误的，比如奥地利的一流作家彼得·汉德克（Peter Handke），他就竭力维护前南斯拉夫总统米洛舍维奇。这在我们看来完全是不可思议的，是错误的，因为他在公开袒护一个屠杀者，我们不能接受他的声音。可是另一方面，他的作品我们依然认为是最好的。换句话说，我们并没有把他的为人和为文等同起来。

问：中国最突出的例子，也许就是周作人和胡兰成了。他们的文字一个清玄幽远，一个甜腻妩媚，在现代汉语书写史上可谓独树一格，不过可惜的是，他们的政见实在令人无法恭维。国内的研究，基本上是秉持其人可废其文不可废的准则进行操作的。但是，像苏文瑜、王德威等人，还是觉得这种文字和为人之间是不可能决然断裂的。王德威演绎出一种“背叛的美学”来解释胡兰成，苏文瑜用“另类抉择”来观察周作人，他们都试图建构人与文之间的关联，我想这些意见可能会在大陆引起一番热议，当然也包括义正词严的反对。

答：对。观点有对和错，关键就看你从什么角度来讨论。而另一方面是，问题也有真和伪。德国有位知识分子，他老是在忧虑德国的未来问题，认为它毫无希望。他的一个依据就是，德国的土耳其人太多了。可事实上，这实在是一个伪问题。在我看来，一个自闭的民族才是最可怕，最没有前途的，反而是要土耳其人、中国人越多越好，只有在这样的融合中，德国的活力和未来才逐渐展现出来。从这一点来说，公开的声音有时候也十分可怕，当然了，我们并不会让这样的声音恣意妄为，因为其他作家和知识分子都会出来批判它，反对它。中国在这方面实在是乏善可陈，但我的意思不是说年轻人或者中年人，而是说老人，比如说王蒙这一代人，他们不应当惧怕什么，他们应当有勇气来对各种现象作出挞伐和批判，发出自己的声音。

问：我明白你的意思，当一个人不再惧怕失去什么的时候，他应当更加坦然地面对自己和社会，而不是投鼠忌器、患得患失。

答：是，如果说年轻人还有所谓前途的考量，那么老年人已经不需要再去担心这些了。就我个人而言，你们总是说我对中国当代文学的意见太尖锐，但事实上，在德语世界，比我更尖锐的批评中国当代文学的声音还多得是，只是他们怕惹出事端，所以从不敢在公开场合发表。我想，人应该拥有一种内在的力量，一种敢于直面人生的勇气，我已经是耳顺之年，不再惧怕什么。你们说我尖锐，实际上，我并不尖锐，只是更加坦诚，仅此而已。

问：说真话并不难，难的是公开说真话。鲁迅之后，在中国这样的人已经凤毛麟角，多的是“潜在书写”，在抽屉里发声。说到鲁迅，你对中国现代文学有一个看法，就是鲁迅之前，“中国文学传统无疑属于世界文学，是世界文化遗产坚实的组成部分”，那么，我想问的是鲁迅之后呢？中国还有没有世界文学？你是在什么意义上使用世界文学这个概念？你所说的世界文学的标准又是什么？

答：鲁迅是在一九三六年过世的，这之后中国还有世界文学，比方说钱锺书的《围城》，冯至的《十四行集》，老舍的《茶馆》和没有终篇的《正红旗下》，多多"文革"期间创作的诗歌，还有北岛、顾城在八十年代完成的诗作，等等。

问：那为什么这些作品属于世界文学而非其他呢？你的标准是什么？

答：在语言，在思想，在形式。

问：思想和形式我都能够理解，可语言是一个很抽象的问题，我们很难笼统地说这个人的语言比那个人的好，因为简单有简单的意韵，华丽有华丽的气象，即便是枯涩，甚至也能铸就一种风格，关键是看这种风格用来叙述一个怎样的故事，两者能不能缝合。

答：好的语言，至少语法上是通的。很多中国作家，连基本的语法都不过关。北岛的散文，虽然用词不多，但极富韵味，而与此相反，莫言、余华等人，长篇累牍，实在太过啰嗦。你少看一百页和多看一百页，不会有什么大的区别。这里面关键的原因就在于，他们的字是论钱卖的。我觉得对一个好的作家来说，钱是次要的。

问：现在国际比较文学界一个比较热门的话题就是世界文学，哈佛大学比较文学系主任大卫·达姆罗什（David Damrosch）就曾著书《什么是世界文学?》，在他的观念中，那些在世界范围内不断被翻译、阅读、流通的作品，都可称之为世界文学。换句话说，尽管中国的作品有好有差，但依照这个标准，其无疑都是世界文学的一分子。

答：不对，这个概念有问题，他把对象泛化了。在我看来，只有那些能够被反复阅读，恒久相传的作品才算是世界文学。

问：你所说的世界文学实际上是一种经典化的文学，它具有超越性，超越民族、语言、时代、地域，并为世界各国人民所分享。

答：对，一种不论在何时何地、以何种语言写就的，但是通过它可以使我了解到我是谁的作品。我说过，通过鲁迅，我们能够了解德国，了解一切进行改革和革命的社会可能遭遇到的问题，其中最重要的一点就是现代性带来的忧郁，等等。鲁迅使我们看到法国革命以后，在欧洲社会于灵魂、精神上的各种变化起伏，但是苏童、格非、虹影等人的作品却从未使我思考。在他们那里，我找不到任何问题意识，如果有，我觉得那也不值得我去思考。而且从德国文学的标准来看，他们四五个人的作品，落后整整一百年，其写法仍停留在十七、十八世纪。不过，我应该加一句话，格非、虹影等人并不是为我一个人而写，在德国，他们的作品依然非常畅销，拥有无数读者。而相形之下，是我的作品，无论是诗歌还是小说，都乏人问津。所以，我批评他们，他们应该对我宽容。

问：当然了，你也并不是因为你作品的滞销而去批评他们，你的批评是基于不同的文学理念和见解。不过，从你刚刚的表述中，我大概可以理解到为什么你对二十世纪中国文学的设计在篇幅上会有那么一种巨大的落差：现代前夜只有十页的篇幅，而三十年的现代文学有近两百页，一九四九年到当下的六十年是一百页。这本身就代表了你对中国文学的一种观点。

答：这里面有很多的原因，我现在能想起来的是两点。第一，我跟不少当代作家是朋友，也包括那几位被我不断批判的作家，但是他们都习惯了，莫言老是说，请你多多批评我。前不久，我在德国刚刚翻译出版了王家新的诗集，我也会批评他，其他的还有欧阳江河、翟永明。我们彼此都很熟悉，所以口头上的批评、批判并没有任何问题，可是一旦批评落实到笔头上，情况就不一样了。在这里我可以给你一个例子，就是一九八六年我们在德国召开一个包括台湾、香港以及海外华侨在内的中国文学座谈会，我们力图构建一个大中国的概念。当时来了很多人，像夏志清、洛夫、李昂等人都出席了。李昂在会上诉苦说，你们德国汉学家都不看台湾文学，于是我就公开站出来说台湾文学的问题在哪里，症结有哪些，结果引发了众怒。后来，他们在台湾媒体上公开指责我，批判我，可事实上，我完全是出于一片好心。相对来说，大陆的作家也好，学者也罢，要宽容得多。欧阳江河原来批判我很厉害，但我无所谓，事后我们依然能够坐在一起讨论，并且是很好的朋友。从这件事情我知道，我的批评要十分谨慎，特别是笔头上的批评。所以，你说我的《二十世纪中国文学史》写得中规中矩，这是一个原因。而另一个重要的原因是，对一部文学作品的评价需要距离感，如果时间没有过去三十年，你很难对一部作品下一个正确的评断。一个简单的例子就是王安忆。对我而言，她是一个很优秀的作家，特别是她八十年代创作的一些作品，像《小鲍庄》等，都是很好的作品，可是她有一个问题就是模式化写作。后来她的《长恨歌》出版，她自认为写得并不好，陈思和也认为其中问题重重，但是我对这部作品，无论是中文版还是英文版，都极为满意，认为她臻至一个高峰。可是我不敢公开表态，更不敢妄下结论，因为我不知道我到底应该相信谁。如果我坚持自己的看法，那么到时候陈思和会批评我，说我的审美标准有问题。当然了，肯定会有问题，因为时间还没有过去三十年。另外，你问我这部《二十世纪中国文学史》有没有问题和缺点，我觉得有，但主要是中文版，它的内容被删去了五分之一，特别是理论部分。因此，陈晓明批评我的行文毫无逻辑感，这是情有可原的，如果他看德文版，那就不会有这个问题。至于这本书的缺点，则在于我把多多、欧阳江河等人都放到了注释里面。当然，我这么做是有原因的。第一，欧阳江河在九十年代末已经停笔，在我的观念中，这样的作家不是真正的作家，所以我对他所言甚少。但是，他现在又重新回归写作，所以我也应该重新重视他。第二，多多毫无疑问是个多方面的作家，也是一流的作家，但是他不够谦逊，就个人而言，我不太喜欢这种行事风格。所以，我觉得我对他不够好，我应该多写他。

问：既然评论需要时间感和距离感，那么又是什么原因促使你对苏童、莫言、余华等人作出了那么直接的恶评呢？

答：因为他们已经过时了！他们不能让我思考什么！

问：或者我应该反过来问，为什么多多、欧阳江河、王家新这些人没有过时，他们又带出了哪些问题令你思考呢？

答：他们的世界观、语言表达都极为复杂，形式也很独特。欧阳江河是睿智，多多的诗歌对当代社会问题充满关注，翟永明也是如此，这一点在她第四个阶段的写作中表现得尤为明显，其中一个最重要的话题就是男人与女人的话题。而这些意识，我在格非、苏童、余华那里似乎从未能捕获。他们不懂得女人是什么，不能从女性的视角出发来看待男女关系，特别是女性的社会出路问题。

问：那虹影呢？从《饥饿的女儿》到《英国情人》，她还是相当细致地勾画了一幅女性图景，特别是《饥饿的女儿》，更是写出了某种特殊历史境遇下的女性遭遇和求生欲念。王德威曾经写过一篇文章来讨论现代中国的论述里饥饿如何左右女性的命运，并与作家本人的历史经验互为交错的问题，他的对象是路翎的《饥饿的郭素娥》、张爱玲的《秧歌》，以及陈映真的《山路》，如果我们稍事扩展，不妨也可以把虹影的《饥饿的女儿》、李昂的《杀夫》这些作品放进去，从而可以见证一个更大的饥饿叙事脉络。

答：但虹影写女人，时常是在玩，因而更可怕。也许她的作品中会有女性主义的成分，可惜迄今为止我没能发现。

问：那你在翻译女性诗歌比如说舒婷的时候，会有意地将之处理成女性主义意味较浓的诗歌吗？

答：可以这么说，但是很遗憾，舒婷也过时了。她浪费了她的诗歌才华，除了六首精品，她也乏善可陈，更何况她现在已经转写小品，不再涉足诗歌创作。也许这是一个普遍现象，奥地利有位作家，他的德文极佳，可惜也只写出六首好诗，之后就转向散文、剧本的写作。不过，按照德国当代最重要的一位诗人的讲法，一个真正的诗人，一辈子只能写出五首好诗。当然我对此有所怀疑，可用这个标准来衡量，舒婷无疑是一个好诗人。也许我说的不一定有道理，因为这仅仅是我的思考的一部分，何况有道理很无聊，我并不追求四平八稳。

问：那朦胧诗过时了吗？

答：可以这么说，但我指的主要是他们的写作风格。北岛、顾城等人在"文革"和七十年代所写的诗歌我一辈子都会反复看，一辈子都会认为那是好诗。但是，他们如果要把这种风格延续到当下，那就会有问题。我估计，这也是北岛从诗歌转向散文的重要原因之一。一个人不突破自己，就无法获得长足的发展，从九十年代末到今天，北岛大概只写了十五首诗歌。尽管同过去的诗作不完全一样，但里面确实保留了大量的朦胧诗风格。作为北岛的译者，我有时候开玩笑地对他说，北岛你不要写了，我帮你写。这是一个有点过分的玩笑，但是他的症结确实在此，定型化了，模式化了。所以，他改写散文，我觉得是明智之举，而且他写得很成功。不过，他总是告诉我说他想重新提笔写诗，我觉得他很有可能会这么做。但问题是，第一，你怎么回来？以什么姿态回来？第二，"后朦胧诗"

之后，整个文学生态发生了巨大的变化。王家新、欧阳江河、于坚、西川、王小妮等人写出了一种全新的感觉，这些东西对我而言，很有吸引力，并且在德国也极有市场。北岛不可能写出这样的诗歌。此外，还应提到的是杨炼。他是个意外，但他也开始重复自己，词汇过频、过多是他的毛病。总体来说，他变化不大。变化最大的是翟永明，她的写作经历了四个阶段，前后完全判若两人，内容、风格大异其趣。可以说，她是当代诗坛唯一一个在不断追求变化发展的人，无论是追随社会的发展，还是诗歌内在的发展。北岛的写作也经历了两个阶段，欧阳江河也是，但是他们前后的变化并不是很大。

问：你翻译的诗歌在德国卖得好吗？销量有多大？因为我们知道，跨文化传播总是存在一个输入与输出不对称的问题，关键不是看你走没走出去，而是看你能走多远，到底被多少人接受。

答：特别好，比我的诗歌卖得好多了。像卫慧、虹影、莫言等人的作品动辄上万本，你要知道，在德国，一个好诗人只要能卖出三百本，他就成功了，出版社就不会亏本。而一个中国作家在德国，他的作品至少能卖出五百到一千本。

问：为什么翻译诗歌那么受追捧？

答：因为在德国读者和出版商眼中，中国诗歌实在是太棒了，太有意思了，它们提供了一种全新的文学样式，包括语言、思想，以及精神。

问：可是国内对这些先锋作家和诗人的看法，却恰恰与此相反，他们的作品通常被认为是对西方现代主义和后现代主义的模仿所得，是一种影响下的产物。

答：这些批评家根本就不懂外国文学。在西方，诗歌绝无可能这样写，而且写得如此之复杂。比如陈东东，作为他的译者，我完全看不懂他。

问：那你怎么翻译?

答：就是邓小平说的“摸着石头过河”，跟着感觉走。因为那毕竟是诗，所以总有相通的东西。

问：对于这些艰深晦涩且故弄玄虚的作品，一般人的做法可能是弃之不顾。

答：对，但是谁知道呢，也许过了一百年，他就是你们新的杜甫、新的李贺、新的李商隐，而且现在他们在德国是那么成功!

问：我就特别好奇为什么中国作家在德国和法国那么受追捧，而在其他欧洲国家，还有美国则备受冷落。造成这种冰火两重天的原因在哪儿?而且就翻译来看，按照一项统计显示，在伊丽莎白时期的英国，外国的翻译作品分量很大，可是日后它通过殖民扩张变成强国以后，翻译就开始急转直下。与此不同，时至今日，在德国，翻译仍占到百分之七十的份额，但有意思的是，同一时期的美国却只有百分之五。同为发达国家，它们的落差是如此之大。

答：对，翻译作品在德国所占的比重很大。我想原因是多方面的。第一，这与我们的传统有关。德国盛产哲学家，所以我们酷爱思想，而通过中国作家和他们的作品，我们又能重新发现德国的智慧和哲理，比如西川以他独有的幽默感写出了一个新的尼采，因而会大受欢迎。第二，德国的读者喜欢读外国的小说，特别是中国小说。在他们看来，德国小说太过抽象，既无情节，也没结构。这就和第一个方面形成了巨大的反差。不过情形的确如此，一九四五年以后，我们的作家就不再专注于讲一个有头有尾的故事。可是我想说的是，读者虽然不一定要跟着先锋作家走，但也有一种情况是，读者今天不看的书，明天谁都会看，而读者今天看的书，明天谁也不会看。这好比“文革”时人人都会读浩然一样，可是今天还有多少人在读他？

问：不过尽管如此，浩然还是代表了文学史的某些侧面。我们知道在《二十世纪中国文学史》中，你用一章篇幅来叙述的作家只有三位，鲁迅、郭沫若和郁达夫，在你的心目中他们是最好的作家吗？为什么？

答：也许不是最好，却是最重要的。鲁迅不用多说。至于郭沫若，他是整个二十世纪最有问题的文人。他完全失败了，但他是所有失败者中最有意思的一个。他让我们了解到一个文人的身份价值问题。通过他，我们能够了解法国革命、十月革命，甚至德国民主革命等一切革命运动之后，文人的取舍和走向问题。哪里有号召，哪里就有他的身影；哪里有饭吃，哪里就有他的声音。而郁达夫的重要性在于他的忧郁，以及他所关注的男人与女人的问题。《过去》一篇写得太棒了，这是余华、莫言、毕飞宇等人永远不能企及的，他们未必懂女人，在他们那里，女人可能仅仅是玩意儿，是肉性。

问：我并不完全认可你对这些中国作家作品的评价，但我相信你有你的道理，所以应该尊重你发表意见的权利。我还想问的是，你认为商业化对中国文学的冲击很大，在某种层面上，甚至导致了文学的失格。可是回顾整个二十世纪，可以说商业化是中国文学无法摆脱的背景。中国文学在某种意义上就诞生于都市语境之下。从晚清开始，十里洋场的东西进来，到三十年代茅盾的《子夜》，以及四十年代的张爱玲，谁都没有离开都市所提供的种种便利，包括传媒、商业、消费文化。

答：我指的商业化主要是指一九九二年以后。之前无论作家接受多少都市生活的熏陶，他们还是有所坚持的，也提供了不少优秀的作品，比如陆文夫八十年代写的《美食家》。这部作品写得极有意思，因为叙事者知道问题在哪儿。可是，他在最后一部分，把所有的问题都和谐化了。他这么做当然是出于对意识形态的臣服。尽管这么做，观念上是没有问题了，但对作品本身却造成了损伤。

问：好的，谢谢你。跟你聊天，很受教益。你回头还要准备明天的讲演，虽然问题还有很多，也只能就此打住。谢谢！

*本篇最初发表于《书城》二〇一一年第七期。

退热？升温？中国现当代文学在法国

何碧玉、安必诺访谈录

何碧玉（Isabelle Rabut），汉学博士，毕业于巴黎高等师范学院，现任法国国立东方语言文化学院教授，研究领域为二十世纪中国文学，编著有《中原国土上的美丽叛译：现代华语世界中的翻译问题与实践》、《现代中国与西方：翻译与跨文化协商》（与彭小妍共同主编）等，并译有沈从文、池莉、余华、毕飞宇等人的作品。

安必诺（Angel Pino），巴黎第十三大学经济学博士，毕业于法国国立东方语言文化学院，现任波尔多蒙田大学中文系教授、东亚文化研究中心主任，从事现当代中国历史与文学研究、巴金研究，编著有《东方语言学院一个世纪的汉语教学（1840–1945）》（与白吉尔共同主编）、《现当代华文文学作品的法文翻译目录》、《无政府主义者巴金》等，并译有巴金、池莉、余华等人的作品。

近期两人共同主编了《台湾文学在海外的研究现状和接受史》、《境外华语文学》，共同翻译了陈平原教授的《中国现代小说与文化七讲》。二〇一四年十月三十日，应苏州大学唐文治书院和海外汉学研究中心之邀，何碧玉与安必诺来到苏州为师生献上了“华语现当代文学在法国的翻译和接受”以及“现代华文文学经典在法国”两场精彩报告。返回法国前一天的上午，我们漫步平江路，然后在古色古香的荷言内厅作了一次长谈。两位教授现身说法，为我们提供了中国现当代文学在法国译介传播的大量的第一手信息，也提出了一些值得深思的问题。这里整理出来的文字稿，已经两位教授亲自审定。

问：两位教授早上好！今天很高兴能邀请到两位法国知名的翻译家、汉学家一起聊一聊法国的中国现当代文学翻译与汉学研究的情况。苏州大学海外汉学研究中心成立十年了，一直关注海外学者对中国文学的翻译与研究，也曾邀请不少海外学者来苏大讲学，有机会跟宇文所安、夏志清、李欧梵、王德威、艾朗诺等学者作了系列的学术访谈。这些学者中，除了顾彬是德国人，其余大都是英语世界的汉学家，说实话，我们对中国文学在法国的传播情况确实还不太熟悉。何教授是法国国立东方语言文化学院教授、汉学家，二十世纪九十年代以来，翻译了沈从文、巴金、池莉、毕飞宇、余华等多位作家的作品，并担任南方文献出版社"中国文学丛书"和"台湾文学丛书"的主编；安教授是波尔多蒙田大学东亚文化研究中心主任，除了丰富的译著，最近又出版了《现当代华文文学作品的法文翻译目录》，为国内外学者研究中国现当代文学在法国的翻译和传播提供了可靠的参考依据。我相信请两位介绍一下当代法国对中国文学译介和接受的现状是再合适不过了。

近年来，国内特别关注"中国文学走出去"的问题，我多次参加文化部、中宣部召开的相关座谈会，政府对于当代文学和影视作品的翻译给予了资金等方面的很大支持。我曾担任过这类项目评审，一个有意思的现象是，来参加评审的海外出版社几乎都是小出版社，很少有大型出版社来申请中国文学的翻译出版资助。这一情况是否说明，一方面，我们迫切希望将中国文学译介出去，但是另一方面，国外对中国文学的译介可能遵循自己的规律，未必已经形成所谓“热点”。因此，我们有必要掌握更多情况，让大家了解中国现当代文学在法国的译介传播的真实情况，面临什么样的问题，以及以后我们可以做哪些工作来推动中国文学的海外译介。

我们不妨从两位的经历说起，先来聊聊两位为什么会学习汉语，走上中国文学翻译、研究的道路？听说何教授还是安教授的汉语老师？

答（何碧玉，以下简称“何”）：我的第一个专业是古典语言文学，主要学习内容是法国文学、拉丁语和古希腊语，从巴黎高等师范学院毕业后，大约过了二十四岁才转学汉语，后来又来到北京，在北京第二外国语学院和北京外国语大学工作了六年时间。

答（安必诺，以下简称“安”）：我的第一个专业是经济学，我的博士论文是关于中国经济的，后来就对中国的政治、社会发展产生了很大兴趣。在研究中国经济期间，我结识了汉学家陈庆浩，他在香港长大，后来移民法国，是《红楼梦》研究的专家，此外还整理出版了很多朝鲜、越南的华语小说，是一位非常博学的学者。认识陈庆浩之后我决定学习汉语，大约是一九八一年前后，我开始在法国国立东方语言文化学院学习汉语，当时何碧玉是我的汉语老师。

二十世纪七十年代末八十年代初，巴金开始发表的《随想录》吸引了我，然后我开始关注中国文学，关注巴金，特别是巴金的青年时代，我指的是一九四九年之前，当时他信仰安那其主义（无政府主义）。我发现了他写给法国的耶稣会传教士明兴礼（Jean Monsterleet）的一批书信，大约有三十来封。明兴礼的《巴金的生活和著作》是第一部研究巴金的专著，手稿是用法文写的，这部著作随后由王继文翻译成中文，汉语版保留了下来，法文原稿却遗失了。明兴礼在手稿中将巴金的一些信件译成法文，然而王继文由于手头没有原信参考，只能自行将法文信回译成中文。当巴金出版他的书信集时，由于他自己未保存信件副本，便采用了王译本中所藏的信件。巴金曾说明这些信不是他的原文。而原件是由我首次公开发表在陈思和和李存光主编的《一粒麦子落地：巴金研究集刊卷二》上的，此前《上海文学》也曾经提到我对这些信件的披露。

问：没想到何老师汉语说得这么好，却是二十四岁以后才开始学习的，而安老师是从经济学转到汉学研究的，两位学习汉语的经历和因汉语而结缘很有意思。法国被认为是欧洲汉学的中心，其汉学研究可以说源远流长，向上可以追溯到两百多年前传教士对《今古奇观》中故事的选译以及《赵氏孤儿》的翻译和改编，二十世纪上半叶又有爱德华·沙畹（Édouard Chavannes）等一批杰出汉学家翻译《史记》等中国古典文学，汉学研究广泛、著作多样。那么目前法国汉学的传承情况如何？像两位这样从事中国现当代文学翻译和研究的学者大约有多少？

答（何）：除了我们两人，既做翻译又做研究的主要有诺埃尔·杜特莱（Noël Dutrait）、金丝燕、马向（Sandrine

Marchand)、安妮（Annie Curien）、尚德兰（Chantal Chen-Andro）、罗蕾雅（Marie Laureillard）、张寅德、徐爽、傅玉霜（Françoise Naour）、保尔·巴迪（Paul Bady）、邵宝庆、魏简（Sebastian Veg）等人。

问：你提到的这些人既是中国当代文学的研究者，又是翻译的实践者，非常值得钦佩，还有一些是专攻翻译的译者吧？我知道在捷克翻译阎连科的译者没有正式的工作，也不在大学教书，而是全身心地投入翻译，这样的专职翻译在法国多吗？

答（何）：从事中国文学翻译的译者主要有林雅翎（Sylvie Gentil）、贝施娜（Emmanuelle Péchenart）、雅格琳·圭瓦莱（Jacqueline Guyvallet）、普吕尼·高赫乃（Prune Cornet）、克洛德·巴彦（Claude Payen）、伊冯娜·安德烈（Yvonne André）、斯特凡·勒维克（Stéphane Lévêque）、帕斯卡尔·吉诺（Pascale Guinot）、雷橄榄（Olivier Bialais）、韦罗妮克·雅凯-瓦耶（Véronique Jacquet-Woillez）、金卉（Brigitte Guilbaud）、邵宝庆、戴乐生（Hervé Denès）等人。他们的职业不同，比如伊冯娜·安德烈是退休的大学教师，金卉是巴黎第三区杜尔哥中学的汉语教师。专职翻译不多，可能有五六位。

问：在法国拥有这么多翻译者和研究者，中国文学还是比较幸运的，特别是八九十年代越来越多的中国当代作家作品被翻译成法语。除了翻译，出版与销售也是中国文学海外传播的关键因素，目前法国有哪些出版中国当代文学比较有影响力、形成一定规模的出版社？何老师担任主编的南方文献出版社算一个，还有中国之蓝吧？你们估计每年法国大约出版多少种中国当代文学作品？一些在海外比较有影响力的作家，比如余华、莫言，他们的作品是由哪家出版社出版的？我们有什么途径能够了解中国文学的译本在法国的销售情况吗？

答（何）：比较有影响力的是南方文献出版社、中国之蓝和菲利普·毕基埃出版社。南方文献出版社是一个主要出版外国文学、规模比较大的独立出版社，除了中国文学，还出版大约三十种不同语言的书，虽然只有三十多年的历史（成立于一九七八年），但是很有影响力。菲利普·毕基埃出版社主要出版亚洲文学，中国、日本、韩国、印度、越南文学都有。菲利普·毕基埃出版社和中国之蓝是出版中国文学的专业出版社，所以他们每年都会出版六七种新书。全年法国所有出版社加起来有二十到三十种译著，最多（比如二〇〇四年，中国是巴黎书展主宾国）有五十种左右。但是中国之蓝除了翻译出版王蒙、刘心武、刘震云这样的作家的作品，也出版了很多三十来岁年轻作家的从文学价值上来说不太重要的作品。

余华的作品主要是在我任职的南方文献出版社出版的，包括《许三观卖血记》、《古典爱情》、《在细雨中呼喊》、《一九八六年》、《兄弟》、《十八岁出门远行》和《十个词汇里的中国》。此外，菲利普·毕基埃出版社出版了《世事如烟》与《河边的错误》的合集,《活着》由法国袖珍书出版社出版。莫言的小说主要是由瑟伊出版社出版。我不太清楚其他出版社的销售情况。就南方文献出版社的情况而言，池莉小说的销售是比较成功的，她的书最低销量也有四五千册，销量最高的《云破处》有近一万七千册。余华是最成功的，《兄弟》的累计销量至今有近五万册。

答（安）：具体销售数字可以通过出版统计网站EDISTAT（https://www.edistat.com）查询，这个网站的数据来源是书店、大商场的实际销售，而非出版社所宣称的销售情况。

问：相对于法国六千多万的总人口来说，这样的销售情况确实不错。那么法国读者对中国现当代文学译本的接受情况如何？他们与中国读者的阅读兴趣有什么区别？法国读者阅读中国文学作品时，比较重视的是作品中所表现出来的中国的风土人情、中国的想象，还是中国文学美学层面的、叙事层面的、文学层面的东西呢？

答（安）：首先值得注意的是，从二十世纪初期起，中国现代文学基本是在向西方文学看齐，对于西方读者来说，阅读中国古典小说确实有困难，但这一困难在阅读中国现代小说时不复存在。人们需要长时间的调查才能够真正了解法国读者的阅读兴趣所在，很难比较每个作家作品的销售数额，出版社不会将它们的数字公之于众。另一方面，读者群不是整齐划一的，但我们可以根据他们的社会来源和受教育程度，将他们归类。据我们所知，在中国，文学品位往往深受成为定论的观点影响，尤其是受到大学教育的影响，雅文学与俗文学的区分仍然存在。池莉曾对我们说，那些欣赏她作品的年轻读者往往在进了大学后就改变了主意。大学是养成了还是扭曲了他们的品位？事实上，很多受过良好教育的人，包括一些大学教师告诉我们，他们欣赏池莉的作品，至少是欣赏她的一部分作品。

在法国，读者显然不受已成为定论的观点的影响。读者读池莉的小说不会感到难为情，池莉在法国并不被视为通俗作家，也许是因为她带来了关于中国社会的一些知识。当然，并不是池莉的每一部作品都会被译成法文。出版社的选择以及译者的翻译方式会对她的作品的接受产生影响。事实上在法国，对中国作家的接受也是存在等级的，这一等级的形成与批评界和媒体有一定关系。对于法国批评界而言，莫言和余华处于比池莉更高的位置，从人们谈论他们的方式上就可以看出来——人们将他们俩列入中国当代“最伟大的作家”之中，实际上并不存在所谓“伟大的作家”的列表。我们可以推断，他们的成功来源于他们既创造了极具原创性的世界，也为人们观察中国提供了特殊的视角。

从美学品位来看，我们发现了中法读者间的某些差异，比如法国人可以以比较露骨的方式谈论性，但很难接受在当代中国作家笔下大量出现的与排泄有关的字眼。大量中国当代作品因为太过暴力或过多地谈到身体的功能（排泄粪便、尿、呕吐），让法国读者感到不适。这对于产生了拉伯雷的国度，也许是一种悖论，但事实如此。值得一提的是，拉伯雷生活在十六世纪，法国人的品位被雅化之前，而当代法国人的品位基本形成于十七世纪。另一个交流的困难来源于法国人的思维方式。一位网友在评论莫言的一本书时说，他的思维也许太过笛卡尔化，以至于无法欣赏莫言的作品。我们觉得这个观点很有意思。确实，一旦幻想变得有些许妄语的色彩，法国人在进入这种幻想时就有些困难。不过，这一推论也有其局限，因为某些法国读者恰恰相反，他们很欣赏脱了缰的激情，而有些中国读者则不喜欢这种激情。说到底，一旦我们想把不同的读者对立起来，我们很快就面临着自相矛盾。

答（何）：法国读者对中国文学的接受好像是多角度、多层面的，他们读沈从文的《边城》肯定是从美学层面的接受，而《兄弟》在法国非常畅销，我想是因为法国读者想要通过这本书了解中国从二十世纪六十年代到现在的演变，这本书是很好的索引，所以有很多经济学家也对这本书感兴趣。余华曾说:《兄弟》出版的时候很多文学评论家批评我的书，可是对于经济学家来说，我的书是必读的，很多经济学家喜欢这本书。可能这是他的玩笑话，但也有一定道理。法国经济学家丹尼尔·科恩（Daniel Cohen）的著作中有一章是关于中国的经济，就提到了余华的《兄弟》和《十个词汇里的中国》，尽管他是位经济学家。当然，读者喜欢余华还有很多原因。和我一起在东方语言文化学院工作的一位中国同事说，他读《兄弟》的时候哭了。余华的故事很能打动人，我想法国读者和中国读者一样会被他的故事所感动。我记得《兄弟》的出版引起了多方关注和法国主流媒体的一致好评，法国各大报纸，像《世界报》、《费加罗报》和《解放报》等，几乎整整两个版面的篇幅宣传他的书,《世界报》头版头条刊登了题为《余华，展现中国赤裸裸现实的作家》的报道。

答（安）：经济学家研究余华的小说，听起来不可置信，但在法国确实发生了这样的事，有一个很重要的经济学家团体，叫法国经济学家俱乐部，他们想邀请余华去给他们做讲座，讲中国的经济。

问：二十世纪中国文学的发生与外国文学的翻译密不可分，如林纾与王寿昌合译的《巴黎茶花女遗事》对当时的社会影响超越了文学本身的意义,“极力策勉其恣肆于西学，以彼新理，助我行文”。文学翻译是一种双向的文化建构，中国读者与作家都不可避免地受到西方的哲学、美学思想的影响，当下的中国又不可避免地被卷入全球化的浪潮中，对西方读者来说，不难在中国当代文学中嗅到熟悉的气息。但我们又不得不注意到东西方的文化毕竟有着本质的区别，同时，审美也是随着时代变化的，你提到的法国读者对过于暴力和赤裸地谈论身体功能的反感是一个非常典型的例证，这也就是为什么我们主张和鼓励优秀的汉学家投入到中西文学交流的活动中来，你们具有真正的跨文化体验。

看来法国读者关注中国小说还是比较多元的，既有对中国传统历史、当代社会的关注，也有对沈从文作品纯粹审美的关注。我相信，这代表了一个很好的趋向，过去往往是把文学作品作为了解中国政治的材料，现在这种情况越来越少见，这是非常好的。我同意何老师的看法，余华非常擅长写感人的故事，除了你提到的《兄弟》，还有《许三观卖血记》这样的作品确实是非常感人的。《兄弟》出版的盛况在当代文学的海外传播中，确实是比较少见的。正如你所说，从一九九七年《许三观卖血记》到二〇一〇年《十个词汇里的中国》，仅南方文献出版社就持续译介了余华七本小说，我想法国出版社对余华的持续译介促成了"余华热"。另一方面，汉学家对余华小说的深度解读也客观上推动了法国读者对他的了解，你的《余华和幽魂纠缠的空间》以及胡可丽（Claire Huot）的《余华笔下令人不安的现实》都产生了不小的影响。余华的《第七天》也在法国出版了，读者的反响怎么样？有媒体报道《第七天》在法国遇冷，"余华热"退热了，对此你们有什么看法？除了余华，还有其他中国作家受到媒体如此高的待遇吗？莫言、苏童、阎连科、贾平凹等作家在法国的媒体关注度怎么样？余华的小说被列入了您主编的"中国文学丛书"，您可以给我们介绍一下这套丛书吗？

答（安）：现在对《第七天》的接受作一个总体评价还为时过早，这本书在法国出版还不到三个月，不过最初的反响是积极的，《解放报》发表了两个版面的评论，其中包括作者访谈，《电视全览》也发表了一篇长文，这两份都是相当有影响力的报刊。一些读者也在博客上就此作品表达看法，有些读者对作品的结构感到不解，认为结构有些松散，绝大部分读者都被此书的人文主义特质所感动。一些读者主要注意到此书的社会批评维度，另一些读者则将它作为一篇真正的诗来阅读。目前在法国余华是最成功的，莫言当然也很成功，他获得诺贝尔文学奖之后，法国媒体更加关注他了。可是根据我个人的了解，有不少法国读者不太喜欢他的书，觉得他的小说写得有些乱，读起来太累人，因此看了一段就看不下去了。

“中国文学丛书”包括大约二十种小说，它们都是一九八〇年以后在中国大陆出版的，到目前为止，丛书已经出版了多部余华和池莉的作品，一部毕飞宇的小说，还有王小波的《未来世界》。不知道为什么，《未来世界》不太成功，也许是因为里面有很多文字游戏，包含了很多高级知识分子的想法。此外，出版社还翻译出版了很多台湾文学。作为编辑，我的工作首先是寻找好的作品，作品都是经过自己的阅读之后，再向出版社和读者推荐的，然后寻找合适的译者，优秀的译者并不好找，接下来我会对译本进行校对，写书籍介绍，写广告传单，供出版社的销售部门使用，有时候也陪同作者去参加作品的推广活动。

问：我想是因为莫言的小说中线索太多、人物太多、故事复杂，对普通读者来讲是稍微累了点儿。你提到的《未来世界》不受欢迎，也许是因为情节性不太强。二十种对一套丛书来说也是一个不小的规模了，我非常赞同你的观点，编辑能够有亲身阅读的经验非常重要，而你熟悉中国文学、熟练掌握汉语也是丛书出版质量非常重要的保证。你提到的这些台湾文学另收入“台湾文学丛书”了吧？另外，在媒体方面，有没有对中国文学比较关注的杂志、刊物？

答（何）：对，除了“中国文学丛书”，还有安必诺、陈庆浩和我共同主编的“台湾文学丛书”。相对于大陆文学，法国读者对中国台湾的文学和历史了解不多，而法国报纸几乎每天都要报道来自中国大陆的各种新闻，中国大陆的影响是令人不可忽视的，这也加强了读者对中国大陆文学的关注。除了编这两套丛书，我们还翻译过一些海派和京派的小说，“五四”文学在法国也没有受到媒体很多的关注，也许是因为作家都已经去世，无法接受媒体采访来推广他们的小说了。媒体方面，过去主要是通过报刊文章介绍中国文学，现在有了新媒体的加入，一些网站对中国文学的传播也起到了非常重要的作用，比如有一个法国的网站“RUE 89”（nouvelobs.com/rue89）对中国文学就特别关注，这个网站由一批过去供职于法国《解放报》的报业人员创办。

问：让我们回到两位的翻译活动上来，何老师提到了《兄弟》在法国的广泛传播与媒体的高度评价，而池莉的小说不仅畅销,《云破处》更是破天荒地被改编成话剧在法国上演，可以说在中国文学的海外接受中是比较罕见的案例，这些作品在法国的成功离不开高质量的翻译。尽管两位在各种场合多次提到了翻译的问题，但还是值得继续讨论，对你们来说，在把中国文学转换成法语的过程中最大的挑战或者说困难是什么？

答（安）：翻译已经成为一种习惯，随着翻译经验的积累，对我们来说没有什么是翻译中不能克服的困难。作为中国文学的研究者，我们会大量阅读，依据自己的喜好和判断选择自己感兴趣的作家作品推荐给出版社，并亲自翻译。由于我们翻译的一般是当代文学作品，这些当代作家仍然在世，我们很容易就能与他们建立联系。如果我们在翻译过程中有什么疑问，可以与他们联系，一般都会得到作家们的热情支持。

答（何）：是的。池莉的作品并不都是我们翻译的，我们翻译了一部分，包括《云破处》、《预谋杀人》、《你是一条河》、《太阳出世》和《看麦娘》。以翻译她的小说为例，翻译难点之一可能就是她在书中使用了很多武汉的方言，不过只要向她请教，这些问题很容易就解决了。翻译二十世纪一些海派作家的作品时，我们遇到一些不规范的音译的商店和外来品牌的名字时真是被难倒了，只能向当时仍在世的施蛰存先生请教。翻译已经不在世的作家的作品时，遇到类似问题可能不容易解决，翻译当代作家的作品不存在这样的问题。具体的翻译涉及很多语言文化方面的问题，我相信在进行语言转化之前，对小说原文和小说产生的文化背景进行一定研究是非常必要的。一个很棘手的问题就是节奏，法语和汉语非常不同，很难保持原来句子的结构。虽然如此，如何在翻译中保持汉语原文中的节奏，通过对译文的锻造，让法国读者也能体会到小说的节奏和音乐美，这是一种挑战。

问：译者在翻译过程中，往往会为了实现某些特定的目的而采取不同的翻译策略，你们习惯于采取什么样的翻译策略？在翻译过程中会出于某些目的而对原作作一些处理吗？例如葛浩文作为英语世界一流的中国当代文学翻译家，有时会对原文进行一些处理，你们会根据自己的想象对原文进行再创造吗？

答（何）：我们不会对原文作任何的改写、再创造，而是作尽可能完全忠实原文的翻译，我倾向于完全翻译出原作者的意思。作为译者，随意删除原文的内容、跳过一些细节不翻译的话，很可能损害原作者的表达。作为中国文学的研究者，我认为正是在一些细节中隐藏了文学的美，而作为译者，我们无法替读者决定哪部分应该被保留，哪部分应该被删除或者改写，因此我不太赞成改写式的翻译。据我所知，白亚仁（Allan Barr）翻译《十个词汇里的中国》时，美国的出版社就问他能不能修改一些地方，但是法国的出版社不会问这样的问题。另外，为了读者能更好地进入原著，我总是建议在必要的地方添加脚注，尽管太多的脚注可能会引起读者的厌烦。以《兄弟》为例，原著中引用了不少二十世纪六七十年代中国社会流行的口号标语，如果不加以说明，法国读者就无法进入当时的历史语境。从文学研究者的角度出发，我建议出版一些加注的版本。

答（安）：关于修改的问题我想补充几句，有几个非常有趣的小片段，我想其他译者在翻译过程中也会遇到。有时候我们操作的原文也是有错误的，如果发现有错，我们会提醒作者，如果作者坚持不修改，那么我们就把原文连同错误保留下来。比如说几年前我们翻译杨绛的《杂忆与杂写》，其中写到了老瑞和哈迪，他们是美国二十世纪三十年代影片中非常经典的两个形象，一胖一瘦的两个喜剧人物，瘦子是老瑞，胖子是哈迪，我们提醒杨绛她把两人的名字弄反了，但是她建议保留，我们就尊重她的意愿按照她的原文翻译。

答（何）：是的，如果我们有疑问会和作者联系，听取作者意见再决定是否在译文中进行修改。还有个例子，余华的《兄弟》中写到一个人从巴黎坐“欧洲之星”火车去米兰，事实上“欧洲之星”行驶于巴黎和伦敦之间，坐“欧洲之星”到不了意大利。我们向余华反映了这个问题后，他说你们自己改吧，所以我们就在译文中修改了过来。

问：是的，细节难免出错。两位在翻译中的求真、求实精神值得我们借鉴。法国读者更愿意接受不经改写的、原汁原味的中国文学显示法国读者的口味不同一般，他们接受中国文学的过程好像要比美国人更加自然顺畅，这也许与法国人开放的心态和一向欢迎外来事物的态度有关。现在，“中国文化走出去”和“中国文学走出去”是国内讨论的热点话题，不知道西方读者包括法国读者在内是如何看待中国文学或中国文化主动走出去的行为，是否会引起不适、反感的心理？还是用开放的心态欢迎？

答（何）：我认为政府推动“中国文学走出去”不一定就会引起外国读者的反感，“文学走出去”在国际上也是比较普遍的现象。台湾当局也大力支持台湾文学的翻译和出版，中国政府支持中国文学的翻译和出版是很正常的现象。法国人唯一的担心可能是害怕中国政府会鼓励翻译出版一些带有意识形态的作品。我记得二〇〇四年中国是巴黎图书沙龙的主宾国，中国作协派出了三十多人的代表团来法，其中不乏韩少功、残雪、莫言、苏童、余华、格非、阿来等知名作家，但是代表团中大部分人在法国毫无知名度，让我们觉得很遗憾，也很疑惑，为什么作协会派一些法国读者不了解的作家访问法国？但无论如何，中国文学在国外的成功依赖于中国的伟大作家，而伟大作家往往不是顺从的作家，我们不能忽略这个事实。

问：你提到的代表团成员的问题，我想有一种可能就是中国作协在接到这类邀请以后，将名额分配给各个省的作协，作协的主席肯定是知名作家，但是不可能每次出访活动都去，因此协调之后，一些在法国还并不知名的作家也就有机会出国访问交流。我们还是回到刚才谈到的法国对中国现当代文学的翻译问题上，历史上法国汉学研究成就卓著，目前法国对中国当代文学的研究总体情况如何？据估计，美国现在每年都会有一二十种研究著作出版，包括一些出版的博士论文，法国出版的研究著作多不多？另外，我发现欧洲一些国家的学者，包括荷兰、捷克、意大利等国的学者，都开始用英语写作发表了，有没有法国的研究者用英语写作？

答（安）：法国对中国当代文学研究的著述还比较少，我知道的有张寅德教授的《二十世纪中国小说世界：现代性与身份》、《比较文学与中国视角》（他最近也出版了一本关于莫言的书），诺埃尔·杜特莱的《中国当代文学业余爱好者使用摘要》，还有魏简、金丝燕、黄晓敏和安妮的一些专著，当然也有我们自己编的著作。对中国当代文学的研究主要是以论文的形式发表的。法国很少有研究者用英语写作，这是我们反对和抵抗的，当然要维护法语的地位！确实在德国、荷兰、意大利和西班牙等国家有这样的情况，法国有一些人开始尝试用英语写作，可是我觉得应该予以抵制。

问：从维护法语的纯洁性的角度，防止英语在全世界范围内的统治和对其他语言的压制是有必要的，如果丢失了自己语言的独立性，是非常严重的损失。培养汉语言文学专业的学生是汉学研究未来发展的基础，目前在法国高校学习汉语的学生多吗？每年大约有多少？他们主要的研究兴趣是什么？

答（何）：我就职的法国国立东方语言文化学院中文系招收的学生是全法国最多的，一年级有三百多人，在读硕士生大约有五十人。这个人数看上去不少，但其中不少是中国人，而且趋势是越来越多的中国人来攻读法国高校的学位，我的博士生大多数来自中国大陆和台湾。博士研究生中有一个研究王小波的作品，有一个研究职场文学《杜拉拉升职记》这类小说，硕士研究生中有一个研究余华，还有一个南京大学毕业的学生研究《红楼梦》在法国的翻译与接受，一个法国学生研究韩东，一个意大利学生研究阎连科。

问：很不错，有这么多学生研究中国文学，相信假以时日中国现当代文学研究会发展起来，我们还得耐心地等一等。法国目前从事中国现当代文学翻译与研究的从业者人数，还有实际的成果，都要比美国少，你们对美国的汉学研究有什么评价？你们和美国汉学界交流频繁吗？

答（何）：我们是和美国汉学家，比如金介甫（Jeffrey C. Kinkley）、葛浩文、史书美有一些来往，与他们见过一两次面，史书美甚至给我们主编的关于京派与海派的一本书写过文章。我们在台湾见过一次王德威，二〇一三年他还去巴黎参加了莫言的研讨会。那次研讨会是由巴黎第七大学东亚文化研究中心、巴黎第三大学比较文学研究中心和艾克斯-马赛大学亚洲研究学院联合主办的。法国很少召开关于中国文学和中国作家的专题研讨会，我想如果不是莫言获得诺贝尔文学奖，可能也不会搞这样的研讨会。中国现当代文学作品在法国拥有了一席之地，但还远远没有上升到主流文学的地步，即使是在翻译文学中，比较受关注的仍然是英美文学，亚洲文学中日本文学的影响也是要比中国文学大的。

问：从与两位教授的对话来看，法国读者对中国文学的解读和对中国作家的偏好与国内、与美国不尽相同；法国翻译家采取的翻译策略与态度值得我们比较、借鉴；法国对中国现当代文学的翻译和研究自成体系，与美国汉学研究相比，虽然在译著数量和研究者人数上来说并不多，但取得了不少成绩，我想作为欧洲汉学的中心，对这片大陆的其他国家的汉学研究会产生一定的积极影响，这些有趣的现象都值得我们进一步关注。当然，我们也必须承认中国文学在法国还是比较小众的，两位在这样的大环境下坚持中国文学翻译与研究，非常不易！最后，我想请两位资深的翻译者和研究者评价一下中国现当代文学，你们认为它在世界文学中处于什么样的地位？中国文学走出去面临哪些挑战？

答：说实在的，从外部批评中国现当代文学，我们的立场也许不够中立，但我们也算是中国文学活动的参与者并为之贡献出一生绝大部分的时间。文学如今被世界化了，在法国，我们能够读到全世界作家的作品，比如我们刚才谈到南方文献出版社翻译出版了三十几种语言撰写的作品。在这一广阔的整体中，中国有其位置，我们不能说中国是被忽视的。但我们也不能错误地认为，中国在其中所占的份额，应当与其人口数量或它的国内生产总值成正比，读者们可能也想读挪威、土耳其或南非的作家作品。另一方面，地缘政治在文学接受中也扮演着重要角色，地理位置远近往往决定了文化的亲疏，比如法国文化与盎格鲁-撒克逊文化更接近。西方读者不容易与中国产生亲近感，西方文学批评家对中国历史和文明知之甚少，常常难以就相关问题发表言论。像《面具与笔》这样的广播节目，这是由一家大型国家广播电台每周日晚播出、听众众多的关于文学、戏剧和电影的节目，很少谈及亚洲文学。我们经常收听这一节目，其中简要地谈及过韩寒、莫言、程抱一和池莉。关于池莉，谈的是由其小说《云破处》改编而成的戏剧，该戏剧于二〇〇五年四月至五月间在巴黎一个剧场上演一个月。不过总的来说，中国作家对于他们自己在外国的形象，至少是在法国的形象，没什么好抱怨的，他们中的好几位，如莫言和余华，如今都有了相当广泛的声名。相比之下，除村上春树外，很难说法国读者知道很多当代日本作家。总之，他们知道的日本作家绝不比中国作家更多。

中国现代文学中历史与政治所占的分量很重，人们对它感兴趣，因为它诉说了中国过去动荡的历史，也因为它有“叛逆”的一面。这既是中国现代文学传播的优势，也是一种局限。一位德国汉学家说，如今的中国作品都质量平庸，或是“垃圾”，我们不同意这一观点，但确实要承认，中国当代文学失去了在二十世纪三十年代文学中仍然能够找到的某些品质，如美学的超逸，这一点在京派作家身上非常明显。当然，八十年过去了，人们不会再写出像《边城》这样的作品。但在我们看来，这类作品代表了中国独有的美学之精髓，可能余华在其作品最具诗意和最宁静的段落中，有时比较接近这一美学。我们期待能产生更多的体现中国独特美学精髓的作品，并把它们介绍到法国。

*本篇最初发表于《南方文坛》二〇一五年第六期。

政治小说的跨界研究

叶凯蒂访谈录

叶凯蒂（Catherine Vance Yeh）教授长期任教于德国海德堡大学，现为波士顿大学教授，主要研究晚清民国时期的文学与文化，特别是近代都市娱乐文化的兴起，主要著作有《上海·爱：名妓、知识分子和娱乐文化（1850-1910）》、《一个文学潮流的全球化：晚清中国的政治小说》等，是海外颇具影响力的汉学家。

七月的姑苏，炎夏已至。在这样的酷热里，叶凯蒂教授应邀专门从上海赴苏州讲学，并在休息的间隙接受了我们的访谈。这篇访谈稿是在一次座谈、两次访谈的基础上综合而成的，主题紧紧围绕着叶教授即将出版的有关政治小说的研究展开。访谈中，叶教授对学术的热情及她精湛的学问，都使我们受惠不已。她强调跨国界、跨学科的治学之法，同时还提出文学研究者应该大胆地在学术训练的基础之上动用自己的直觉。这正是多年前胡适所说的“大胆假设，小心求证”的另一种延伸，“小心求证，大胆推测”。

问：凯蒂，你好！你是专门研究晚清文学与文化的，但我们知道，直至二十世纪八十年代，晚清一直是现代文学研究中不为人重视的边缘区域，几乎大部分的学者都把精力倾注在“五四”及其从属事件之上，你为什么会在那样一种语境中，选择这个领域，并开始你的研究？

答：一方面，当然是性格使然，我这个人不太喜欢人云亦云。另一方面，是因为我在当时接触到了一些晚清的材料，一下子就被其中丰沛的面貌和多姿多彩的文学、文化世界所吸引并震惊。历史有时候是很不公平的，因为政治上的定论，特别是对慈禧太后的定论，就左右了人们对晚清的正确认识。王德威为此大写翻案文章，指陈这一世代是被压抑与搁浅的，意义深远。我自己也正是从这些材料与研究的失衡中，得到激发，并开始尝试对它作出不同方面的解释和研究。

问：你刚刚完成了对晚清政治小说的研究，这种关心似乎可以追溯到你的博士论文，*Zeng Pu's Niehaihua as a Political Novel: A World Genre in a Chinese From*。论文中你提出的小说叙述形式本身可能成为体现新思想、传播新观念的媒介这一观念很有启发性，可以和米列娜她们以结构主义理论探寻晚清小说的现代性等量齐观。不过，你采用的方法似乎并不仅仅局限于文学内部，也有美术的理论，比如《以看一幅画的方式来读〈孽海花〉》，就是用了绘画术语“烘托”。

答：对。我的博士论文做的是《孽海花》，主要的意图就是想通过这部小说来观看政治小说这一世界性的文学运动在中国的回响问题，看传统与现代如何在中国文学中磨合、翻新。这么多年来，我一直在追想，这一文类的世界性到底体现在什么地方，也对之前的观点作了很大的改进。

问：政治小说名声虽大，但艺术水准普遍不高，学者也通常对之弃置不顾，没想到要把它当成严肃的研究对象。即使近年来，人们偶有触及，但正如王德威在《现代文学史理论的文、史之争：以近代中国政治小说的研究为例》中指出的，近代政治小说研究问题重重，作品如何分期、文类如何确立、风格如何归纳，以及与外围政治社会因素的关联，等等，分量虽小，却牵涉繁复。什么原因驱使你作出这种大胆的尝试？

答：我所有的研究动力都来自文本本身。文本会引得你去关注这些问题。一八九八年，梁启超在《清议报》上发表了著名的《译印政治小说序》。在这篇文章中，他开门见山地提出："政治小说之体，自泰西人始也……在昔欧洲各国变革之始，其魁儒硕学，仁人志士，往往以其身之所经历，及胸中所怀，政治之议论，一寄之于小说。"当时我就在想，梁启超所说的政治小说源于西方，到底是确有所指，还是道听途说？如果有，那么这些政治家又是谁？此外，政治小说能否真的构成一种独立文类？就是这一系列的问题引得我去关心它。

问：那梁启超是确有所指吗？有时候，西方很可能只是一种象征资本，它不一定要落到实处。政治、军事上的强盛，会造成一种文学也相应发达的幻象。

答：是，但梁启超的确是有所指的，这就是我新书第一章的内容，讨论政治小说在欧洲的历史。梁启超的话很显然地引导我们注意，不能仅仅把政治小说看成是中国小说。这里面，和日本的关系现在是弄得比较清楚了，但是和欧洲的关系仍有待进一步考察。经过一段时间的摸索，我发现欧洲政治小说的起源，在于英国的首相本杰明·迪斯雷利（Benjamin Disraeli）。他是十九世纪中期到末期英国最重要的首相之一。重要的原因在于，就是这个时候，英国开始了向外的帝国主义扩张，到印度，到非洲。这个人相当有远见，二十几岁就当上了首相，但很快被轰下台，他说你们不要笑得太早，我迟早是要回来的。果然，十年后他重返政坛。就是在这十年下野的情况下，他写了"少年英国三部曲"，Young England Trilogy。

问：梁启超有《少年中国说》。宋明炜还专门探讨过清末文学中的青春想象问题，题目叫《从"少年中国"到"老少年"》，不过，他并没有说明梁启超此说的灵感来源。

答：就是从迪斯雷利这里来的，到了日本就成了"少年日本"，到了意大利就成了"少年意大利"，以此类推。迪斯雷利提出"少年"这个观念，事实上是想表明英国已是老大帝国，如果不革新、不改革，那么就会有毁灭之虞，他引的例子就是法国的大革命。

问：这个少年三部曲讲的是什么内容？

答：它们主题并不是很一致，但读起来都很有意思。比如其中的一部是《康宁斯比》，小说的背景设定在十九世纪的曼彻斯特，当时的英国已经开始了工业化，大批资产阶级和工业家涌现出来。但是，他们却毫无选举权。选举权牢牢地掌握在土地拥有者的手里，也就是贵族手里。围绕着这个矛盾，小说提出了一个中心观念：如果贵族不把一部分的选举权转让出来，不与资产阶级作联合，那么，资产阶级必然是要革命的，革的就是贵族的命。因此，贵族们不想有流血的革命，就必定要让资产阶级在国会里有代言人，让他们的利益能够在政治的正常运转中实现。小说出版以后，风靡一时，顿时成了欧洲的畅销书。这个时候我就注意到,《纽约时报》对它的评价以及欧洲各大媒体的评价中，就出现了政治小说这个概念。另外两部，一部是写政治与宗教的，讲当时教会的权力非常大，政治家如何跟它交涉、妥协，另一部是写青年人与老年人观点不一致，政治上如何传承接代的。后来，他当了首相，又写了两部，当然，这是后话了。

问：那梁启超的政治小说，就是受到了迪斯雷利的启发。

答：这只是一方面，主要还是从日本学。日本人受英国的影响很深，因为它们都是岛国，就连它的海军也是受英国训练的。明治维新的时候，日本人酝酿国会，于是就去翻译介绍英国的政治小说，为自己的改革寻求合法性，接着就是自己做小说，一来二往，很快就把它变成了一种风潮。与此同时，世界上的许多国家，也在向英国“偷师”，从爱尔兰、意大利、土耳其，直到美国，这样，政治小说就成了一个世界性的文学运动。而且很有趣的是，所有的国家，都不是职业作家在写，而是一群关心政治，或者参政，甚或是在政治上暂时不得志的人在写。他们通过小说这个媒介，来表达自己的政见。

问：中国文人的近代转型是一个极有趣的问题，从士人到报人，从护花人到知音，失落有之，收获亦有之，你的好几篇文章都谈到了这一现象，譬如“The Life-style of Four Wenren in Late Qing Shanghai”,《从护花人到知音》，等等，颇可作心态史学的阐释。不过，这里我更关心的是，政治小说的表述有效吗？

答：梁启超在《译印政治小说序》里说得很具体，讲“往往每一书出，而全国之议论为之一变”。效果斐然啊，当然，这里面有夸大的成分。不过在我看来，至少在三个层面上，政治小说在发挥它的对话功效：第一，它是在跟朝廷对话，为朝廷提建议；第二，是在跟其他革新者对话，相互辩论、协商；第三就是“新民”，即向下与民众作对话，引导他们对时政的关心。至于梁启超本人，因为百日维新失败，他已经在野了。换句话说，在政治上，他已经没有退路了，他必须有新的途径来施展他的抱负，来向人们宣扬新的思想。这时候做“新小说”，就成了理所当然的事情，至于有没有效果，恐怕不是他首先能考虑的。

问：梁启超他们在接受政治小说方面做了哪些具体的工作？这里面是不是有个中国化的过程？

答：这个是肯定的。我把所有翻译成中文的日本政治小说都读了一遍，数量不是很多。我这么做主要动机是想还原历史的原状态，看一看当时的人们到底读到了什么，接触到了什么。在这个过程中，有一点使我非常吃惊，就是所有的日本政治小说用的都是才子佳人的框架模式，这和迪斯雷利的小说是完全一致的，都是讲少年有为的贵族和能干的工业家女儿结合的故事，典型的郎才女貌。而反过来看中国的情况，几乎所有的政治小说都把才子佳人这个最得心应手的模式给放弃掉了。我想，梁启超他们肯定是在有意识地做这件事。

问：具体是什么原因？以接受-反应的理论来看，这几乎成了一个相反相成的怪例。通常而言，只有作者的叙事同读者的阅读习惯一致，其所收到的效果才好。李欧梵也曾疑惑，晚清的读者看报纸、看杂志，其阅读习惯是同传统的完全一致，仍旧是才子佳人的故事，但突然间，才子佳人就转变成英雄豪杰，很难理解。

答：恐怕和《桃花扇》不无关联。这是一个典型的才子佳人故事，但是结尾却异常令人不快。这几乎成了一种暗示，所以从此之后，在国家面临生死存亡的关头，采用才子佳人的模式就变得很不适宜。即使是象征性地使用，也不恰当。我相信，全世界都会有这个现象，就是由于自己国家特定的文化内容和含义，有些形式必须被回避掉。

问：但是，才子佳人的模式在中国并没有式微，相反，在《玉梨魂》这样的小说中，它反倒成为一个光明的结尾。之后愈演愈大，甚至变成了耳熟能详的“革命+恋爱”公式，也成了二十世纪中国文学最重要的情感结构之一。但凡我们的主人公在政治的不快中过活时，爱与性就变成了最好的发泄口，八十年代以来的许多小说、诗歌、电影都有这种情况。不知是革命成全才子佳人，还是才子佳人本身就是革命最好的扮演者。

答：对，但是这里我要强调的是，政治小说作为一种独立的文类，它具有特殊性。至少有三点，我认为很重要。第一点正好可以用来回答你的问题，就是它拥有很强的时间性。政治小说，总是针对某一国家某一时期内的具体问题来写，它不是普世的人类心灵和生活的问题，因此生命力不长，一旦问题解决了，它的任务也就完成了。《玉梨魂》写于一九一二年，中华民国已经建立。换句话说，政治小说所要讨论的问题已经解决了，所以用不用才子佳人模式都无所谓。第二，就是政治小说总是关乎未来。即使它批评当下，也总是包含着对未来的憧憬。它预设了一个国家的发展方向。比如说，晚清最重要的一部翻译的政治小说，爱德华·贝拉米（Edward Bellamy）的《回顾》，虽然只是一个总结，但当时给梁启超他们的影响非常大。一个重要原因，就是迪斯雷利的小说在时间和空间上，并没有什么特别大的创举。可是，《回顾》却使得中国读者第一次接触到了未来小说。这个未来通常是理想的，有时候也是灾难的，它描绘人类是怎样被毁灭的。第三，所有的人物都是寓言性的。政治小说中没有真实的文学人物。比方说，《康宁斯比》这部小说，康宁斯比是贵族青年的代表，而他恋爱的对象米尔班克小姐，恰是作坊、企业与银行的象征。最后他们的结合，就是曼彻斯特的资产阶级与新兴、开化的贵族青年的结合。

问：按照这个理解，是不是连四大谴责小说都不在政治小说之列？不过，王德威定义的远比这个来的大，不仅囊括四大谴责小说，还包括后来老舍的科幻小说《猫城记》、沈从文的《阿丽思中国游记》。

答：至少在我看来是这样。当初我提这个观点，引起了不小的争议，但学术总是仁者见仁。我得到这个认识，原因是我研究《孽海花》。我注意到金一写的前六回，发表在《江苏》杂志上，叫政治小说。但曾朴接过来改写成二十回的小说，就变成了历史小说，等他二十年后整个完成了又叫社会小说。我就在想，对于当时的作家而言，小说的命名并非没有意义。《孽海花》是在整个三十年中完成的，它本身就成了一部政治史。同其他三部著作一样，它们同属于社会批评，关心时政、针砭现实，却不涉及中国的未来。从这一点上，我不认为它们是政治小说。

问：政治小说经梁启超提倡并实践之后，发展的态势如何？这种发展是不是又和文学期刊的现代发达有一定关联？范伯群老师提出，中国现代文学期刊有三波高潮：第一波是一九〇二年至一九〇七年；第二波是一九〇九年至一九一七年；第三波是一九二一年，主要是通俗期刊勃盛。

答：政治小说也有两个高峰，一个是一九〇三年，一个是一九〇九年，同范老师的观念一致。这两个高峰，在欧阳健的《晚清小说史》里，有一幅非常详细的图。有一天，我在看这幅图的时候就想，一九〇三年和一九〇九年之前到底出现了什么事件，引起了这两个高峰。这个时候，晚清的新政研究出现了一些新的成果，我就把其中的两个圣旨拿出来看。首先是光绪一九〇一年一月二十九日上谕，里面剖解中国积弱的根本，说："我中国之弱，在于习气太深，文法太密。庸俗之吏多，豪杰之士少。文法者，庸人藉为藏身之固，而胥吏倚为牟利之符。公事以文牍相往来，而毫无实际。人才以资格相限制，而日见消磨。误国家者在一私字，困天下者在一例字。"针对这些弊端，清廷提出了一系列的改革建议，从民商、学校，到科举、军政、财政，非常详备，目的就是"如何而国势使新，如何而人才使出"。对新政有了一定的了解之后，你再去看当时的政治小说，基本上就扣着朝廷所宣称和需要的来作一系列讨论。也就是说，我们原来设想政治小说是边缘的，它是被淘汰了的政治家或者被不受赏识的改革家在野高呼的结果，实际上是一个误判。文人在国内，基本上还是取了为朝廷服务的态度，这种态度千古未变。第二，就是一九〇六年的"预备立宪"，这个章程颁布以后，一九〇八年、一九〇九年的小说里几乎没有一个不提到立宪的。

问：政治小说总是紧扣时代议题，"作诗如撰史"，这与后来写实主义小说的姿态和做法颇为一致，两者都是在文学与历史的无尽关联中穿梭出入。而且有趣的是，尽管写实小说的西方引入和中国发达要等到鲁迅、茅盾他们，不过，对于写实主义论述的向往，王德威说，早自夏曾佑一九〇三年的《小说原理》这里就可见端倪了。他们都要借小说来载道。

答：或者说，他们开拓了一个全新的公共空间，一个新的交流点。原来文人和朝廷的交流只有写奏折，报得上去报不上去还是一个问题，后来也可以在报纸上写文章，但毕竟很有限，只有等政治小说加入，整个晚清的公共空间才被扩展开来。在这个意义上，政治小说是在给宫廷作建议。我有一个特别具体的例子。《黄绣球》这部政治小说，我们通常把它看作是一部妇女解放小说，但是我们转头来看新政的一系列政策，就会发现不但一九〇一年的新政圣谕直接印在小说里，还有一些关于警察如何设立，绅士与县官如何在经济上协调，学校与庙宇、民房如何设置、利用的问题，都在小说中得到了很具体的讨论。换句话说，这部小说把在乡镇这个层次施行改革可能会出现的种种可能和困难都点出来了。当然，我们也不必就此把它的政治意义拔得很高，小说毕竟还是小说。

问：除了时政上的意义，政治小说给文学本身带来了什么？既然写实主义的小说难逃自律与他律、艺术与政治的两难纠结，那政治小说又是如何突出这种种限制的重围呢？

答：它至少带了三方面的新质。第一，就是引入了一种全新的世界观。外国的地方、故事、人物、历史进入小说，就是肇始于它。通过它，一个崭新的五洲四海的观念取代了佛教的大千世界，进入到公众的视野，而且这个世界呈现出一种由低级到高级，从传统到现代，由被压迫、奴役到独立、富强的线性发展状态，这基本上就是马克思对整个十九世纪的认识。这种认识论上的框架反映到文学里，就是由政治小说所带来的直线型的叙事模式，它改变了传统中国小说的圆形世界。基本上，中国的古典小说所营造的就是一个佛教轮回的世界，它没有起点，也没有终结，《水浒传》、《西游记》、《金瓶梅》、《红楼梦》都是如此。但是，政治小说打破了这个圆形模式，带来了一种线性发展的讲述，故事不仅有一个开始，而且有一个结尾，而这个结尾就是我们的民主世界。这是第二个方面。最后，政治小说不仅带来了时空上的创建，同时也塑造了一种全新的人物形象：孤独的英雄。政治小说打破了之前以佛教为基点的白话小说中的全体人物的世界，而着力塑造一个人，这个人将带着人们走向光明。十九世纪资产阶级的英雄人物进入中国小说。

问：那它所欠缺的地方是什么？

答：你去看所有的政治小说，它们基本上都没有写完。其中关键的一点就是，政治小说所讨论的问题是非常具体的，比如说教育、妇女、国会、商人的地位，等等，而且它还随着国家的不同有所转变，譬如在英国，问题就是围绕着贵族和资产阶级斗争，日本是建立国会和分权，中国则是新民和建立国会。也就是说，没有一个抽象的政治小说的问题。这无形中就增加了写作的难度。陆士谔写《新中国》，讲陆云翔在一九一〇年做了一个梦，梦醒来后惊异地发现上海已经焕然一新，高架林立，洋楼栉比，而且还开了万国博览会。但人们洗心革面，靠的是什么呢？竟然是两种药丸，一种是醒心丸，一种是去堕丸。这就是想象的枯竭，因为在现实的社会运作中，他很难把问题想清楚，所以只有通过这种很虚幻的形式来解决问题。不过，现在你去看也还是蛮有趣，它们的生命力还在，作者写它的兴奋点也在。

问：通过对政治小说的研究，你想强调什么？或者说，研究中最大的体会是什么？

答：我要强调的东西很简单，甚至是老生常谈，主要有两点。第一点就是要打破国界的局限。中国近现代文学是世界文学潮流的一部分，这个观念说起来轻巧，但真正落实到研究中，对我们的同学和老师都是一个巨大的挑战，因为这就意味着我们的研究必须在一定的语言挑战中进行。一个例子就是，中国五六十年代的文学受到了苏联的影响，如果我们不对苏联文学有所涉猎，那么就不能理解五十年代刘宾雁、王蒙这些人的作品。当时的所谓革命浪漫主义就是在苏联制定的，王蒙他们不仅能直接阅读俄文原文，甚至对它的音乐、诗歌都很熟悉。他们小说中的人物形象、叙事结构，都不是凭空产生。所以，文学研究不能在国境线上就断裂了。这也是我为什么要把政治小说追溯到欧洲的原因。

问：事实上，很多人都在做这项工作，比如史书美就讨论了日本在现代主义传入中国过程中扮演的媒介作用，早年有高利克探讨中国作家与西方文艺关系的《中西文学关系的里程碑》、吴茂生研究中俄文学形象传递的《中国现代小说中的俄罗斯式主人公》。

答：对。但是，绝大多数的研究仍然停留在以中国为本的语境中，当然，这也没有错，可是这里面的挑战很大，不仅是研究领域、知识结构、语言的不同，另一个很重要的方面是我们敢不敢去正视不平等的文化流这一现象。文化流必然的特性，是不平等流。平等就意味着一潭死水，只有一个高、一个低，文化才能流动。但是，在美国的学术界，从政治层面来讲，这是不正确的。你要谈男性，就必须把女性考虑进去，这是性别政治，文化也一样。但文化流永远是不平等的，这是它的基本取向。十八世纪，是中国的文化流入西方。当时的西方世界对中国有着各式各样的想象，他们对中国的财政和考试制度艳羡不已。他们拼命地想成为文明的公民，而途径就是使用中国的碗，因此，当时数以百亿计的碗源源不断地输入到西方。还有，像莫扎特、卢梭这些人带的假发后面总是梳着一个辫子，这是中国啊，是文明的象征。但是，到了十九世纪，整个文化流又转向了，是中国向西方学。因此，文化流也不总是往一个方向流，它是会转变的。这一点接受起来非常困难，主要是我们太过于强调对等政治、平等政治。

问：在这不平等流中，人们总是会去努力寻求平衡吧？而且，这应该可以视为中国化的核心吧？

答：我还是举梁启超的例子。百日维新失败，梁启超被追捕，寄人篱下，这时候想到要借新小说来传达政见，他引进欧洲成功的例子，在文化流上自然是处于弱势，但你去看《新中国未来记》，会发现他居然用了中国最传统的写作形式楔子来创作新小说。他这么做当然是在寻求心理上的平衡。楔子的内容通常是作者对小说写作宗旨和道义的概括、总结，也是作者对如何读小说的一种控制。所以，梁启超虽然用了西方意义上的新小说，但对它还是有一个掌控和改造，而且很重要的一点是，梁启超他们并不认为外来的东西是可耻的，相反，他们引以为荣，认为自己是世界文化的一部分，但与此同时，他又懂得将它们中国化。这种做法和认识，比我们现在的还要开放。

问：除了跨国界，你刚刚想要强调的第二点是什么？

答：第二点就是，不管我们是研究近代文学，还是现代文学，学科的界限必须打破。我们接受的都是学科教育，文学、历史、政治各科之间泾渭分明，这当然有它的好处。但是，你去阅读材料，就会发现单一的学科的知识不能完全解决问题，所有的界限都是人为设置的。当然，我并不主张无止境地去跨，这会把全世界都包括进来，而是要看问题的关键点在哪儿。我相信，重心并不总是落在文学内部，有时候也可能是美术、音乐或者历史。跨学科的宗旨不是放弃文学，而是结合，让我们的方法和视野多样化、广阔化。比如我们刚刚提到，晚清新政的研究帮助我深化了对政治小说的理解，但反过来说，对史学家而言，政治小说虽然不能作为史学的原材料，但一定可以帮助他们拓展对新政的认识。我自己写的文章，也常常会请社会学、历史学的朋友和老师来看。尽管对这些专家而言，我是门外汉，但是我发现，从文学出发，我对这个领域也有一定的贡献，因为他们有自己的盲点，有他们的学科限制，而我没有这个负担，所以我一下子就看到了他们看不到的。

问：但是要真正做到跨学科、跨国界，又谈何容易，这当中问题重重。我们把文学和历史放在一起讨论，就会注意文本中的历史因素，从而偏乎小说的审美特色，顾此失彼啊！

答：对，这是一个弊端，人的注意力总是有限的。但是，就政治小说而言，如果你不引入历史这个视角，就很容易陷入到一种文学等级论的怪圈中。我们总是认为《红楼梦》是雅文学，是高级的文学，而政治小说是大众文学，是次一级的文学。但是换一个视角，把政治小说和历史放在一起研究，政治小说所散发的能量和热量，不仅会给史学家以启发，它自身的价值也会凸现。所以，主要还是看我们用什么样的问题和方法来研究什么文本。

问：应该根据文本来选择方法，而不是用方法和理论去吞没文本。另外，语境的问题也很重要。尽管新历史主义受到很多批评，但是它提出"文本的历时性"和"历史的文本性"，还是很有启发。你的专长是读图，这次的研究中没有使用图片吗？

答：这个不是重点，不过我还是找到了六幅漫画，非常有意思。我会把它们放到书里，让文字和图画相互激发、对话，以求图文并茂。

问：那能请你为我们简单地介绍一下应该怎样读图吗？我们大多数人往往只看到了图片内容，却无法读懂它背后的含义，比如过去我们谈《点石斋画报》，总是说它画了些什么，这个表示西方，这个代表中国，很生硬也很浅白，但是你在《上海·爱》这本书里，却提醒我们西方与中国是如何互动的，在图片背后，除了画家的意图，还有报纸编辑者的思想。一幅简单的地图，也因为布局、比例、线条、留白、注解的细微差别，展示出一种竞争姿态。换句话说，你谈的是绘画中的思想史，而我们大多数人看到的只是绘画的表现史。

答：你要相信所有的绘画都是在向你讲述一个故事，同小说、诗歌一样，每幅画都有它自己的故事线，关键在于你能不能找到这个线索。比如说，我研究晚清的都市美女图，其中有一幅图是两边的，一边是上海妓女和她的客人在马车里，另一边则是一幢洋楼，中间用一根电线把它们连起来。起初我怎么看都觉得别扭，因为整幅图的布局不太对。后来我终于明白，原来妓女的形象是对城市楼房的一个注释。妓女总是华丽的，美好的，而城市形象在中国历来都不是高级的。换句话说，行人是高级的，街道是最低级的。这样一来，你要提高大街的品牌，最好的一个方法就是把大街上的行人全都扫除，把它清空，然后再把妓女的形象搬上去。透过这幅画，我主要是想考察妓女是怎样进入城市的。所以总结起来，这基本上还是一个诠释学的方法。画家制图，总是有一个声音在里面，不管是他个人的，还是群体的，你只有认真去听，才能有所发现。否则，你永远只能看到这是一幅美人画，那是一幅风景画。为什么美人画里总有一个芭蕉？亭园又是怎么搬进美人画的？你唯有静下心来去揣摩，去认真地对待它，你才能真正读懂它的意思。这一点跟瓦格纳谈中国古典文学是一致的。许多人认为，古典文学既可以这样解释，也可以那样解释，但实际上，它们都是有很严肃的哲学命题在里面的，你只有认真对待你的文本，你才能对它有一个精确的认识。

问：门外汉总有无限的阐释，而内行人只有一种解释。诠释过度，有时候不是所知太多，而是太少。

答：不过，看画还是可以受训练的，画家总会给我们预留一个入口。但是，我也想强调，就是在严格的学术训练之外，直觉也是很重要的。当你把一幅画的里里外外都研究透了，但是此时如果你不去作大胆的推测和跳跃，你就永远不可能突破这幅画轴的范围。这和我突发奇想地意识到政治小说是对佛家圆形世界的颠覆是一样的。有时候，你必须相信你的直觉。

问：最后我想问的是，包括政治小说在内，整个晚清上海的文学和文化都受租界很大的裨益，但因为这是政治上的一个污点，所以国内做起研究来还是有所警惕，可是你的研究好像对此并不太关心？

答：因为它并不是我研究的重点，我所关注和利用的只是它的结果，所以没有必要对这种形态的利弊和价值作过多的评判，这个应该交给专家去做。不过说到晚清的上海租界，主要还是中国人在发挥作用。当时很少能在租界看见外国人，直到三十年代，洋人才大量涌现。对于一个国家而言，涉外法权丧失了，当然是一种侮辱，但是你去看相关的回忆录你会发现，事实上，在英国的公共租界，大家都是相当平等的。当然，肯定也有不平等的方面，但是这种华洋混杂共居的局面确实有其独特性。太平天国之后，洋人曾一度在报纸上讨论要不要把中国人从租界驱赶出去，但是很快就有反对的意见说，你们怎么这么短见，中国人在租界建房子、搞投资，不仅带来了资本、财富，还带来了劳动力，为什么要把他们赶出去？所以，这就启发我们说，是因为中国人的到来才有了上海的租界、上海的繁荣，不必把租界看成是一种政治负担。另外，租界也是革命者最好的藏身之所，不过尽管如此，所有的政治小说还是要写梦醒了，租界收回，这里面的关系很微妙，也很矛盾。

答：谢谢你接受我们的访谈，收获颇丰啊，我们也期待能尽早拜读你的新书。谢谢！

关于概念、类别和模糊界限的思考

罗鹏访谈录

罗鹏（Carlos Rojas）是近年来美国汉学界声誉鹊起的一位年轻学者，曾师从王德威教授，获得哥伦比亚大学博士学位，现在是杜克大学中国文化研究、性别与女性主义研究以及影像艺术副教授。这些年他不断往返于大陆、港台及美国，在一些重要的学术会议上，总能看到他充满活力的身影。他似乎永远不用休息，有着使不完的精力，翻译与研究齐头并进。一方面，热心于把中国当代文学译介到英语世界，翻译过余华、黄锦树、贾平凹等人的作品，几乎包揽了阎连科小说的全部英译，越译越好，备受好评。另一方面，又不断出版一本又一本的学术著作，比如《裸观：关于中国现代性的反思》、《长城：一部文化史》、《离乡病：现代中国的文化、疾病与国家改造》等，与人合编有《书写台湾：一种新文学史》、《重审中国通俗文化：经典的经典化》、《牛津中国电影手册》、《牛津中国现代文学手册》等。这些堪称丰硕的成果，让他出类拔萃，脱颖而出，成为英语世界颇具盛名的新一代学者。

二〇一七年，应美国的《今日中国文学》杂志之邀，我跟罗鹏作了个访谈，英文版发表于二〇一八年第一期《今日中国文学》，中文版发表于二〇一八年第五期《南方文坛》。我们的访谈分为“时代和个人”、“翻译和他者”、“文学与文化”、“现实与展望”四个部分。罗鹏回顾了他早年的学习生涯，梳理其知识储备的师承脉络，并谈到了对北美汉学界代际关系的一些想法。我把讨论集中于其研究风格中最为鲜明的两个特点，即强调理论阐发和高度的跨学科性，让他本人解释其论述中常常招致批评的过度阐释的问题。我们聚焦其较为成功的翻译案例，尤其是阎连科的作品，讲述他对于文本的选择标准，对于中国当代文学的看法，以及对于翻译实践本身的思考。围绕他的几部学术专著，他阐述了重视文化建构和权力建制的学术取向与西方学界语言学转向之间的关联，也讨论了其主编的《牛津中国现代文学手册》与英语学界其他几部中国现代文学史的异同，特别强调了它在方法论和结构上的目标，畅谈了他对于海外中国现代文学研究的现状、趋势、面向和可能的看法。

一、时代和个人

问：罗鹏，你好！先请你简要地结合个人的研究兴趣，介绍一下你的教育背景，谈一谈你的学术兴趣是如何发展起来的，有哪些学缘和地缘上的因素，好吗？

答：好，我是在康奈尔读的大学，那时我关注认知研究，学习了很多课程，比如语言心理学、语言哲学、神经生物学。我也对比较文学感兴趣，关注文学理论和拉丁美洲、北非马格里布等后殖民地的文学。本科读到一半的时候，我又想尝试些新的东西，于是决定学习中文或阿拉伯语。结果我两门语言都选了，想试试自己更喜欢哪门语言。因为那时康奈尔大学阿拉伯语第一年的课程没有使用课本，所以我最后选择了中文。

学了一年中文后，我作为访问学生从康奈尔去了乌鲁木齐的新疆大学学习汉语和维吾尔语。我本来一直很想研究中亚这一多语言、多种族、多文化的区域，并且一度雄心勃勃地想要再多学几种中亚语言，但后来发现同时学习两种迥异的语言太慢了，所以一年后我决定放弃维吾尔语，专攻汉语。我在乌鲁木齐待了十八个月，之后回到康奈尔完成了本科最后一年的学习。毕业后我去了哥伦比亚大学念中国现代文学方向的博士，在博士阶段学习了人类学、艺术史、比较文学、中国历史和中国近代文学等一系列课程。这为我研究中国现代文学奠定了坚实的基础，同时也让我深入了解了东亚这一文化空间以及掌握了各种解读和研究文学的路径方法。

我后来的研究就建立在这些早期的兴趣之上。尽管我继续研究中国现当代文学，但我采用的是跨学科的方法，很多研究都结合了文学研究、视觉研究和人类学等学科。在文学理论尤其是与心理语言学和语言哲学相关的文学理论方面，我依然很有兴趣。虽然后来我没有专注于中亚研究，但我依然对这种涉及多种族、多文化、多语言空间的课题很感兴趣，比如作家阿来的小说背景所在的四川北部多民族聚集区，再比如马华作家黄锦树在作品中描述的位于东南亚的马来西亚华裔社群等。

问：你的这种学术轨迹倒是挺特别的。从夏志清到李欧梵再到王德威然后再到你们这一代，海外中国现代文学的研究好像有明显的四代人或四个阶段，哈佛-哥大研究传统对你而言意味着什么？你承继和试图突破的有哪些？你觉得这一阶段的研究有哪些特点？

答：根据你这个说法，我应该就是第四代研究中国文学的美国学者了。其实我倒没有想到过这一点，虽然我本科的导师耿德华（Edward M. Gunn）的确曾是夏志清的博士，而我的博士导师王德威则继承了夏志清在哥伦比亚大学的教职和李欧梵在哈佛大学的教职。我确实认识好多耿德华、李欧梵和王德威指导过的学生，我们大体可以算作同一辈人。但是我和我同学（即便是博士同学）的研究之间并没有很多直接的共性，例如当年和我一起在哥大研究中国现代文学的博士生中，一位在研究当代中国艺术，一位从事都市研究，一位研究电影、创伤和翻译，一位关注冷战时期的文学，还有一位研究流行文化和武侠小说。我们的确都对跨学科和历史感兴趣，但除此之外似乎很难界定出我们之间明显的共性。总体而言，我认为我这一代的很多学者都对文学和文化研究的理论方法、电影和影视研究以及中国文学和文化研究这一全球现象比较有兴趣。

问：与之前的研究相比，你的研究特别强调理论的阐发，你认为这么做有哪些优缺点？你怎样理解理论和文本之间的关系？

答：我认为实际上每个人都会用理论来研究文学。如果完全没有理论框架的话，那文学分析就无从开展，因此文学研究者的主要区别并不在于是否运用理论，而在于他们是选择强调所使用的理论还是重点关注分析过程。一方面，我认为文学研究中不一定必须要强调所运用的理论假设，就像很多历史学家、人类学家、电影学者和音乐学者那样，他们的理论构想贯穿于作品之中，但他们并不刻意在作品中强调这些构想。另一方面，我也认识到在很多情况下关注理论问题确实会带来启发，这种对理论的思考可以揭示出那些帮助我们分析但未得到验证的理论设想，也会启发我们找到新的方式和方法。

当我们讨论将理论应用于中国文学和文化的研究时，人们常会担心落入认识论上的帝国主义的窠臼，即把源于西方文化和知识传统的理论范式不加鉴别地用在渊源完全不同的文化中，因而有评论家认为应当运用本土的概念和理论来分析当地作品，而非依赖西方的概念和理论。我不完全赞同上述看法。一方面，我赞同要认识到任何一种分析范式背后特定的文化和知识传承，这一点非常重要。不论理论体系与其被用于分析的文化形态之间的关系或远或近，这一点都是必须要认识到的。现在我们讨论是否应把西方理论用于分析中国的文学文化时会引起争议，这其实掩盖了这样一个事实，那就是我们永远不应忽视不同的文化假设会对这些理论范式带来的改变。另一方面，我觉得那种认为西方的分析范式具有全球普适性而其他范式则只适用于其所产生的环境中的看法是有问题的。虽然我对只能用中国理论来分析中文文本的论断表示怀疑，但我认为如果在分析时能借鉴更为广泛的范式和方法论确实会更有意义。例如，我们可以将源于其他地区社会文化和知识传统的范式用来分析看似不相关区域中的现象。

问：确实，理论与文本的融合，一直是极具挑战性的问题，这方面你做得真心不错。你认为海外中国文学研究目前遇到了哪些问题？如何解决这些问题？你认为该领域的未来走向如何，特别是在欧美这样一个边缘化的语境里面，它怎么和其他的人文学科对话以及相互启发？

答：你提到“欧美这样一个边缘化的语境”的说法我感到特别好奇，当然你指的是汉学研究在欧美所处的学术地位，但我们一贯用以欧洲为中心的视角来看待学术研究，所以你说西方处于边缘化语境我觉得挺有意思的。当然，这样做不是为了否定现代欧洲中心主义模式下的权力不对称，而是想要去除那些以欧洲为中心的偏见，用迪佩什·查卡拉巴提（Dipesh Chakrabarty）的话讲就是“将欧洲地方化”。当然，边缘是一个相对概念。若将自身视为处于边缘地位，那么在理论上就更加容易去质疑那些最初帮助构建中心地位却未得到验证的假设。因此，对于欧洲中心主义最有效的应对不该是完全忽略欧洲，而是将其作为一个边缘结构来重新看待。

回到你的问题，我认为把所有海外中国文学研究归到同一类别是有误导性的。具体来看，当代美国高校的中国文学研究就受到一系列因素的制约，包括维持特定研究风格以巩固学术地位、用英语教授多数课程、使用已有英译本的作品来教学等，但欧洲、印度、澳大利亚、东南亚的学者则可能会受制于其他因素。此外，很多海外学者同中国和华语区学界联系密切，依然常用中文和所在地学术界的主导语言进行出版。

问：对的，我应该充分认识到这种复杂性。现在跨学科已经成为当代研究的关键词，但问题是，这种跨越最终可以跨到哪里？跨学科是否有一个限度？这个限度本身如何成为一种方法论？未来学科的界限意味着什么，或者说学科之间是否还有边界？保留这些边界的意义是什么？

答：我认为跨学科研究一定是基于各学科的专业知识的。认识论和方法论通常由具体学科领域发展而来，是为了解决特定问题而尝试的一整套方法。跨学科的研究方法当然可以很有成果，但这些成果也是源于各学科领域自身的创造性，然后再来源于各领域间的差异和互补。如果没有学科和学科界限，那么跨学科将无从谈起。然而，反讽的是跨学科研究越来越多，但同时学科本身却越来越专业化，在科学领域尤其如此，随着科技和方法的发展出现了越来越多更为专业的分支领域，而在文学和文化研究领域的问题恰恰相反，一些原来支撑学科基础的构想反而地位有所下降。具体来看，曾经有段时间人们认为文学和其他艺术是文化修养的重要标志这一点不言自明，所以当然就被纳入了学术研究的范畴。但是近年来人们越来越关注文学经典与其建构的特定时期，关注文学经典是如何逐渐把弱势和边缘群体的作品排除在外的问题。对于这种批评，一种应对方式就是扩大文学经典的范围，纳入更多女性、有色人种和非西方作家等创作的作品，另一方式就是转移对文学经典本身的关注，将文学文本看作更为宏阔的社会文化情境下的现象。有些研究方法就不再像传统那样关注单个文本，而是采取了弗兰克·莫莱蒂（Franco Moretti）的“远距离阅读”方法，这种方法在近期数字人文的发展中尤为常见。在我看来，当前跨学科研究热潮下文学研究的一大关键挑战在于找到一种方式来学习这些跨学科研究方法，与此同时使用文学研究所产生的特定的学科方法论。欣喜的是玛乔丽·嘉伯（Marjorie Garber）在《文学研究宣言》中就提到了这一方法，她认为与文学分析有关的方法论不仅可以应用于“重大公共知识问题”，而且必须以此为目标。

二、翻译和他者

问：作为英语世界现当代中国文学翻译的重量级人物，你怎样看待该领域的现状？该领域面临的机遇与挑战是什么？

答：对于现当代中国文学的译者来说，当下确实是激动人心的时代。用中文创作的作家已经受到越来越多的国际关注，也得到了全球最负盛名的文学奖项的认可。高行健和莫言分别于二〇〇〇年和二〇一二年荣获诺奖，还有一些作家也获得了其他重要国际奖项或是入围了短名单，例如多多获得二〇一〇年纽斯塔特国际文学奖，阎连科获得二〇一四年卡夫卡文学奖。此外，阎连科和其他四位中文作家近期也入围了布克国际文学奖和独立报外国小说奖的长短名单。这两次诺奖是用中文创作的作家有史以来仅有的两次诺奖。纽斯塔特国际文学奖和卡夫卡文学奖是较新的奖项，但在预言未来诺贝尔文学奖得主方面表现惊人，例如卡夫卡文学奖虽然仅有十六年的历史，但已有两位该奖得主在同年晚些时候获得诺奖，再如有三十位纽斯塔特获奖者、入围者和评审在参与了这一由美国举办的赛事后相继获得诺奖。伴随着评论界对中国当代文学的认可，中文小说翻译作品的市场也迅速发展。尽管美国读者确实很少阅读翻译过来的小说，但越来越多的中文作家却成功吸引了一批国际读者。然而，现在中文小说的翻译有一个问题，那就是翻译的对象大多是当代作品，有很多当代之前的优秀作品却未能得到翻译而且也很难找到合适的出版商。

问：这么看起来，我们还是应该对中国当代文学的走出去抱持一份期待。具体到你的翻译工作，阎连科是你翻译得最多的作家，你为何选择他？除了个人兴趣，还有作品本身的文学价值、外国读者的期待与偏好等其他因素吗?

答: 我与周成荫合作翻译完余华的《兄弟》后，刘剑梅把我们引荐给了阎连科。阎连科当时正在为其作品《受活》(后译为“Lenin’s Kisses”)寻找译者，那时成荫忙于其他项目，而我为了写新书《离乡病》正在研究阎连科，所以我马上就接下了这个翻译。我同阎连科和格罗夫-大西洋出版公司以及查托与温达斯出版公司的编辑们合作非常愉快，因此当阎连科和他的出版商邀请我翻译他其他的小说时我自然就欣然接受了。我觉得阎连科作品的构思十分有趣，尤其是他对身体和身体政治叙事的探索。从文学角度来看，他的每一部作品都使用了截然不同的声音和叙事结构，因此可以称其为中国文学界的李安。关于英语读者的接受度问题，这一点对于我选择翻译哪位作家倒没有太大影响，不过出版商确实是会去考量作品的市场和销量来决定是否签订出版合同。我不太会去翻译那些还没有找到出版商或不太可能找到出版商的作品，但我可以接受那些有价值却只有较少读者会感兴趣的作品。

问: 阎连科能有现在这样的国际声誉，你的翻译实在功不可没。跟这个问题相关的是，翻译作为一种跨文化实践，事实上受制于许多现实因素，除了你个人的学术选择，还有哪些因素影响了你对作家作品的选择，以及在具体的翻译操作中，哪些方面是最难的?如何处理这些问题?

答: 我经常好奇那些大导演和演员是怎样选择要拍摄的电影的，因为任何一部电影都需要相关个人的大量时间投入，还需要很多人之间的各种配合，因此会涉及参与者大量的机会成本。尽管翻译相对来说灵活性更大一些，比如我手上可以有几个项目同时进行，但是完成任何一个翻译项目都需要大量时间，因此我的任何翻译选择的确也都包含着机会成本。对我来说，决定要不要接某个翻译，首先考虑的是自己对作品本身是否感兴趣，从文学性和思想性两方面来考虑。同时，我刚才也提到出版商如果对这本书很重视的话，也会让我更有积极性，特别是如果出版商比较有影响力，能保证作品出版后得到足够的关注，那就最好不过了。其次考虑的是在语言、结构、风格等方面是否具有足够的挑战性。最后，我也会考虑作家对英语读者产生的既有影响力。我翻译了四位作家的长篇作品，其中黄锦树和贾平凹在华语文学界地位很高，但英语读者却对他们很陌生。就像我一开始翻译阎连科作品的时候，很多英语读者还不知道他，但后来在我们合作期间，他在英语世界的知名度得到了大幅提升。不过颇为反讽的是，现在中国大陆的读者倒是比较少读到他的作品。

三、文学与文化

问：我是希望中国当代文学的翻译能够更加多元，更加丰富，希望英语读者除了莫言、阎连科、苏童、余华、毕飞宇等人，还能读到贾平凹、迟子建等重量级作家的作品，相比而言，后者译介得太少了。除了翻译，你还是个重要的学者，比起纯粹的文学研究，似乎你的研究更注重文化式的阐读，无论是《裸观》、《长城》、《重审中国通俗文化》，还是近期的《离乡病》，都尝试从文本中的一个细节入手，辐射一个更大的问题，为什么会选择这种处理方法？或者它在另外的意义上回应了国族寓言的说法？

答：我喜欢你对我研究方法的这种概括！我确实倾向于使用文本分析和文化分析相结合的研究方法，我会从对某个文学文本或文化作品的详细解读出发，以此为基点来思考更为宏阔的社会文化现象。我喜欢这种研究方法，因为它可以从文本细读和更广泛的语境这两个方面来综合讨论。你提到了我的研究方法与关注纯文学的研究方法之间的对比，其实我对什么才是纯文学是有疑问的。换言之，我对各种文学观念（纯或不纯）的最初形成过程都很感兴趣，也愿意尝试一系列的文学方法并将其应用于更广泛的文本生成中。至于我是否将自己的研究方法作为在另外的意义上回应国族寓言的说法，你可以看看我最近关于小众文学的文章，里面较为详细地阐述了国族寓言这一问题。

问：好，我正在请人翻译你的这篇新作，希望有更多的读者读到。我的下一个问题是，语言学转向和你对文化建构及权力建制的研究取向之间，是不是有关联？既然万物都用语言来表记，而语言又是一种制度化的存在，那么，这是否就意味着一切研究的对象都是一种非自然化的存在？而这也最终导向用语言来研究语言，以一种非自然的叙事来解释另一种非自然的叙事，如此一来，什么是自然的？或者说，其实这只是一种想象，就像你说的，似乎没有什么纯文学，但反讽的是，整个二十世纪后半叶，好像文人学者们仍要拼命寻找某种纯粹的存在，祈求一种“不死的纯文学”，这好像是要和文化研究，特别是视觉研究作一个分庭抗礼？

答：你的提问涉及一系列交叉性的问题。语言学转向源于二十世纪早期语言哲学的发展，从二十世纪六七十年代开始对人文学科领域产生了较为广泛的影响，然而语言学转向并非关注语言是否自然，而是不再将语言视为透明的沟通媒介，而视其本身为研究对象。语言当然是人类的产物，因此受到各种因素的影响，包括社会文化、意识形态、制度、政治等，但这与语言是否自然无关。实际上，语言学常将所有人类语言称为“自然语言”，区别于数学、电脑编码、表情符号等为特定用途而开发的符号系统。十九世纪晚期，瑞士语言学家索绪尔（Ferdinand de Saussure）的研究为语言学转向奠定了重要基础。索绪尔认为语言——不论是音韵学、形态学，还是语义学层面——都是有内在联系的，任何单独的语素都不能产生意义，意义是由同一网络关系下各语素间的相互关系形成的。例如，英语辅音字母p在所对应的音素专业上被称为清双唇塞音，形态与字母b（浊双唇塞音）有区别，而在其他语言中，从是否送气、腭音化、唇音化等方面看，它可能又与其他的音素有所区别。因此，讲话人对于词素的理解是基于该词素在特定语言环境下同其他相似词素间的关系决定的。语义学同样如此。例如，你问到底什么是自然的，实际上，这个问题能很好地解释语言学转向的一些含义，自然和自然的等术语本身并无意义，而是与同一对话中的其他概念一起时才有意义。因此，要理解自然和自然的等概念，须在同其他概念的对比中来实现，比如同构建的、人为的、人工的等反义词进行对比，也就是说自然的概念在结构上取决于自身的反义概念。换言之，自然这一概念根本上是非自然的。

朱迪斯·巴特勒（Judith Butler）在《身体之重》中很好地表达了这一观点，尽管第二次女权主义运动所推崇的性/性别二分法提供了从社会文化维度来阐释性别差异的方式，但强调性别差异的社会文化因素也带来了一个副作用，那就是这同时也预设了社会文化构建之外的生物因素决定性别差异的假设。然而，巴特勒解释说，虽然她批评性/性别二分法赋予生物学为基础的性别差异以自然属性，但她并不认为所有的性别差异都是社会构建的。相反，她想强调的是，性和性别之间的概念界限（引申到自然和文化之间的界限）本身就必然是一种社会文化构建。可以举个例子来说明巴特勒的观点，比如我们现在还在讨论如何对不完全符合现存性别二分法的运动员进行性别认定的问题。依据传统的结构、生理、荷尔蒙乃至染色体等指标，一些运动员的情况使他们很难或不可能被归为某一种性别，而这些不同的指标都各有其科学基础，那么如何将这些指标数据转化为对性和性别差异的已有解读就不再属于科学领域，而是属于社会文化领域范畴的分析了。

你所说的纯文学也是如此。纯文学是当代华语文学讨论中的一个常见术语，尽管在英语文学中没有那么常见。我的理解是，纯文学涉及两种相互关联却截然不同的现象。首先，它指的是经典文学这一类别，即不以商业或政治为目的而是因其独特的美学价值而得到认可的作品。其次，它也指一种阐读方式，即主要是对作品的美学价值而非社会文化或意识形态的含义进行阅读和评价。关于上述讨论的性/性别差异，我并不是说对所谓纯文学和其他文本或阅读实践之间进行区别完全没有意义，因为文学可以被看作一种艺术形式，那么它当然会受到定性美学评价的影响。但与此同时，如果认为纯文学和非纯文学之间存在一种明确的二元对立的话，那就把问题过于简单化了，因为任何试图要勾勒出纯文学范畴的做法必然会受到意识形态和制度因素的影响，而传统的观点却恰恰把这些要素与纯文学对立了起来。伊格尔顿（Terry Eagleton）在《审美意识形态》中表达了相似的观点，他认为要在意识形态之外尝试界定美学范围，其本身完全就是一种意识形态的行为。

问：紧接着上面的问题，既然研究是用语言来表述语言，那么是不是可以把研究也看成是一种翻译，而这个翻译是不是比你此刻所进行的文学作品的翻译更接近本雅明关于来世的设想？你在这两种翻译之间是如何找到彼此启发的可能的？与此相关，翻译如果说不可避免地要遇到一个巴别塔的问题，那么你觉得研究可能没有办法解释作品的地方在哪里？这种不可译是不是可以借由一般意义上的文学翻译来解决？

答：我认同可以将研究看作一种翻译形式，阐释是将意义从一个领域转到另一个领域的过程。有些研究方式类似于解码的过程，赋予文本中的不同成分以意义；有些研究则更具阐释性，并作用于话语和认识论的层面。从这方面来看，你将文学研究同本雅明的来世翻译观进行比较是挺有意思的。本雅明在《译者的任务》中指出，所有语言都是由超历史联结到最原始的纯语言。他还认为，翻译可能会通过“原初或集中的形式”来唤醒这种语言间内在的联结。本雅明还指出，尽管翻译实践的确基于各种语言巴别塔式的扩散，但它同时也作为“预期的、暗示的集中觉醒”预示着救世主般的发现。如果我们将本雅明的观点翻译为更世俗的表达，意思就是说，很可能所有的人类语言都有一个共同的历史渊源，就像所有人类都共有一个祖先（当然语言也有可能是早期不同人类社群分别独立发明的）一样。如果真是这样的话，从某种程度上讲，任何翻译行为都可以视为对社会文化与意识形态差异的协调，这些差异存在于不同的语言之间，因他们之间共同的渊源而具有潜在的连续性。换言之，不论两种语言（自然人类语言）看起来多么不同，它们都有很多对这个世界相同的假设，而这些假设在其他符号系统中并不存在。

关于把文学研究当作某种形式的翻译来看待这个观点，其实探讨的是所有研究方式是否都有一个共同的根源。我确实认为阐释在很多领域是同源的，这也可以解释为什么很多综合性研究会卓有成效，比如把后殖民和心理研究相结合，或叙事学和后女权主义研究相结合。同样，这些共有的方法论和知识根源也可以解释为什么尽管对一部作品或一系列作品而言不存在单一的“正确”解读，但有些研究的确比其他研究更有洞见或更有说服力。

回到本雅明的翻译模型，他认为只有通过对原文的逐字翻译（他称之为Wörtlichkeit或“直译”）才能使翻译忠于神圣的话语。有趣的是，在本雅明发表《译者的任务》同时期的二十世纪二十年代，鲁迅也开始倡导“硬译”，就是要将外语文本字对字翻译为中文。他认为译文的陌生化效果（可读性极差）是翻译过程的重要组成部分。到了二十世纪八十年代，中国作家、翻译者杨绛（以将《堂吉诃德》译成中文而出名）运用了相似的概念来描述她的翻译实践，并把她的翻译概括为从“死译”（以原文中的从句为单位逐个翻译到译入语）到“硬译”（精确但较为僵硬的翻译）到最终采用在她看来可将意思和形式统一的“直译”的递进式发展。尽管鲁迅和杨绛对“硬译”的界定略有不同，但他们都强调这种严格的逐字翻译能产生强烈的陌生感，这对于实现理想的翻译效果是必要或者说是有帮助的。如果应用到文学阐释的过程中，我们也可以说，很多研究方法强调首先要注重文学文本的陌生化过程，然后才有可能从文本本身获得附加含义。也就是说，在研究的过程中首先要把文学从其自身剥离开来，而这么做是为了更好地理解作品本身。

问：有道理！我发现你的研究对象基本在现代，但是《镜花缘》这个作品对你而言好像很重要，总是出现在某种起源性的时刻，变成现代性的原型，谈谈你对这本书以及它的现代性的理解？

答：是的，我发现自己经常提到《镜花缘》这部作品，并且着迷于一个看起来并不重要的小情节，这是一个关于一位来自歧舌国叫枝兰音的少女的故事。这个国家很特别，因为该国国民有一种声韵表，让他们能轻松学会任何一门外语。实际上，我很早就对这部小说感兴趣了。念大学的时候，我听了耿德华的一门课，他给我们布置的作业很多都是和那时他带的研究生正在研究的作品相关的。这门课没有主题，我们阅读的作品从余宝琳的中国诗歌理论到鲁迅的《十四年的“读经”》，关于后者我已经写了好几篇文章了。我具体记不得为什么老师会让我们读《镜花缘》，但我记得我们把它全部读完了，而关于这部小说的论文也奠定了我本科毕业论文（关于尼采在中国）的第一章节、博士论文（关于性别和视觉性）和根据博士论文出版的专著的基础。多年后，我在撰写第三本书（关于疾病话语）时，又在序言部分提到了这一情节。我认为那段情节有意思的地方在于它关注了边缘和边界，不仅包括国家间的边界地区，也包括语言形成、同类结构乃至具体想象之间的边界。没曾想，一个关注边界的篇章段落竟在我的作品中占据了如此中心的位置！对了，我喜欢这本书的一个原因在于它成功挑战了关于中国现代性时期划分的传统论断，中国文化和社会在一八二〇年（《镜花缘》完成）和一九二〇年（五四运动高潮）之间经历了一系列大的转变，我当然不是要否认这些，但我认为关注如一九一一年、一九四九年和一九八九年等明显的历史分水岭时间背后的连续性也是有意义的。

问：是的，在这些时间节点背后，正是前现代、现代以至后现代的发展脉络。你的研究总是在处理一种辩证的关系，比如你第一部专著《裸观：关于中国现代性的反思》的书名中，“裸”是讲自然的存现，而“观”则是文化的建构，如何进行一种不受文化观念左右的观察，特别是在这个讲求权力无处不在的时刻？你的研究对象如何展示了这种可能？你的另一本书《离乡病》，你用的英文是homesickness，中文是思乡病，一种强烈的归家冲动，而你却用来指代家才是万病之源，于是乎需要的是离散，放逐，这和全球语境下的离散研究、族裔研究就形成了呼应，可是你讨论的内容很大一部分在中国大陆，你如何来解决和呈现这个问题？这个问题和华语语系讨论中著名的“史（书美）王（德威）之争”是否是一种变相的回应？另外，你用疾病实际上要处理的是健康问题，可是疾病容易指认，健康却暧昧不清，二十世纪中国健康是什么层面上的，什么意义的东西才能称为健康？

答：这真是个好问题！我从未从这些角度来思考过我的作品，但我认同你所说的，我的很多作品最终都围绕文化和现实之间的辩证关系展开。例如，尽管我觉得自己的第一本书关注的是漫长的二十世纪中的性别和视觉这对话语的相互关系，但如你所说，我关注的背后是客观现实（即公认为“裸”的）和话语构建该现实的各种过程（即从社会文化角度进行的“观”）之间的关系。同样，我认为我的第三本书关注的是漫长的二十世纪中的身体和身体政治这对话语之间的相互关系。正像你说的，我的书名“Homesickness”（从《镜花缘》的离乡病翻译而来，并非指思乡之情，而是指需要从家乡这一空间中放逐）捕捉到了生活现实（“家”）和一系列陌生化力量之间的辩证关系，这些力量有助于将主体从自然化的现实中剥离开来，促进新的社会文化形态的生成，转而为重新理解个人与其所处环境之间的关系提供基础。实际上，我的第二本书《长城：一部文化史》的书名也含有这种辩证关系。这本书主要关注的是尽管长城常被看作事物物质性和历史延续性的范例，但实际上如果不采用文化视角，就很难理解长城的意识形态和历史意义。因此，在这种情况下，长城意味着对现实某种理想化的想象，而文化史则指向了社会文化建构的过程，这首先让现实得以想象。

我还赞同你将这些关注点同对当代世界华文文学的兴趣联系起来，这样做是对作为文学和社会文化身份中心的民族国家的去中心化。换言之，这些方法试图挑战将中国文学主要视为民族性形态的传统观点，转而考虑其他文学构建类型，包括基于国家之外或地区身份的，民族文化社会身份的，或由某些跨国或跨地区流通模式界定的构建种类。最后，你刚才说到疾病容易指认、健康却暧昧不清的这一观点，我觉得很有意思。按前面的隐喻来分析的话，病指的是主导观念或意识形态中所出现的裂痕，而健康指的是主导观念或意识形态的自然化状态。这样看的话，确实病（在这个意义上）易察觉，而健康却很难察觉，因为健康指尚未经过批评探究的自然化假设。引申开来，这种隐喻意义上的病可能对我们是有益的，因为它会使人们对普遍性的假设重新进行批判式的检验，而隐喻意义上的健康相当于更加保守的和未被验证的路径与世界观，这其实也可以被看成是一种病。

问：你使用了“漫长的二十世纪”这样的提法，这个概念让人想起“漫长的十八世纪”和“短暂的二十世纪”的提法。在“漫长的十八世纪”的视野中，“十八”不是一个自然的日历时间，而是由重大的历史事件所勾勒的史学时间。王德威在《哈佛新编中国现代文学史》中以晚明为开端，到二〇六六年结束，二者是否有类似性？与此相关，在西方史家的视野中，二十世纪可能是被战争和苏联解体所定义的，就如同一般的中国现代文学史是从一九一七年或一九一九年开始到一九四九年结束，这个“短暂的二十世纪”与你所说的“漫长的二十世纪”之间，是一个什么关系，你是在什么意义上将之视为漫长的？

答：这个问题也很有意思。其实社会历史进程很少能和抽象的历法单位完全对应，历史学家常根据历法间隔来粗略划分可识别的历史阶段。因此，你也注意到了，欧洲的历史学家通常不仅谈论“漫长的十八世纪”，也谈论“漫长的十九世纪”，因为这两个时期有数十年的时间重叠。确实有一些欧洲历史学家采用艾瑞克·霍布斯鲍姆（Eric Hobsbawm）的说法，将一九一四年到一九九一年间称为“短暂的二十世纪”，乔万尼·阿里吉（Giovanni Arrighi）也确实在一九九四年出版的《漫长的二十世纪：金钱、权力与我们社会的根源》一书中帮助普及了“漫长的二十世纪”这一说法。阿里吉将现代时期的历史根源追溯至七百年前，全球范围内的物质扩张和原始积累巩固了权力、带来了利益，从而帝国得以形成，而当每个帝国的形态达到成熟阶段后，便将注意力由物质扩张转移至金融再生和扩张，最终导致过度扩张，从而使新的帝国中心和相应的资本积累过程再次出现。

然而，所有这些讨论都告诉我们，时期划分不是绝对的，而是为了帮助我们解读历史发展而使用的启发式工具。这些发展可能有许多条轴线，有些轴线间的关系相对于其他可能更为紧密，因而各种不同的时期划分法的作用主要取决于人们所讨论的具体问题。例如，某一种时期划分法在讨论经济现象时可能会提供重要的阐释价值，但如果用它来分析文化现象，可能就没那么有用了。因此，我说“漫长的二十世纪”，是想强调很多同中国现代性相关的发展其实根源都在民国以前。例如，和王德威一样，我也很关注二十世纪早期出现的中国现代性与可追溯至晚清时期的一系列社会文化发展萌芽间的潜在连续性。在《被压抑的现代性》一书中，王德威就叙事小说清楚地阐明了这一观点，但这也可以适用于其他社会文化层面。

问：历史分期的问题，特别体现于文学史的书写当中。这两年，王德威、张英进和邓腾克（Kirk Denton）主编的新文学史，和你与白安卓（Andrea Bachner）合作主编的《牛津中国现代文学手册》一起，构成了一道亮丽的风景线。你们的《牛津中国现代文学手册》所体现出来的文学史观，所建构的现代文学，与另外三种文学史既有相同之处，又有不同之处，你认为你们的文学史哪些方面最值得注意？与另外三种文学史相比，有哪些不一样的地方？你如何评价另外三种文学史？

答：张英进在我与白安卓一起编辑的《牛津中国现代文学手册》里的文章中指出，过去五十年间已出版了数百种中国学者编写的中国现代文学史，而同期只出版了两部英文写的中国现代文学史。张英进就在探讨是什么知识和制度方面的力量导致了这么鲜明的对比，为何欧美对编撰中国现代文学史这么不感兴趣。实际上，你刚才提到的那四本书中，只有邓腾克是按照传统文学史的写法，各章节根据时间顺序来介绍作家。刚才我们也提到，张英进是根据主题来划分的，王德威虽然也是按照时间顺序来编排的，但他不像传统文学史那般关注发展轨迹，而是关注特定的历史时刻及其产生的更为广泛的文学和社会文化影响。

关于《牛津中国现代文学手册》，安卓和我从未将其看作文学史。相反，我们想要强调的是在方法论和结构方面的思考，这些思考能够首先帮助我们理解什么是中国现代文学以及如何来解读它。当然，其中一种方法就是文学史学，我们的书中有两篇文章，一篇是陈平原的，另一篇就是张英进的，这两篇文章从不同的角度对文学史学进行了考察。此外，我们的书由三大部分组成，其中一个部分探讨的就是时期划分的问题，我们请这部分内容的作者对已得到认可的文学史阶段进行批判性的重新考察。例如，大卫 · 波特（David Porter）考察了早期现代阶段，并指出尽管在中国文学史语境下，该阶段特指十九世纪晚期（即近代），而在讨论欧洲史中，它指的是从十六世纪早期到十八世纪晚期的时间段。波特提出，既然在这个（欧洲）早期现代阶段，中国社会和英国等社会之间有很多结构上的相似性，那是不是可以借鉴这种时期划分并将其应用于中国文学，也就是说，将中国文学的早期现代阶段划分由清朝晚期提前至明朝中期。

问： 你的回答似乎区别了中文文学（Chinese-language literature）、世界华语文学（global Chinese literature）、华语语系文学（sinophone literature）以及最常见的（现代）中国文学。那这些概念的细微差别在哪里？它们各自出现的语境和用法是什么？我们发现中国电影研究领域也有类似的现象，那就是也有各种提法，包括中国电影、中国民族电影、中文电影、跨国中文电影和华语语系电影。那这两个领域之间有何关联性，或者说，这恰恰是一种跨学科的方法论示范？

答： 总的来说，我对这些术语及其相对应概念之间的界限划分不是很感兴趣，经常会把它们交替使用。我用华语语系文学、中国文学和中文文学这些术语来指代所有从语言、内容、起源或作者身份背景等角度可被归为“中国”的文学作品。就像我在《牛津中国现代文学手册》的引言中写的，我发现基于家族相似逻辑来理解华语语系文学、中文文学或我统称为中国文学的分类是可以带来新的思考的。也就是说，没有唯一的标准（如用中文书写）来严格定义这一集合具体包含的内容，而集合中的每一元素都符合一项或多项一系列互相重合的条件。数学家称这种集合为模糊集合，因为它没有固定的边界，而元素的从属程度也各不相同。换言之，对于很多作品而言，要判断它们属不属于中国文学或华语语系文学是一目了然的，但还有一些作品则处于边缘位置。当然，有时从分类学的角度来看，将中国文学（或称华语语系文学或中文文学）这一大类细分为若干子集也是很有意义的，比如可以分为中文文学（用中文书写的文学），大陆文学、香港文学、台湾文学（作品或作者来自中国大陆、香港或台湾地区的文学），和少数民族文学（由生活在华语语系地区的少数民族作家创作的文学）等。每一个子集本身都遵循家族相似性的逻辑，因而都是模糊的类别，这也适用于电影等其他文化作品类型的时期划分。最终，不同历史时期的不同文化作品研究往往凝聚成分离的学术子域，每个子域都有其自身的阐释方法，从这一角度看，这种对现有时期划分传统边界的质疑确实可以被看作一种跨学科的研究方法。

四、现实与展望

问：好，最后能不能透露一下，你未来的研究和翻译计划有哪些？

答：我手头正在写两部专著，一部关于香港导演陈果，另一部关于酷儿理论下的香港交接，用酷儿理论来考察香港交接及其遗产的影响，还有一些合作编辑的项目，分别关注想象的中国（与宋美璕），中国和世界南部（与罗丽莎［Lisa Rofel］），亚洲健康人文（与江松月［Nicole Barnes］），以及全球语境下的同人小说和同人迷（与周成荫和克莱尔·伍兹［Claire Woods］）。这些编辑的著作显然都是跨学科的，收录的文章来自不同的领域、地区和学术背景，有些作者甚至来自学术界以外。

我也在编辑两本期刊的特刊，关注的都是方法论的问题。其中一本受到近期以"某某作为方法"（"X as Method"）为题目的研究启发，比如受到了陈光兴《去帝国：亚洲作为方法》的启发，该书本身其实也是受到了两本以中国作为方法的日本著作的启发。我请作者去探讨不同的分析对象对方法论产生的影响，如"边界作为方法"、"武侠作为方法"、"报告作为方法"。我们不仅想将这些有关方法论的思考同要讨论的具体主题或领域产生关联，我们还想借此更加深入地探讨它们对整个文学或文化研究的影响。我在做的第二本方法论方面的特刊，是与白安卓合作为期刊《辨析批评》编辑的特刊。该刊首先探讨了语言学转向，在此转向中，文学、哲学、历史和文化人类学等不同领域的学者不再将语言看作透明的媒介，而将语言本身看作一个动态领域。近年来，在人文学科和阐释性社会科学领域中，类似的转向越来越多，包括视觉转向、物质转向和基础结构转向等，而这期特刊就请作者们来思考近期的人文学科研究对方法和理论产生的影响。

最后，在翻译方面，我手头还有好几个项目要完成。最近完成了阎连科小说《日熄》的翻译，将于二〇一八年出版，书名是"The Day the Sun Died"。我们也确定了下一部要翻译的小说是他的《坚硬如水》，预计将于二〇一九年出版。此外，我也接了张贵兴的一部小说以及个别学术专著的翻译工作。

问：你真是精力充沛啊！期待读到你更多的学术成果和翻译成果。作为一个局内人，你如何评价海外中国现代文学研究的现状、趋势、面向和可能？

答：很多海外学者以及香港和台湾地区的学者，越来越热衷于考察中国的地位对中国现代文学研究趋势的推动作用，这也使研究者对华语语系或世界华语文学尤其是在传统民族国家定义下处于边缘地位的文学研究趋势又产生了新的兴趣。一个相关的研究走向就是越来越关注跨国和离散现象，包括中文文本和其他可被视为中国文化艺术的跨国或跨地区传播。毋庸置疑，这些进程彼此之间紧密相连，对于跨国传播的关注也将引起评论界对国家边界形成过程的关注。

问：确实，中国现代文学和世界文学越来越频繁的交流与互动，也许可以提供一种非被动、非地区的国家文学的新形象？

答：我想说的是，中国现代文学和世界文学实际上是一个硬币的两面。根据帕斯卡尔·卡萨诺瓦（Pascale Casanova）等人的说法，世界文学这个概念并非指在世界上产生的所有文学，即世界文学的字面意思，而是指那些被欧洲中心主义的制度和话语中心，即实为世界文学定义的把持者所接受的文学文本的汇集。同样，中国现代文学并不是指所有用中文书写的现代文学，也不是指所有来自中国的现代文学，而是指这些作品中被制度中心所认可的作品的汇集，而制度中心就是对中国现代文学定义的实际把持者。但反讽的是，人们常将中国现代文学置于欧洲中心主义定义下的全球中文文学的外缘位置，尽管中国现代文学本身是一系列制度和意识形态过程的产物，但这些过程其实和定义世界文学的过程并无多大差异。未来，我希望评论界能够持续关注西方和不同中国文学群体的经典化进程，关注相对应的中国文学领域的建构变化，从而对中国现代文学和文学本身提供更为丰富和更具启发性的阐释。

问：这是我们共同的期待。谢谢你接受我的访谈，期待下次再交流。

*本篇最初发表于《南方文坛》二〇一八年第五期。

附录

附 录

现实与神话

高利克访谈录/余夏云 梁建东

高利克（Marián Gálik），斯洛伐克科学院资深研究员，著名的汉学家和比较文学学者，是布拉格汉学学派的代表人物之一。高利克教授致力于中西思想文化史、中国现代文学的研究，主要著作有《中国现代文学批评发生史》、《中西文学关系的里程碑》、《翻译与影响:〈圣经〉与中国现代文学》等，并翻译出版了老舍、茅盾等人的大量作品。二〇〇三年获斯洛伐克科学院最高荣誉奖，二〇〇五年获亚历山大·洪堡奖。

二〇〇九年十一月，高利克教授应邀访问苏州大学海外汉学研究中心，并作了题目为《布拉格汉学学派与中国现代文学》的精彩讲演。我们的访谈也围绕着这一议题展开，回顾其学思历程，评说其最新研究。访谈是在一个寒冷的早上进行的，不过，年迈的高利克教授对中国文学与文化的热情，却让我们备受感动、倍感温暖。

一、我与茅盾

问：高老师，您好！首先感谢您能在百忙之中接受我们的访谈。我们知道您是茅盾专家，那么我们的问题就从您的茅盾研究开始吧。您为什么会在那么多的中国现代作家中选择了茅盾呢？

答：二十世纪五十年代，外国对中国现代文学的了解是十分有限的。我第一次接触到茅盾是因为我的老师普实克教授。他在中欧和西方的中国现代文学研究方面是一位先驱人物。我在他编写的教材《中文口语课本》里面读到了关于茅盾的介绍。他说他个人很喜欢茅盾的作品，茅盾是中国现代最好的小说家。我多少受到了影响。

问：那您为什么选择茅盾的短篇小说，而不是他的长篇小说作为您最初研究的题目？我们知道，茅盾的长篇要比他的短篇更有影响。

答：首先，这是因为长篇小说的篇幅较大，研究起来会比较困难，所需的努力也要多一些，所以我就从简单的开始了，再说我本人也很喜欢茅盾的短篇小说。当时在捷克几乎没有什么学者的研究成果可供我借鉴。普实克教授认为中国没有很好的短篇小说，除鲁迅外，其他人都是很机械主义的，我对此表示怀疑，因为他并没有全面读过这些作品。后来我写了硕士论文，史罗甫（Zbigniew Slupski）也发表了他的论文，普实克改变了这个看法。他说的是一九一八年到一九三七年间的作品，因为早一点和晚一点的短篇小说我们当时还没有研究。

问：为了研究茅盾，您还和他见过面，也来过中国？

答：是的，我和茅盾总共见了三次。普实克教授认识许多中国作家，也翻译了茅盾的《子夜》，他给我写了推荐信。我和茅盾的第一次见面是在一九五八年九月二十五日的下午，之前他已经读了我毕业论文的一个较长的英文摘要。他有一点满意，也有一点不满意。当时布拉格对茅盾的了解太少，我的讨论也十分有限。我们的见面差不多持续了两个钟头，讨论了一些问题，主要是捷克要出版他的一个选集。我准备翻译他的短篇小说，茅盾同意我选的一些篇目，但是也补充了一些，比如他说他喜欢《自杀》，我打算要翻译的《诗与散文》他却不是很满意。后来这个译本一九六二年顺利出版。这是我们的第一次见面。一九五九年五月九日，我们在北京饭店又一次见面。那次他和老舍在一起，把我介绍给老舍认识，并建议我访问他的故乡乌镇。我可能是第一个去乌镇的外国研究者，在桐乡受到了盛大的欢迎，见到了他的四叔，了解到他父母的情况以及其他一些事情，收获不小。第三次见面大概是一九六〇年六月十一日，我去他住的地方，也见到了他夫人。当时他已读了我的两篇中文文章，特别是关于他笔名的文章《茅盾笔名考》。我很愿意在中国发表，可是，那个时候中国对这样的研究不感兴趣，以为这样的研究是不需要的。但是，文学是个比较复杂的东西，不能够这样马马虎虎地对待它。茅盾读过这篇文章，还作了修改。那个稿子的原稿现在在中国现代文学馆，陈子善教授说很愿意把它发表。

问：也就是说这篇文章写在近半个世纪以前，直到今天还没有和中国读者见面，对吧？您对日期怎么记得这么清晰？

答：我的记忆力还好。那篇文章是一九五九年一月到二月间写的，只发表过英文的，一直没发表过中文的，现在发表也没多大意思了，现在我们知道的笔名比我那时候还要多。在我之前，中国学者大概知道二十五个左右的茅盾笔名，我新发现了差不多三十个。我在文章中指出，这些笔名第一次出现在哪里，出现了几次。茅盾读了文章很高兴，还作了批注，写"这是我的笔名"，"这大概不是我的笔名，我记不清了"。和我通信时还说，"你的工作十分细致，我很钦佩"。

问：那您有没有请他帮忙发表？

答：我请吴组缃教授帮忙，他是我的导师。我问他，吴组缃教授啊，能不能把我的这篇文章发表在《文学评论》上？因为他是《文学评论》的编辑。他说不行啊，现在我们没有兴趣发表这样的文章。当然，这不是他的错，只是文化政策和制度的原因。

问：您刚刚说有两篇文章，那另一篇文章呢？情况也一样吗？

答：另一篇是关于茅盾生平的，茅盾也作过一些修改，甚至还提出一些从前没有提过的观点。不过，一九六三年的中国，情况已经很糟糕了，如果发表出来，很可能会有麻烦。因此，这篇文章一直没有发表，现在也保存在中国现代文学馆。

如果说还有一点价值的话，那就是要了解茅盾研究的发展历程，这会是一个很好的历史的证据，这篇文章也只有茅盾一个人读过。

二、理论与实证

问：昨天您在苏州大学海外汉学研究中心的演讲，批评了现在的中国学生太过于注重理论，而忽略了资料的收集和整理？

答：还有就是太相信网络！我认为，中国人太相信外国的文学理论了，这是没有必要的。你们应该深入研究你们的古代文论，也许慢慢地可以利用外国的东西，将来做出一个新的、系统的理论。当然，还是有一些外国理论是非常重要的，比如俄国的形式主义、西方的叙事学，还有布拉格和法国的结构主义。我个人以为，结构主义以后已经没有很好的理论了。

问：您的研究以资料见长，但还是会用到一些理论，比如在《中西文学关系的里程碑》和《中国现代文学批评发生史》中，就用到了系统-结构理论。

答：系统-结构理论是比较简单的，我也可以用复杂一点的布拉格结构主义。这个理论也有一个缺点，那就是你的研究对象一定要小，研究短篇小说可以，但像托尔斯泰的《战争与和平》，你就没有办法用这个理论研究了。当然，这里有一点是我的发明，马克思主义的文学理论强调政治、阶级等因素，而忽略了最重要的个人理想、个人身份，我就有意把马克思主义的文学理论和部分的布拉格结构主义理论放在一起，形成了一种新的结构。我的理论很简明，每个人都可以理解，不像其他的理论比较难懂，即使有时候理解了，也不能很好地利用它。有一些理论家创造理论，并不是为了运用理论。

问：理论是帮助我们理解作品，而不是阻碍我们进入作品的。

答：当然！不管做什么研究，都应该找一个合适的理论。《中国现代文学批评发生史》就很好地运用了系统-结构理论，对中国的现代批评家作了有效的解释。

问：在这本书中，您为什么选择以作家为中心，而不是以时间的顺序来组织章节，比如说一九一七年出现了哪些批评，一九一八年又有哪些？

答：当然这样做也是可以的，但我还是最喜欢我的方法，因为最重要的是个人。一个批评家，一个理论家，他是独立的一个人，有他自己的系统。假如按照时间的顺序来写，不但比较复杂，而且还不能很好地了解一个批评家的独特性。

问：这本书的书名是《中国现代文学批评发生史》，起点是一九一七年，您为什么没把晚清放进来？我们知道，在文学研究方面，布拉格汉学学派是较早注意晚清文学的，现在的习惯也是把晚清看作现代。

答：我以为这是不对的，那是布拉格汉学学派以及其他一些学者，比如李欧梵、王德威、米列娜他们的看法。我不是很相信这种观点，晚清那个时代是没有现代主义或现代性的，要说中国有现代主义，那是五四运动以后的事了。尽管我不同意他们，但我并没有公开批评他们。我告诉你们，不要随随便便去批评别人，因为你不能很好地知道他们的情况。对于晚清，我以为是已经有一些向现代主义转移的迹象，但总的说来，新的观点不太多，大体上还是传统的。你的问题是很聪明的，你事先读过我的书。

问：对，我读了《中西文学关系的里程碑》、《中国现代文学批评发生史》和《捷克和斯洛伐克汉学研究》这三本书。高老师，我还有一个问题，那就是在《中国现代文学批评发生史》中，为什么有的批评家的篇幅很长，而有的则很短，比如周作人、胡适、陈独秀，他们都很重要，却合起来才占到一个章节，而成仿吾、钱杏邨都是独立的一章，内容也比较多？

答：那个时候研究周作人、陈独秀和胡适都有一些问题，比如周作人有汉奸身份，假如我把他写得很多，那我就不是中国人民的好朋友了。我知道，在我们那里曾经有关于我的谣言，说高利克不是中国人民的好朋友，因为一九七五年，马悦然教授组织了一个关于中国现代文学及其社会背景的学术讨论会，只有我批评了中国对现代作家的政策。我说在中国现在除了鲁迅，其他作家都不受重视，他们生活困难、没有自由。

在由马悦然编辑、一九七五年于斯德哥尔摩出版的《诺贝尔奖研讨会32：中国现代文学及其社会背景》一书中，你可以读到我宣读的发言文字："We who have assembled here, and others who elsewhere study modern Chinese literature of these years, plow in fact in the field of a 'repudiated heritage'. The legitimate heirs, especially in the People's Republic of China, are outside its impact. From the twenties and thirties, nobody whose works would be tolerated, with the exception of Lu Xun, has remained. Thank God, that at least he has found grace in the eyes of the powers that be. It is not, in this case, a certain type of 'critical treason' to propagate Lu Xun as a standard-bearer, to make his works bestsellers? Will not Lu Xun be one of the grave-diggers of the Chinese literary life now being created and especially of the critical atmosphere which controls that life, although it does so by distorting and falsifying Lu Xun?"我这篇论文从未被译成中文，尽管是对中国现代文学的道歉，而在当时的中国我无法做到。

这些句子是在一九七五年十一月五日到七日说的。一九七六年，中国的"文革"就结束了，所以我是预言家，哈哈！我说了这番话以后，领导就说高利克是中国人民的敌人，我有好几年都不能代表斯洛伐克的汉学家到国外去交流。

问：高老师，我读您的《中西文学关系的里程碑》和《中国现代文学批评发生史》，有一个很深的印象，就是整个中国现代文学总是和外国文学、外国文学理论交织在一起，比如在茅盾身上就有左拉、托尔斯泰、歌德等人的影子。您认为他们是在一种对抗性中进行写作，倾向于影响研究，但夏志清教授的《中国现代小说史》则更多的是平行研究。

答：对，中国现代的文学批评家受到的影响是多方面的。夏志清研究中国现代文学有点印象主义，认为有些作品和英国的或者美国的相似，就拿来比较，可是仅仅这样是不行的，你一定要有证据。我可以举个例子，我认为巴金的《寒夜》和左拉的《瑟蕾丝·拉奎因》有关系。巴金总是说他没有读过这篇小说，可是我还是在《中西文学关系的里程碑》里把这两个作品比较了一下。我们俩在一九八六年四月十八日见面的时候，我问他，巴金先生，你的《寒夜》和《瑟蕾丝·拉奎因》很相似，你读过这篇作品？他说，我读过，可是我不喜欢。你知道，有时候喜欢不喜欢并不成问题。虽然巴金说他不喜欢，也有可能他是有一点喜欢的，因为在一九八六年，自然主义在中国并不是那么受欢迎，说现实主义好可以，但自然主义却不行，他会不会有点言不由衷？所以，我们必须注意，写中国现代文学或当代文学的论文应该要有证据，虽然有时候并不需要，比如说莫言的作品和马尔克斯的作品很相似，因为马尔克斯在中国很有名，每个人都读他。

三、汉学与翻译

问：您昨天在讲座中说布拉格汉学学派既是一个“实际”或“事实”，也是一个“神话”。在我看来，“神话”往往会有不真实的地方，您觉得是这样吗？

答：确实是有些不真实的地方。之所以说它是一个“实际”或“事实”，是因为在历史上，布拉格汉学学派曾经非常有名，可是这个学派的经典性著作现在都已经“过去”了，这些著作基本上是这个学派的代表性人物年轻时候写下的，有些是英文的，可惜它们一部分都没有出版，这些研究比夏志清的中国现代文学研究还要早。之所以说它是“神话”，是因为现在很多人其实根本就没有读过这些著作，也没有办法读到，因为它们更多的是用捷克文发表的，没有办法翻译过来，它们的研究水准也不是很高，“神话”也是对其成就的赞扬，甚至它的代表人物普实克也同样是一种“实际”和“神话”。

问：那现在斯洛伐克汉学研究的现状如何？

答：现在在斯洛伐克研究中国现当代文学的专家只有两个人，太少了。这既不是人才的问题，也不是语言的问题，而是我们政府给的钱太少了，不足以支持更多的人参与这项研究。现在世界汉学的中心在美国，其次是在法国、德国、荷兰和瑞典等国家的大学或研究院，它们都有深厚的汉学传统，比如荷兰莱顿大学的汉学研究院就做得很好，柯雷研究中国当代的先锋诗歌很有成就，他的汉语说得非常棒，我怀疑他是不是娶了一位中国妻子。我们以前在北京读书的时候，是不能跟中国姑娘谈恋爱的。

问：哈哈，柯雷太太是荷兰人。他也是在北京学的汉语。您觉得中国现在的发展和变化是您以前想过或预计到的吗？

答：谁也没有想到中国的发展会这么快。我觉得你们的大学现在已经非常好了，图书馆也很好，教学设施也比我们要好得多，我们的大学都是老的建筑，和你们现在的大学根本就不能相比。不过，我们也有一些自己的优势，那就是自由，应该再多一点自由。

问：昨天在与您聊天的时候，您说现在中国的大学老师和知识分子正在变得越来越富有，您觉得现在的中国知识分子与您以前所接触的老一辈知识分子之间最大的差别在哪里？

答：自由，差别也就在这里，以前他们几乎一点自由都没有，现在的空间大多了，尽管还不是完全的。

问：您一直以来都在研究世界文学对中国现代的小说、诗歌、戏剧的影响，比如古希腊的神话与悲剧，欧洲的新古典主义，德国的狂飙突进、浪漫主义等文学运动对中国现代文学的影响，这些文学作品或理论基本上都是通过翻译之后才进入中国人的思想世界的，我很感兴趣的是，您是如何看待翻译在现代中外文学交流过程中的作用的？

问：我认为翻译是非常重要的，我们基本上都要通过翻译才能了解外国文学。不但在中国是如此，在其他地方也是这样。关键问题在于，这些翻译是不是很好的翻译。有的外国原著不是经由原文而是通过第二种语言翻译过来的，比如通过英文和日文翻译成中文，这个过程中肯定会出现一些错误。翻译研究是比较文学研究中一个非常重要的内容，有些人甚至认为翻译研究是二十一世纪比较文学研究中最为重要的一部分。他们可能是对的，但我一直没有研究过翻译的问题。现在翻译学发展得很快，在中国也有很多人。

问：您一定研究过中国作家对西方文学作品或理论作品的阅读和接受情况，那么您觉得在二十世纪二三十年代的时候，当时的中国人对那些被翻译过来的外国文学作品和理论作品的理解情况如何，或者说正确吗？

答：他们有时候是正确的，有时候是不正确的。他们会有误读，但误读也有好坏之分。误读和翻译有关，如果翻译得不好，那就肯定会有大量的误读。学术研究中还有一个问题也很重要，那就是“乱读”，你不能什么都读，这样简直就是在浪费时间。减少这种情况的最好办法就是向自己的老师请教，或向某个方面的专家老师请教，他在半个钟头里就可以告诉你应该读什么书，应该研究什么问题，而这是你自己要花半年或更多时间才能获得的效果。在中国，现在还存在着一个很大的问题，那就是翻译的东西太多了。

问：太多了？

答：是啊，太多了，可翻译得很好的著作并不多。从事翻译的人往往是年轻人，教授们已经不再做翻译了。年轻人常常会犯错误，因为很多情况他们并不了解。二十世纪三十年代的人可以比较自由地研究一些问题、翻译外文著作，可惜很多人现在都不在了，怎么办呢？这过去的三十年其实是太短了，但你们一定会有希望的，因为现在和过去已经很不一样了。一九八七年我参加了第二次中国比较文学大会，是在西安举行的，会上有一些中国朋友问我对中国比较文学的意见是什么。当时参加会议的学者当中，有八九位外国人，他们都一致表扬中国人，还有一位德国教授说你们中国人在四年之内做的事，比我们四十多年做的事情还多。哈哈，当然，中国人很喜欢这种表扬。他们问我的意见，我引用了里尔克的一首诗来回答这个问题。这首诗对我的影响非常大，这首诗是里尔克《致俄耳甫斯十四行》，第一部，第二十二首：

我们是原动力。
但把时间的脚步，
视作小事细故
在永久的持续里。（绿原译）

我想说的是，我的中国朋友，你们在过去四年里在比较文学领域做了很多事情了，但少做些（更完美些）会更好。会上的一位先生写了篇西安大会的回顾，他完全理解我所说的意思，但误把里尔克当成了孔子。他写道，高利克引了句《论语》的名言：欲速则不达。那就是说你们不要“误听”。不管怎么样，你们中国人有希望。拜托，要做孔子想要你们做的。

四、《圣经》与文学

问：我想我明白您的意思了。您后来暂停了关于中国思想史的研究，转向了对《圣经》与中国现代文学的研究，我觉得有点可惜了，因为在海外汉学中研究中国现代思想史的著作并不多，您现在是不是已经完全停止了这项工作？

答：不是完全停止，其实是已经差不多完成了，只是还没有正式出版，可能在将来会出版。关于《圣经》与中国现代文学研究的著作，清华大学的朋友正在翻译，它包括对王国维、鲁迅、郭沫若、茅盾、瞿秋白、冰心和梁实秋等人的研究。我认为这些人在年轻的时候是很有天才的，但到了后来就不是那么好了。这部著作在什么时候能出版，我也不知道，也可能会由苏州大学的季进教授帮助出版，他对这部书有非常大的兴趣。

问：那是什么样的原因促使您去研究《圣经》与中国现代文学的关系呢？

答：一九八八年，我读了王蒙的小说《十字架上》，知道有一些中国人可能会对《圣经》和基督教感兴趣。后来我在美国碰到了罗宾逊（Lewis Stewart Robinson）教授，他曾在香港和台湾工作，写了一部很好的书，叫*Double-Edged Sword: Christianity and 20th Century Chinese Fiction*，后来由中国现代文学馆的傅光明先生翻译成了《两刃之剑：基督教与二十世纪中国小说》。我去美国的时候，罗宾逊先生把这本书送给了我。这部著作对我启发很大。在那之后，我就开始研究基督教的问题，《圣经》在西方国家的影响是别的作品没法比的，它的影响其实也是中国现代文学很重要的一部分。

问：您个人信教吗？

答：是的，我信基督教。

问：我从您的学生雷多闻（Radovan Škultéty）的文章《汉学家马里安·高利克博士70岁寿辰》中了解到，您曾经说过人类应该在《旧约》和《新约》之后寻找“第三约”，以便让宗教、信仰、习俗完全不同的民族能够相互交流、沟通，以促进理解，从而实现人类的和平共处。您所说的“第三约”的具体内容是什么？

答：那是我一九九六年在耶路撒冷参加“《圣经》与中国文化”的讨论会上作的发言。“第三约”与《旧约》和《新约》有很大的区别。《旧约》是上帝与以色列人的一个约定，而《新约》是上帝与基督徒的一个约定，我认为“第三约”应该是与上帝无关，应该没有上帝，因为有很多人并不相信上帝的存在。“第三约”就是呼吁全世界的人民要更好地了解自己，同时也要更好地了解他人，正视差异的存在，要和而不同，整个世界都要和而不同。

问：有意思，我在第一次看到“第三约”的时候，就觉得它在根本意义上与中国传统思想中的和而不同、和谐这些观念有着相似之处。

答：确实是差不多的。

问：那这个“第三约”的提出与中国传统思想中的和而不同到底有没有什么关系呢？

答：它们的内容其实是差不多的，但我在当时并不了解儒家思想传统中的相关内容。如今世界存在着一个很大的问题，那就是宗教问题。我认为犹太教与基督教具有和平相处的基础，基督教与儒家也可以和平相处，但现在最大的问题是伊斯兰教，而且我们也不太了解伊斯兰教，我们需要加强彼此间的沟通和交流。宗教是非常重要的，不管你有没有宗教信仰，你都应该了解自己，假如不了解自己的话，那这个世界将来就会很麻烦。和而不同是你们孔子的思想，我不能说孔子是相信上帝的，但他其实还是相信天和鬼神的。

问：那么在您看来，中国传统的儒家思想在解决当今世界的冲突的时候，还是很有意义的，对吧？

答：当然，这个意义还是很大的，人类冲突的背后往往有着宗教的影子，而冲突的真正原因究竟是经济还是文化或文明，现在还说不清，我对经济并不了解，但我总觉得文化尤其宗教是一个非常大的问题，这个问题处理不好，世界就不会有真正的和平。因此，我们非常需要和而不同，孔子真是一位非常有智慧的人。

问：根据您个人的经验，您觉得现在的欧洲人对中国文化，尤其是以孔子为代表的儒家思想的接受是怎样一种状况？

答：其实是不太理想的，一些孔子学院往往只教外国人学习汉语，这是非常不够的。要对一种不同的文化有深刻的体认，还得学习这种文化中的经典著作，只有这样，并经过一段较长的时间之后，欧洲人才有可能对中国文化开始真正的了解。可惜的是，孔子的思想在欧洲并不是最流行的中国文化，普通读者反而比较着迷于东方的佛教文化。还有一些欧洲的知识分子，比如我，其实也受到过“五四”以及“批林批孔”运动的影响，很长时间里对孔子有偏见，对儒家经典也有隔阂，阅读也不多，因此对儒家思想的认识是非常肤浅的。这种状况一直到最近才逐渐改变，我现在越来越认识到孔子的伟大，他就像是中国的苏格拉底，他们的思想都深深地影响了东西方两种文化。我是基督徒，我不会认为孔子与基督一样伟大，但我相信他所代表的和而不同、和谐等思想是诊治现代文明之间的争端最有效的方式，除此之外，真的找不到其他办法了。

*本篇最初发表于《书城》二〇一〇年第三期。

反思汉学

张隆溪访谈录 / 梁建东

张隆溪，北京大学西语系硕士，哈佛大学比较文学博士。曾受聘于加州大学河滨分校，任比较文学教授。现任香港城市大学中文、翻译及语言学讲座教授。研究范围包括英国文学、中国古典文学、中西文学和文化的比较研究。二〇〇九年获得瑞典皇家人文、历史及考古学院外籍院士荣誉，成为二百五十多年来第三名获此殊荣的中国人。主要中文著作有《二十世纪西方文论述评》、《道与逻各斯：东西方文学阐释学》、《走出文化的封闭圈》、《中西文化研究十论》、《同工异曲：跨文化阅读的启示》、《五色韵母：从两本书开始的神奇旅程》等，英文著作有*The Tao and the Logos: Literary Hermeneutics, East and West*、*Mighty Opposites: From Dichotomies to Differences in the Comparatvive Study of China*、*Unexpected Affinities: Reading Across Cultures*等。

二〇〇九年十一月二十六日至十二月三日，张隆溪先生应苏州大学文学院和海外汉学研究中心的邀请作了三次精彩讲演，涉及中西比较文学、钱锺书的治学方法以及自然和风景观念的形成。张先生在苏期间，我有幸陪同并有数次愉快对谈，收获颇丰。为保持原汁原味，现在整理出来的文稿为谈话实录，未作多余增减。本文是多次谈话中的一部分，主题为对海外汉学的深刻反思。

问：您在美国的时候与汉学家接触多吗？

答：我出国比较早，一九八三年就出去了，在出国之前我对西方的汉学并不了解，几乎没有看过任何汉学家的著作，倒是看过一些钱先生批评汉学家的文章和书评，仅此而已。到了哈佛之后我认识了宇文所安和其他一些汉学家，但我没有上过东亚系的课，他们中有些人可能对我有点意见，哈哈。我读研究生的时候在普林斯顿见到了孙康宜，她让我去耶鲁，在她教的课上讲一次。我后来去了她家，她先生也姓张，与我同姓，我们聊得很高兴。她先生提议我们做结拜兄弟，孙康宜后来还常常与别人说我是她的弟弟，我们一直保持很好的友谊。另外，在哈佛就认识的艾朗诺教授是古文和学问都很好的汉学家，是我很好的朋友。我在美国十多年，认识的人不少，其中研究中国的学者当然很多。张光直先生的高足罗泰（Lothar von Falkenhausen），在哈佛是同学，也是老朋友，现在他在加州大学洛杉矶分校任教。现在在耶鲁的还有苏源熙（Haun Saussy），他是比较文学教授，也研究中国文学，和我从研究生时代开始就是朋友。

问：汉学在西方一直处于学术体制的边缘，它的特殊性在哪里？

答：汉学的特殊性当然就在于中国文化在西方的特殊性。对于西方而言，研究西方的文化传统是学术的核心和主流，而研究中国文化即汉学，不是中心和主流的学问。于是不很懂中国，居然也可以评论中国。一个法国的理论家如果不懂英文却对英国文化大加评论，不懂德文却大肆评论德国文学，这都是不可想象的，可一个西方思想家，像德里达，完全不懂中文却可以作出关于中国文字的大结论来。老一辈的汉学教授，有些不会讲中文，也可以做终身教授，但你能想象在美国大学里，一个研究法国的美国教授不会讲法语，研究德国的教授不会讲德语吗？这是绝对不可能的事情。这背后其实也反映了中西文化之间不平衡的关系。当然，这种情形随着中西之间交往越来越便利，已经有很大改变。研究中国的新一代的学者们，很多人中文都讲得很流利。我认识的汉学家朋友，就有很多这样的人。

问：很多学者在从事研究的过程中，往往会受到一些西方汉学家的强烈影响，面对西方汉学研究成果的大量译介，我们该如何保持清醒的头脑？

答：在改革开放之前，也就是“文革”或更早的时期，我们对西方的汉学是完全不了解的，而且也无暇顾及，当时只觉得西方的研究和我们没有什么关系，或者认为汉学都是资产阶级思想。这是当时的一种偏见，可现在另一种倾向又开始出现了，好像凡是外国人写的书、做的研究就一定是好的。我觉得这两种极端都是不可取的，国内很多人其实完全不了解国外汉学的状况，也完全不了解西方学者关于中国研究的具体情况，这是一种理解上的缺失。

在很多时候，西方学者从他们的角度来讨论中国问题对我们确实有一定的启发意义，因此也有了解的必要；但在另一方面，很多中国人真的有点崇洋媚外，以为凡是洋人说的就是对的，这样的态度完全是错误的。说实话，汉学研究存在着不少问题。当然，不是所有的汉学家都很糟糕，也有很好的汉学家，但总的来说，汉学在西方本来就不是学术的中心，它一直处于边缘位置。打个比方，在中国国内最重要的学问是研究外国的哲学、文学、历史，还是研究中国自己的哲学、文学和历史？研究外国的思想固然重要，但它会是中国学者最主流、最中心的研究领域吗？同样，在西方，西方学者当然首先是研究自己的哲学、文学和历史，这才是他们学术的核心，而汉学是在西方研究非西方的文化，自然就会处于边缘的位置。这是第一点。第二点呢，在汉学家当中，并不是每一位都很优秀。中国的语言、文字、文学都不是轻易就能掌握的，尤其是古文非常难，西方汉学家首先必须得花很多的时间和精力来学习汉语，学习古文，这样造成的一个后果就是他们当中很多人反而对西方自己的文化传统不太了解。汉学家们常常把中国文化当成是独特无比的，因为他们只知道这些。虽然他们是西方人，但不一定就很懂得西方的传统。就像生为中国人，不一定就很了解中国的文化传统一样。还有就是西方人长期以来都非常强调文化之间的差异，很多汉学家往往深受这种偏见的影响，就会自然而然地把中国说成是与西方完全不一样的文化。

相对而言，汉学家是西方人当中最了解中国的，可他们却常常把中国描述得非常奇怪。宇文所安说中国的语言是自然的，中国诗的意义不是通过比喻来表达的，诗人展现的是一个亲身经历的世界。在他看来，“细草微风岸，危樯独夜舟。星垂平野阔，月涌大江流”这样的诗句，是杜甫真站在那道河岸上写的，而华兹华斯描绘的伦敦城，却并不一定是他在某个特定时间、地点见到的实景，因为英文诗的语言并不指向历史现实，而是引向现实之外，晓示的是超越经验世界的某种意义。我可以问，那么“飘飘何所似，天地一沙鸥”是不是杜甫真觉得自己变成了一只鸟呢？你看，他这样的解释方式和很多人认为中国的语言没有语法、中国人没有抽象思维的观点，其内在逻辑是一样的。

所以，汉学家的问题其实很大。我对他们往往也有批评，我们确实应该介绍西方汉学家对中国文学、文化的研究，但与此同时更重要的是我们中国的学者应该首先充分理解自己的传统，然后站在我们自己的立场上去与他们进行平等的对话。我们当然不必一味地反驳他们的观点，处处与他们唱反调，而是要仔细研究他们究竟在什么地方对我们有启发，在什么地方又是错误的。说实话，他们对中国传统典籍的掌握是很难与中国学者相比的，不要老是觉得洋人讲什么都是对的，这是最没有出息的想法和态度。

问：您这一次来苏州给了我很多很棒的启发，您说汉学家不一定懂西方的文化，这是我听过的最过瘾的一句话。

答：我说的是实际情形，不是为了情绪上感觉痛快。说实话，很多汉学家花了很大力气才把中文掌握好，就不太可能对自己的文化有多深的了解。我之所以对史华慈很尊敬，就在于他不但熟悉中国文化，而且对西方文化也非常了解。他是犹太人，对犹太传统了然于心，除此之外，他对西方自韦伯以来的社会学理论也很有研究。他的中文虽然不见得处处都把握得很好，但他在研究中国的历史、思想时，其非常深厚的西学基础为他的研究提供了巨大的支持。他之所以能超过许多其他汉学家的原因就在这里。

问：您这其实是破除了一种长期以来的迷信。

答：我们并不是要轻视汉学家，而是要把自信建立在自己的学术努力之上，最关键的是我们要对西方和东方都有了解才行，做比较研究这是缺一不可的。

问：《走出文化的封闭圈》应该是您比较鲜明地批评海外汉学的文章之一，为什么会有这样一篇文章？

答：这是好多年以前的事。美国刊物《近代中国》的编辑给了我刘康投的一篇稿，让我提供评审意见。我一开始拒绝了。我说我和刘康一样都是从大陆出来的，有大概相同的背景，经历过“文化大革命”，然后才出国的，刘康当时刚刚拿到博士学位，也刚刚开始工作，所以我不太愿意批评他。这个编辑很不解，他说我的这个解释听起来是很中国式的理由，在他们美国人看来，只要不同意某个人的观点，就应该直接批评他，不能因为自己与对方都是同一国家的人或有着相同的背景，就不作批评。没有办法，我只好答应了这个编辑的要求，并把我的批评意见写成了一份报告。后来《近代中国》收到几篇论文，决定与刘康的文章一起发表，并要我也写一篇。这就是我写《走出文化的封闭圈》的缘由。我在那篇文章里对刘康有些批评，但那只是文章的一部分，其他部分批评了宇文所安对中国文学的看法，还讨论了詹明信对鲁迅和中国近代文学的意见。

问：为什么要用ghetto来比喻西方的汉学界？

答：Ghetto原来是指欧洲城市里犹太人的居住区。在基督教占据主导地位的欧洲城市里，犹太人的聚集区往往是孤立而且处于边缘地位的。但我在文章里使用ghetto是取其引申的意义，所以我翻译成“封闭圈”。确实，我所讲的cultural ghetto主要批评的就是西方汉学，其实我这种说法也得罪了很多汉学家。为什么要这样讲呢？因为我觉得汉学界的研究者不太愿意与其他领域的人进行交流，同时他们又老是把中国文化讲得非常独特，好像与西方没有什么关系似的。这样一来，他们反而在西方学界里把自己边缘化了。西方学界主流肯定是研究自己的文学、历史和哲学，而汉学家们把东方讲得那么神秘、难解，好像只有他们才懂似的，于是就一直自说自话，这样反而使得外界对他们一点兴趣都没有，汉学就这样成了一种自我的封闭圈。我是在这个意义上来讲“文化的封闭圈”的。有一些汉学家很不高兴我这种说法，但也有些人认为我讲得有道理。

问：宇文所安先生对中国当代诗歌的评价不太高，您在《走出文化的封闭圈》里对他的这种看法作了些批评，这是当代海外汉学界的一个重要的事件。

答：其实当时不光是我一个人批评了他，李欧梵、奚密都曾经批评过他。宇文对北岛的评价是不公平的，而且他的这种观点与他对整个中国诗歌的看法是有关联的。在他看来，中国诗歌只能是唐朝的诗，现代的中国诗就不是中国诗。他的这种观点是错误的，他显然把中国看成了一个凝固在古代的中国，而现代的中国就不再是中国了。所以，我对他的批评还不光是针对他对北岛的评价，同时也针对他对整个中国诗歌的看法。李欧梵在批评他的时候说过一句很有趣的话："不知道唐诗如果用唐朝时的语音念出来，会是什么样子？"他其实是在讽刺宇文所安连中国话都讲不好，怎么会知道唐诗由唐人读出来是什么样的呢？

问：您在这篇文章里批评了刘康把政治性的文化批评过分地运用到关于中国文学的研究当中，一些海外华人学者的身上确实存在着这样的情况，与此同时，他们对文学本身的问题不太重视，对西方文学的深入研究也相当缺乏，对此我们应该反思的地方在哪里？

答：这其实已经是一种普遍性的现象，而且不是现在才这样的，造成这种现象的原因也很复杂。西方文学本身有一个内容丰富、历史悠久的传统，中国去西方留学的学生要想进入其研究的中心并不是很容易的事，相对而言，在海外研究中国文学或文化要容易些。此外，政治性的文化批评多少也迎合了西方学界对中国学者的期待视野。当代西方的一些学者在研究西方文学、文化时确实会有很强的批评意识，他们的政治性动机也非常明显，但其基本的目的还是维护西方特有的文化、政治生活。西方的学者批评自己的传统文化或现代生活有其内在的必然性，比如说他们对现代性的批评，对资本主义的批评，对环境问题的批评，诸如此类，但问题本身是西方的问题，这些批评也只有在西方语境下才具有积极的意义，可换了一种语境之后，也就是说，当我们把这些批评搬到中国来的时候，它们的积极意义在哪里，现实意义又在哪里？

问：在西方获得成功的与中国有关的艺术作品，从小说《女勇士》、《喜福会》到电影《卧虎藏龙》，甚至动画片《花木兰》、《功夫熊猫》，再到歌剧《图兰朵》，它们都为西方大众所熟知，但在内容上却与中国的现状无关，仍然是在借助异国情调制造关于中国的不真实的神话，这种状况和过去相比似乎没有什么变化。普通的西方民众是不是也深受各种偏见的影响？

答：很多时候确实如此。就在不久之前，大概是二〇〇九年七月的时候，有一位美国作家妮科尔·莫尼斯（Nicole Mones）在《华盛顿邮报》上发表了一篇文章，谈了类似的问题。她写过关于中国的小说，比较成功。她七十年代就在中国生活，先是做生意，后来才开始写小说。她在那篇文章里说自己在中国做生意的时候，也就是在中国开始改革开放之后，很多地方都在修筑新楼、工厂，中国人都提出要带她去看这些新建的高楼，但她却不想看。她喜欢的是拿着相机去农村，拍水田里犁地的水牛和插秧的农夫。她那篇文章的主要观点是，美国人或西方人想看的中国其实还是他们自己想象中的中国，而不是现在的中国或中国的现实。这些年来中国所取得的高速发展，高楼、大厦、工厂、马路这些新的建筑西方人都不想看，他们想要看的是那个正在迅速消失的中国，那个过去的、落后的中国，甚至恨不得看到中国人还拖着长辫子、裹着小脚，他们就想看这个。

西方普通民众的心态基本如此。前些年在美国很火的一些关于中国的影视作品，比如你说的《卧虎藏龙》在西方的票房非常高，可是中国人自己并不见得有多么喜欢。这些电影其实没有什么了不起的，我本人就不喜欢，觉得得奥斯卡奖似乎有些不值得。不过话又说回来，奥斯卡奖也不见得就那么好，而且《卧虎藏龙》比什么《无极》当然又好得太多了。外国人竟然喜欢得不行，觉得充满了异国情调。可见，中西观众中确实存在着不同的口味，西方一般的观众与中国一般观众所接受的东西的确有区别。在西方很受读者追捧的一些小说，比如那部《巴尔扎克与小裁缝》，我并不觉得有那么好；相反，很多中国人觉得好得不得了的作品，在西方却无人问津。这种接受差异是一个不能被忽视的现实，而在我看来，这一现实的真正原因就在于中国和西方在文化上的不平衡。

问：文化上的不平衡是不是也深受其他因素的影响？

答：所谓文化上的不平衡，当然跟中国近代以来整个历史有关，我们一般的大学生或一般的读者对西方文学、艺术的了解，远远超过普遍的西方大学生对中国文学、艺术的了解。我们谁不知道莎士比亚，谁不知道歌德？可是有多少西方学生知道李白、杜甫呢？更不要说陶渊明、苏东坡了，这些名字他们可能听都没有听过。实际上，正是政治、经济力量上的不平衡造成了这种文化上的不平衡。我们愿意了解西方和西方的现实，而一般西方人心目中的中国，还是凝固在过去的、老旧的、异国情调的中国。

现在上海、北京的机场比巴黎、伦敦的还要现代得多，即使是国内一些小城市的变化也非常大。中国人早已经不再拖着长辫子、裹着小脚了，这些完全不是普通西方人所能想象的。我相信随着中国政治、经济的发展，在国际上逐渐拥有更多的空间后，西方人肯定会对中国当代的文化产生兴趣，就像七十年代西方人对日本文化产生浓厚的兴趣都去学日文那样，这个道理其实是一样的。日本成了世界第二大经济强国之后，西方人就开始觉得这个国家非常重要，所以就想去了解日本文化。现在中国也开始逐渐强大，学习中文的人也越来越多。随着人数的增长，文化不平衡的情况就会发生改变。

当然，我们不能强迫西方人来学习中国文化，我们也不能请求他们来学习中国文化，他们真正要来学习的话，就得是自发的。从来没有人拿着枪逼中国人学英语，读莎士比亚，是我们自愿去读的。西方的情况也是如此，当他们自己有这样的意愿的时候，他们就会主动地来了解中国。这个过程也同样需要时间，说到底还是要看中国自身在未来的发展如何。发展得越好，整个情形就会改变得越好，如果再发生什么动乱，再搞个什么“文化大革命”，那就完蛋了。

问：您的学术研究与写作常常涉及不同的论题，但其内在逻辑或立场却是非常坚定的，即反对任何脱离具体语境去抽象地强调差异或类同的做法。您对汉学家的批评是否也同样适用于部分中国学者？

答：某些汉学家错误的根本之处在于把中国看成西方的一个绝对的对立面，中国的一些学者确实也是如此。比如过世不久的季羡林先生，他曾对我很好，我也很尊重他，但他的一些观点带有一种狭隘的民族主义，我是不同意的。季先生经常说中国人的传统思想是天人合一，与自然保持和谐的关系，而西方人则是人定胜天，依靠强力来征服自然，所以现代的各种环境问题都是西方人造成的。因此，他认为只有依靠东方的智慧才能解决西方的现代性问题。我认为这种观点是不对的，其实也是把东西方绝对地对立起来了。季先生讲天人合一，却完全不考虑这种观念在历史上，尤其在汉代由董仲舒提出来的时候，其具体内涵到底是什么。另外，他似乎并不了解西方在中世纪甚至在文艺复兴之后，思想观念中也有很多与天人合一、天人感应相似的观点。

中西对立的观点的害处在于他们把这种差异绝对化了，其实这样非但无助于促进不同文化之间的理解，反而增加了对立。现在的中国和以前相比真是好得太多了，正在逐渐地增强力量，在这个时候我们尤其不能自以为是地宣称“我们中国是世界第一的文明”、“将来是我们的世纪”等诸如此类的口号。现在很多中国人好像突然觉得只有我们可以解救全世界似的，这是不对的，我们的学者尤其不能如此。这种心情其实是对自己的文化没有自信或盲目自信的表现，可中国带有这种情绪的人还不少。

问：可能这也与中国传统的天下观有点联系，把中国当成天下的中心，这种想法现在似乎又开始膨胀了。

答：在晚清的时候这种观念就已经被认为是不对的了，晚清的薛福成就说过，“中国乃世界之中国，非天下之中国”。现在都二十一世纪了，我们很多人的认识、眼界还达不到这位晚清官员的水准，实在是悲哀。

问：国内学界其实需要更多的像您这样来自体制之外的学者的批评，大家都和和气气、共享太平，对学术而言不是件什么好事。

答：我觉得学术上有不同意见和看法，就应该提出来争论而不需要害怕什么，只是这些年我对国内其他领域的学者的著作看得比较少，有时看了也不知道他们在讲些什么，哈哈，我对一些人的批评纯粹是出于学理上的对话目的，而不是为了攻击谁，更不是为了证明自己高明。我们应该对我们不赞成的观点作出适当的回应，如果它们是有意义的话，我们就应该这样去做。就像钱锺书讲“易之三名”，本来是讲《周易》，为什么还要把黑格尔批评一顿呢？因为不这样的话，别人就会说，“你引用的那些西方的资料，根本就是与中国文学风马牛不相及的东西”，所以他必须建立一个论证的基础，要立就要有破，道理就在这里。批评的目的不是要与别人争长短，就像孟子说的：“予岂好辩哉？予不得已也。”批评了黑格尔，并不因此就否定一切，也并不减少我们对黑格尔这位哲学家的敬佩。

*本篇最初发表于《二十一世纪》二〇一一年第一期。

我有我的诗

奚密访谈录 / 董炎

奚密是加州大学戴维斯分校东亚系和比较文学系教授，也是海外知名的诗学理论家、诗歌评论家和翻译家，主要著作有《现代汉诗：一九一七年以来的理论与实践》、《现当代诗文录》、《从边缘出发：现代汉诗的另类传统》、《诗生活》、《芳香诗学》等，主要编译著作有《现代汉诗选》、《不见园丁的踪影：杨牧诗集》（合译）、《二十世纪台湾诗选》（合编）、《海的圣像学：德瑞克·沃克特诗选》等，对于现代汉诗在西方的传播与介绍居功甚伟。

二〇〇八年五六月间，奚密教授应邀访问苏州大学文学院和海外汉学研究中心，并发表演讲，我们趁此机会就欧美学界的诗歌与诗学研究等问题，请教了奚密教授。访谈稿整理出来后，又承蒙奚密教授亲自修改订正，特此说明。

问：奚密老师您好，能否谈谈您最早对诗歌产生兴趣是什么时候？是在什么样的情况下？

答：最早是在初中，最早的兴趣是英文诗。当时台湾有梁实秋编的中英对照诗选，一开始我就是看那些。最早的一本我记得是梁实秋编的《雪莱诗选》。

问：浪漫主义诗歌。

答：那个时候小，不懂什么浪漫主义，只是觉得雪莱这个名字很美，很好听。读拜伦也是这个原因。到了高中，基本上已确定自己喜欢的是诗歌，所以选择了文科。考进台大外文系以后有很多读诗的机会，不仅是课堂上，更多的是自己找来看。

问：您感兴趣的诗歌，后期可能比较偏向现代派，是从比较优美的浪漫主义诗歌开始的吗？

答：现代派其实也很优美，但是一开始的确先接触的是英国浪漫主义，包括后期浪漫主义，以它作为一个诗歌模式。上大学以后，慢慢看得多了，认识了现代主义。但是那时候对英美现代主义的了解相当有限，一直要到去美国念比较文学研究所开始，才比较深入。可以说，我是从浪漫主义入门的，就好像“五四”时期的文学读者一样。

问：您读那些诗歌是因为韵律比较美？

答：除了韵律，还有意象和抒情。

问：和自己身边的事情比较贴切？

答：不见得贴切，反而是有一种美感的距离。浪漫主义还是比较理想主义、比较唯美的，它和中国孩子的生活环境相当不同，但是透过语言，你可以进入那个世界，一直到现在我仍然很喜欢某些浪漫主义诗歌，虽然有些人武断地说浪漫主义很差，其实这是对浪漫主义片面、简单或庸俗化的理解。

问：任何流派的诗歌都有优秀的和非优秀的。

答：对，即使是“五四”以来中国诗人的模仿和转化，也不一定都是差的。现在似乎有一种流行论调，认为只要你是浪漫主义就不好。这是比较偏执的想法。

问：您博士论文题目是《隐喻和转喻：中西方诗学比较研究》，能简单地解释一下吗？

答：隐喻的英文是metaphor，比如说将美人比喻为玫瑰，但不用“像”或“好比”这个词。转喻的英文是metonymy，比如说用帽子来代替一个人。隐喻是一种比喻的关系，但转喻不是，而是用和主体有关的东西来代替它，和提喻synecdoche类似。这些观念都来自西方修辞学。从亚里士多德开始，西方一直很关注修辞学的问题。隐喻和转喻也是西方结构主义的两个重要观念。

问：比如说罗曼·雅柯布森（Roman Jakobson）在《隐喻和转喻的两极》中，认为托尔斯泰用了转喻的手法，写安娜·卡列尼娜自杀时，把注意力集中在她的手提包上。

答：对。例如《诗经》里的“兴”就常常是转喻的意象，而不是隐喻或比喻。

问：您的意思是东西方对转喻和隐喻都有所涉及，能找到共通之处?

答:我认为在中国古典诗传统里,转喻是一个特别普遍的表意方式,而西方诗传统则一再强调隐喻。从一开始,亚里士多德就谈到为什么隐喻那么重要。后来的浪漫主义和现代主义都是如此。基本上,西方传统谈到诗歌的意象时,强调的是隐喻的想象力和知识论的意义。中国古典诗里的转喻却蕴含着触类旁通、天人交感的宇宙观。但是在现代汉诗里,我认为隐喻就变得很重要,这是和古典诗不同的地方。

问:说到现代汉诗,海外的研究情况如何?

答:这可以从两方面来谈,一是翻译,二是研究。这两个方面是分不开的。如果不做翻译,西方读者就不知道你在讲什么。几乎所有研究现代诗的国外学者同时也从事翻译,就和国内英美诗歌学者也同时翻译英美诗歌一样。至于研究的情况,国外专攻小说的人仍然远远超过专攻诗歌的。小说一直都是最受欢迎的文类。其中原因很复杂。其一,西方说到二十世纪的中国文学,很长时间以来都是透过文学来看社会、看政治。早期真正把小说当小说来研究的人并不多。六十年代开始才慢慢地有一些学者,主要是华裔学者,带头研究现代文学的文学性,但是很多人还是习惯性地从小说来透视社会。相对于此,诗是一个比较抽象的文类,不那么容易作为一面镜子,不是说我读了这首诗,就能了解中国政治社会状况。它的反映功能比较低。另外一个原因是,相对于现代小说,现代诗比较难懂。很多研究小说的朋友对诗都抱有一种敬而远之的态度。有的人批评现代诗太肤浅、太幼稚了，有的却恰恰相反，觉得现代诗太艰深、太晦涩了。对海外研究现当代文学的学者来说，诗的确比较难。即使我很熟的研究诗的朋友，虽然已很有成就了但是仍然承认诗很难。

问：以前卞之琳说过，他写完一首诗之后再看都很难理解。

答：的确，诗的文字比较抽象，也比较浓缩，海外研究现代诗的人并不是很多。值得高兴的是，现在年轻的汉学家中研究诗的人多起来了。我想其中一个原因是，七十年代末以前中国是不对外开放的，所以那时候的汉学家没法到大陆来，他们的语言训练多半是在台湾接受的，而且一般待的时间也不长，如果碰到卞之琳、冯至、穆旦等比较深刻的文本，基本上不太愿意去碰。可是随着八十年代以来的开放，来中国的留学生非常多，而且一待就待好几年，甚至有人到北大中文系念了硕士。这些新一代的汉学家，中文程度非常好，比起早期只读古代汉语的汉学家，当然也有例外，他们的口语和书写能力都强得多。有了这种语言条件，他们比较容易进入现代诗，同时也觉得比较有挑战性。也就是说，大家都在研究小说，他们偏选择诗歌。其实，从我的教学经验来讲，美国大学生对中国诗有相当浓厚的好奇和兴趣。除了古典诗，他们对当代诗歌发展的情况也想多了解。美国诗人更喜欢跟中国诗人有些接触。

问：比如说哪些美国诗人？

答：绝大多数的当代美国诗人在读创作班的时候都会读

中国诗的译本。过去多半仅限于古典诗，但是现在也会接触二十世纪以来的现代诗。一般创作班会读各种诗歌的翻译，不仅是中国，还有日本、西班牙、俄国等等。我想，没有一个主修诗歌创作的美国学生没读过中国古典诗，这是从现代主义鼻祖庞德开始建立起来的一个强大的传统。我接触到的美国诗人都对中国诗有兴趣。美国的一些文学杂志，每隔一段时间就会编一期中国文学专号或诗专号。去年《今日世界文学》就出过一期，我应邀写了一篇谈当代中国诗坛的文章，该期也涉及其他文类与电影。像这类专号其实相当普遍，尤其在美国。还有，我认识的诺贝尔奖得主、诗人德瑞克·沃克特（Derek Walcott），虽然不是土生土长的美国人，但是他一辈子用英文写诗，半辈子在美国教创作。几年前采访他时，他说他读过很多中国古典诗的翻译，特别喜欢它的“清澄”。二〇〇一年，他曾接受台北市“文化局”的邀请访问台湾，从那时候起，他才开始注意现代汉诗。

问：就是他台湾旅行之后？

答：对，在访问台湾之前我就寄给他一本马悦然先生和我合编的英译台湾诗选。因为“9·11”恐怖分子袭击美国事件，他的台湾之行推延到二〇〇二年，在那儿他接触到一些当地诗人。由于这次的旅行非常愉快，两年后他再度去台湾一游。所以说，翻译是文学交流重要的一环，而且我觉得现在年轻汉学家的翻译水平都不错，至于研究，也有相当好的成果。

问：那您觉得海外对现代汉诗的研究和我们本土对现代汉

诗的研究，最大的区别在哪儿呢？

答：这肯定会得罪国内的诗评家的！这样说好了，国外是专业学者在从事研究和翻译，他们基本上都在学院里任教。国内一直到近些年，诗评多半是诗人兼诗评家在写，他们不见得具备完整的文学训练，虽然我并不认为没有完整的文学训练就不能够写优秀的诗评，但是这样常常会偏向印象式的批评。说得正面一点，他们是以一种比较感性的文字来写诗评。在国外，我们不会也不容许这样做。他们的文字比较优美，或者表达的方式比较直接，比较过瘾。缺点是缺乏严谨的方法学、清晰的分析角度和充分客观的论证。至于仍时常可以看到的、尤其在网上吹捧或骂人的文字，严格说来不叫文学批评。中西文学传统里都有非常优秀的诗人兼诗评家，他们都具备相当高的学养和严谨的态度。如果有些诗人认为只有诗人才有资格评诗的话，我认为那是不了解文学批评。

问：其实是从两种不同的角度来评诗。

答：非常不同。诗人评诗是中国传统诗话、词话的特点。古典诗话、词话里不乏精辟的见解，只是它不是系统地分析，也就是说，没有方法论的自觉。如果真能写得像那样精辟的古典诗话，那当然很有意义，可是大部分的当代诗评还是偏于印象式的。另外，当代中国诗坛还是比较小。我讲的诗坛是指国外学者关注的非官方诗坛，不是作协的那个诗坛，也就是针对艺术性、语言实验性比较强的作品的研究。从七十年代末到现在，中国诗坛的变化很大，但是我觉得还是以八十年代初期和中期崛起的诗人为主，更年轻的诗人当然很多，但是活跃的多半和那一代诗人的圈子有关。

问：您说的是后朦胧诗人？

答：对，现在诗坛上最强势的还是后朦胧诗人，也就是所谓新生代、第三代，加上年轻的七〇后、八〇后，甚至九〇后。这个诗坛说小不小，说大也不大。作为局外人，我感觉它对纯学术研究或学院式诗评有某种程度的抗拒。笼统地说，新时期以来的诗坛主流一直比较强调草莽性。近十年来，随着越来越多的诗人进入学院，诗坛慢慢地向学院化的方向分流。在某种程度上，我会把二十世纪末的“盘峰论争”解读为草莽和学院两种倾向之间的矛盾，而这种矛盾可以溯源到八十年代中晚期。其实，在今天高度商业化、消费化的文化语境里，真正的草莽是否还能存在都是一个问题。毕竟，草莽还是需要一定的资源，而资源从哪里来呢？很多还是来自商业机制。所谓学院化，是希望把诗歌研究这个学术领域进一步发展起来，得到它体制内应得的资源。这并不是说只有学院才训练得出好的诗评家，但是学养和客观性是必要的。

问：奚密老师，您在《“差异”的忧虑：本土性、世界性、国际性的分疏》那篇文章中，对宇文所安教授将“中国”和“世界”、“民族诗歌”和“国际诗歌”对立提出了异议，其中涉及现代汉诗与中国古典诗歌及西方影响三者之间的关系。您能就大陆和台湾的现代诗，谈一谈它与其他两者的关系吗？

答：其实当时是一个很简单的情况。宇文所安作为中国古典诗尤其是唐诗的权威汉学家，当时对现代汉诗的接触有限，而且是透过翻译，所以得到当时的印象。我不怀疑那是一个坦诚、严肃的印象，可是我在回应的文章中想指出的是，如果你用唐诗的标准来看现代诗，当然会觉得它太不中国、太西化了，更何况很多翻译也无法表达原文的微妙之处。

问：宇文教授说现代汉诗完全继承了西方浪漫主义和现代派。

答：我想，如果读原文的现代汉诗是不会有这样的结论的。现代汉诗当然得到很多外国文学传统的启发，也不见得只限于西欧，比如说俄国或拉丁美洲对现代诗人也很重要。

问：您说的是拉丁美洲的哪些诗人?

答：例如博尔赫斯、聂鲁达等。这些诗人从三十年代开始就被陆续介绍到中国来，像卞之琳是知道他们的。当然每个时期每个诗人对外国诗的接受程度不一样。就算一个中国诗人读过某个外国诗人的作品译本，也很难追溯其影响。也就是说，除非你有具体的文本可以对照比较，不然很难达到确定的结论。我想当初宇文所安说的也只是一个个人印象。一篇短短的书评会造成那么多的讨论争议，是他没预料到的。现代诗当然和古典诗很不一样，它们代表两个不同的美学典范。如果你用苹果去要求橘子，当然觉得橘子没有苹果好。反之亦然。现代诗像橘子，古典诗像苹果，硬要说橘子的滋味为什么不像苹果，那就很好笑了。这是个简单的道理。不过要注明一点，我并不是说现代诗与古典传统之间没有关系。其实它们的关系非常密切，但是我仍然强调它们体现的美学模式是非常不同的。

问：现代诗人写作的时候肯定会受到古典诗很大的影响。

答：即使不是自觉的影响，从语言仍可看出古典诗的影响。现代汉语不管是口语还是书面语，里面容纳、积淀了大量的古典词汇、套语、典故、意象，甚至部分的古典句法我们也还在用。实际上，相对于古代汉语，现代汉语的变化并没有我们想象的那么大。但是，的确在感性和理念，还有修辞方法上，现在的表现跟过去很不一样。

问：更注重自我。

答：不是说古典诗里就没有很强的自我。李白的自我意识还不强烈吗？现代诗里的自我并不是泛泛意义上的“我”，它是从现代环境里衍生出来，跟现代世界的变化分不开的“我”。它是对被压抑的自我有意的挖掘和探索，即使这种挖掘和探索本身是痛苦的，诗人也会坚持做下去。这点跟古典诗的确不太一样。这当然和现代知识及现代世界观有挂钩的地方，例如对潜意识的理解、对社会规范的反抗常常在现代诗里有所表现，这些在古典诗里并非绝对没有。两三千年的古典诗传统，总是会有例外的。但是回到前面所说的，现代诗的美学模式有别于古典诗，其中包括了对自我的认同和探析。

问：是不是古典诗里的自我是属于佛教哲学影响下的，而现代诗里的自我更多受存在主义的影响？

答：也不能一概而论，实际上“五四”时代的诗人对中国古典传统是非常熟悉的，而且也不无传统哲学的影响，例如道家和禅宗。我想语言文化的潜在力量很大，中国诗人不可能脱离那个传统。只要你还用汉语写作，你就不可能不受到儒、释、道的影响。很多观念都早已积淀在你天天使用的语言里面了。所以，现代诗中的“我”倒不是一个完全不同于古代的“我”，也不是说一个熟悉佛家道家思想的人就不能去挖掘那个被压抑的“我”。一个明显的例子就是周梦蝶。大家都说他是现代诗里的“诗僧”，因为他用很多佛家的词汇、意象和观念。可是他诗中的“我”和古典诗里所谓有禅味的超脱无为的“我”还是截然有别的。周梦蝶的“我”充满了内在矛盾和心灵挣扎，一点也不超脱。我们对现代诗的研究其实还在早期的阶段，太多的东西都有待全面的研究。像周梦蝶，大家都人云亦云，他就是禅嘛，就是佛嘛，“梦蝶”本就来自庄子，大家就认为他是很传统很古典的诗人。其实他很现代，他的现代性未必就不能透过古典表现出来。另一个例子是郑愁予。大家都说他早期的作品很古典，又婉约，又豪放。的确，他有婉约的一面，也有豪放的一面，他最为人传诵的作品都带着古典抒情的韵味。去年四月在加州大学圣巴巴拉分校开研讨会时，我提交了一篇论文，谈郑愁予早期作品中的现代性，主要论点是，即使当他用古典的意象时，他的作品还是很现代的。现代诗研究的一个陷阱是，某位诗人的名声一旦建立，就被定型了。

问：用一个框架先把他固定起来，把复杂的问题简单化了。

答：是啊，一讲到闻一多、艾青就是那个样子，实际上闻一多很复杂，艾青一九四九年以前的作品也很多面，不仅仅是爱国诗人。这都是受到文学以外的因素的影响，造成一些简单的结论，然后一直传下来。这就是我为什么说，如果说学院有它的优点，就是学院可以用比较系统的方法把这些观点加以梳理、分析、质疑、推翻。

问：您刚才是从主题上说现代诗和古典诗的渊源，能不能从手法上谈谈现代诗的现代之处，比如您在《现代汉诗》中所说的“隐喻的提升”和“意象的断裂并置”。

答：我想诗归根结底，最重要的还是语言，就是如何运用语言的问题。一旦打破了古典诗的形式，不管是诗、词，还是曲，打破了形式，表意的可能性就增加了很多，甚至可以说是无限的。现代和古典最重要的差别就是现代诗没有形式的限制，句子可以写多长、要不要用标点、用什么样的句型都随便你。这点其实很重要。我过去过多地讨论意象，后来更有兴趣的是语法，语法决定了节奏，节奏也就是音乐性。现代诗被有些人诟病，说它不是诗，这类批评往往针对的是它缺乏音乐性，没法朗朗上口，尤其是比较晦涩的诗。它不押韵，句型又不规律，不像古典诗词容易背诵，你硬要说那是现代诗的缺点也可以，虽然我也知道有人很会背诵现代诗的。我承认古典诗相对来说容易背诵，但这并不是说现代诗就没有节奏，没有音乐性，实际上它是有的，但是你不能指望它靠押韵、对仗、格律等手法来建立音乐性，它有的是一种更放松、更自然、更贴近内在情绪和内心经验的节奏。研究现代诗比较难的地方是，每一首诗的节奏都不一样，不像五绝、排律基本上是固定的，因为形式决定了节奏。每一首现代诗的节奏和音乐性都不同，这很有趣。如何决定一首诗的节奏，要看它的主题，跟要表达的思想建立一种有机的关系。也就是说，如果你要表达某个主题，应该用什么样的节奏来衬托它，体现它，而要造成这样的节奏，又应该用什么样的句型，什么样的结构，甚至什么样的标点。

问：这样对读者的要求更高一些。

答：所以现代诗难就难在这个地方。一般来说，古典诗难是难在它的典故、它的传承，你必须把握这句诗是从前人的哪一句转化过来的，特别是到了晚清，因为已经写了两千多年了，典故越用越冷僻，否则无法表现诗人的独特之处。我想这不是现代诗要做的，因为现代诗最好的地方就是打破了形式的限制，它的表意可能是无限的，但是也因为这样，像你说的，对读者的要求比较高。

问：用最简单的语言，写最晦涩的诗。

答：对啊，基本上是大白话。现代诗中很少看到文字本身是读不懂的，不像《诗经》，今天很多人读不懂《诗经》，如果没有白话注释的话，所以说不是这个问题。我们还是得回到美学模式的问题，现代和古典代表不同的模式。

问：现代汉诗个性、自我的特征，使其不可避免地游移至文化的边缘，您在多篇文章中提到“从边缘出发”，请您谈一谈相对于大陆更处于边缘地位的台湾诗坛的现状。

答：就西方文坛来说，他们所关注的现代汉诗主要是来自中国大陆的诗，近年来台湾、香港以及海外的诗也慢慢受到重视。当然这和翻译有关。二〇〇一年以来台湾举办了几届国际诗歌节，邀请多国的诗人参加，的确发挥了一些作用。国际诗人到了台湾一定会阅读当地诗人的作品，发现台湾有很优秀的诗人。因为这样，台湾诗人这些年被邀请到国际诗歌节的机会也增加了，不管是参加研讨会还是诗歌朗诵。基本上，我觉得大陆诗人和港台诗人之间的接触仍相当有限。除个别诗人外，大部分大陆诗人对港台的诗没有什么兴趣，他们读的比较片面，然后很快就下结论，认为港台的诗不如大陆的诗，当然这是个人的选择。对很多在海外研究现代诗的人来讲，地域之分并不存在，至少我个人如此，有好的作品，我就会去研究它，跟诗人是来自大陆、台湾、香港地区或者海外，没有必然的关系。

问：更重要的是诗作而不是地域。

答：是的。大陆诗的语言和台湾诗或香港诗的语言是不太一样，如果一定要笼统地说，所以这也增加了彼此在阅读和欣赏上的一个障碍。如果你不喜欢、不习惯那种语言，就会觉得不必花时间去读。这点在两岸都看得到。台湾的某些诗人也不看大陆的诗，他们觉得我在台湾写我的就好了。这不是一个简单的政治因素，里面比较复杂，包括文字美感的问题。这点就创作本身是无可厚非的。如果从研究者的角度来说，我觉得我们不应该刻意关注发源地的问题，最重要的是艺术性和原创性的高下。

问：那您觉得台湾诗坛呈现出一个什么样的现状？

答：正好《今日世界文学》今年要出一辑东南亚文学专号，邀我负责台湾部分。我想我会写一篇谈诗的短文。台湾诗坛很多元化，近几年比较有趣的发展方向是随着传统出版市场的萎缩，网络诗日益兴盛。在民主化的同时，诗也走向袖珍化。台湾的文学出版市场非常糟，据说二〇〇七年是有史以来最糟的一年。但是这并不表示就没有人写诗读诗了。近年来台湾冒出了许多很精致的小书店，可能就是一对夫妻热爱读书，尤其人文方面的书籍，所以就开个书店，不定时地办些文艺活动，有些作家过来玩玩、聊聊天。这类书店不算少，吸引了不少文学读者。台湾现在的出版业是M型的，就是两个极端，一边要卖畅销书，另一边是袖珍型的出版圈子，中间的那段基本上已消失了。所谓中间，是卖五千本左右的书，现在很难做。要不就是卖十万本以上，要不就是卖个一两千本。我觉得这个现象很有趣，诗可以在袖珍型书店和出版的环境里做到自给自足。诗已经被边缘化了，但是诗坛似乎还没摆脱来自边缘化的焦虑感，包括对自身定位的焦虑。像“盘峰论争”那样的事件，在某种程度上反映的是，社会文化转型了，诗随着整个文学被边缘化了，诗的读者群萎缩了。的确，诗在八十年代是非常红的，尤其是在校园里。现在不可能再有这种情况。这引发了诗坛的焦虑感：现在大众不爱读诗了，我们到底在干什么？所以才会有这样的辩论，是要走民间路线呢，还是知识分子路线？好像回到民间大家就会读诗了。其实不然，文化模式已经有了巨大的转变，愈来愈朝着消费文化和视觉文化的方向发展，诗不可能再争取到文化代言人的资格或作为文化的主流。有些诗人说，我就写我的，不在乎有没有读者。我觉得那样的态度比较健康。没有焦虑，就可以潜心从事创作。没有焦虑，就不会在乎谁最能代表中国，谁是最伟大的诗人。我讲这些肯定会得罪一些诗人，但是我觉得有些诗人太在意自身的定位和当代的荣耀了。我觉得争这些东西没什么意义，即使争得了一时，也争不了长久的文学史的评价。我曾经听到这样一种言论，大概意思是：我们是代表中国的，我们要好好写诗，你们写不好的人赶快靠一边去，不要丢中国的脸。居然有诗人讲这种狂妄肤浅的话，我觉得很可笑，也很可悲。第一，写诗从来不是一种集体行为，个人不能代表集体，集体也不能代表个人。第二，这种言论仍然没有脱离僵化的政治话语，流露出狭隘的民族主义，甚至是沙文主义色彩。我希望诗坛愈来愈开放开明，而不是愈来愈排挤争斗。

问：诗本来就是个人的行为。

答：我们看到欧美、日本或港台地区怎样变成一个商品社会、消费文化，就晓得诗不必是主流但仍可享有自己的空间，发挥它独特的作用。

问：那您对那种消费式的诗歌，比如说一句诗持什么样的态度呢？

答：台湾过去报纸副刊会登一行诗，公交车上会张贴公交车诗歌比赛的得奖作品。这些都无所谓，让他们去做，没什么不好。但这样的作品很难流传下去。严肃的文学本来就要求专精。如果一个作家希望拥有很多读者，得到很多媒体关注，就不要选择写诗这个专业。就像我们做文学教授一样，在今天的大学体制里面，文学系是不吃香的。要吃香就去念法商或理工，不要来念文学。这是大势所趋。如果要念文学，你就要能甘于寂寞，长期从事学术研究。有的文学学者转到文化研究，这也是原因之一。文学不那么受重视，而文化研究的范围大一点，跟社会的相关性可能强一点，是不是如此很难讲，因为说到最后，我们还是在学院体制里面。说穿了，学院对社会的直接影响也是有限的。在美国，学院制度非常稳固，基本上我们不会有这样的期待，以为在大学里做文化研究就可以改变社会，解决问题。我想说的是，文学研究的学者应该真的认同文学，如果你希望对社会产生什么影响的话，大可以去念更实用的科系。这点跟诗的情况是一样的。大家嚷嚷诗的死亡嚷嚷了这么多年了，诗却没死，尤其在网上，年轻人还是很迷诗的。比如台湾的夏宇，很多年轻人都喜欢她，她的诗集居然可以卖到五千本、七千本。那是很惊人的。台湾那么小，诗又那么冷，她的诗却特别热。还有几位资深诗人，多年来也保持一定的销量。所以这完全看你有什么作品。年轻人天生是诗的读者，就像我当年高中喜欢读诗一样。在那样年轻、纯真、浪漫的年纪，诗是最容易打动你的。我想小说还要隔一层。所以我觉得，只要还有人在写在教，诗就可以一直传下去。

问：您刚才提到夏宇的诗，夏宇作为一个女性诗人是否处于双重的边缘？

答：女诗人的数量的确少一些，可是我不觉得她们被边缘化。台湾有一个女诗人组成的诗社叫“女鲸”，有意识地发扬女性主义的精神。但是像夏宇这样的诗人，非常厌恶别人凸显她的性别。还有一些女诗人也是如此，不希望被局限在一个框架里。当然我们也有《翼》诗刊，专门发表研究女性的作品。

问：请您再给我们介绍介绍当代国际诗坛的发展动态吧。

答：基本上是比较多元，而且全球化的。文化之间交流的机会比从前多了很多，例如翻译和诗歌节这类的活动。这是一个好现象。中文翻译得比较多的当代美国诗人可能是约翰·阿什贝利（John Ashbery）、默温（W. S. Merwin）、加里·斯奈德（Gary Snyder）、罗伯特·布莱（Robert Bly）等。国内也有过翻译但是不多的是语言诗派，因为很难翻译，一旦脱离了英文，意思很难表达出来。语言诗派改变了美国诗的面貌，它以后没有什么主流，各种流派基本上都有人在写。有人回到新古典主义，有人写押韵的诗，有人想超越语言诗派的实验性和解构意义，但基本上还没有脱离语言诗派。美国诗坛也可以看作是一个个小领域的总和，有以族群为范畴的，比如说亚裔诗人、原住民诗人、西班牙族裔诗人等。族群是一个比较普遍的归类法。此外，性别（如女性、同性恋）、主题（如环保、自然写作）等也是常用的范畴。

问：最后，能不能给我们谈谈您对中国当代学界的展望？

答：国内学界和海外已经有了广泛的接触，我希望彼此的交流能更深入一些，同时不要老跟着欧美尤其是美国的潮流走，好比说美国流行什么国内也要流行什么。对做学问来说，流行什么不重要，重要的是你在用某种理论或方法时能走多远，看得多全面，有没有长久的意义、长远的价值。美国学界如此，中国学界同样也存在着一个比较浮的问题，大家都是追新族，生怕落于人后，要表现自己用的是最新的理论，做的是最新的议题。欧洲的理论热一直没有像美国那么热，不会一味追求流行。美国的理论界好像每个时段当红的就是几个人，而在欧洲，理论有很多流派，完全根据自己的理念倾向和研究需要，不会因为某某是当红的理论家就要把他捧着。我认为这是不必要的。到最后，真正有价值的理论必须来自文本，这里的文本是广义的，而不仅限于文学作品，还包括文学史和文化历史社会语境。如果理论不来自深厚的文本，很容易头重脚轻，隔靴搔痒。在美国文学研究的领域里，大家对这个问题有一种自觉，而且有所反思和修正。相对来说，中国文学在欧美学界是一个很小的领域，从事的人很少，反而容易随波逐流，拾人牙慧。我们有时候开玩笑说，别人已经反思完了，我们还在跟着前一个潮流走。学问需要长时间的累积，很难在脱离文本、仅仅靠别人的理论的前提下，留下经得起时间考验的成果。当然，这个问题和体制有关，美国的大学体制并不令人满意，基本上六年得出版一本书，拿终生教职，然后就随便你做不做研究了。你若继续做研究，就评正教授。你若不做，一直是副教授也没有关系。这样外加的时间表对人文学科并不合适，但很不幸，这个体制在美国不可能改变。国内现在越来越照着美国模式去衡量学术生产的速度多快，产量多高。如何在一个不理想的体制结构里尽量把学问做得更扎实、更长远，我想这是大家共同努力的目标。美国学界的突飞猛进固然令人振奋，可是急功近利也的确存在。中国文学研究是一个跨国界、跨文化的学术领域，海外从事汉学研究的学者不可能像过去的时代，不和中国进行直接的交流。今天国内外的交流非常多，彼此影响也非常大。不管是正面还是负面的影响，我们都需要有高度的自觉。

*本篇最初发表于《渤海大学学报》二〇〇九年第四期。

天下中国

王斑访谈录/余夏云

王斑，斯坦福大学东亚系William Haas讲座教授，学术写作涉及文学、美学、历史、国际政治、电影和大众文化。主要著作有《历史的崇高形象：二十世纪中国的美学与政治》、《历史与记忆：全球现代性的质疑》、《全球化阴影下的历史与记忆》、*Narrative Perspective and Irony in Selected Chinese and American Fiction*、*Illuminations from the Past: Trauma, Memory, and History in Modern China*等。一九九七年与二〇〇一年两次获美国国家人文基金会学术研究奖励。

二〇一〇年九月，应苏州大学文学院和海外汉学研究中心之邀，王斑教授专程来苏州作访问演讲，并抽空接受了我们的访谈。记得刘东曾在“海外中国研究丛书”的总序中写道：“中国曾经遗忘过世界，但世界却并未因此而遗忘中国。”可历史的情势果然如此吗？与王斑教授的访谈提供了一种完全相反的意见，即中国立于世界之林，她也致力于拥抱天下。这也是王斑教授在其新作中提出的观念。我们的访谈从这个话题开始，也旁及了他之前的两部著作。王斑教授侃侃而谈，话锋出入于文学、历史、叙事与政治之间。更重要的是，他为那些晦涩的理论叙述提供了一个又一个鲜活的例子。九月的生活，因为这次访谈而陡然变得生动起来，仿若钱武肃王所讲："陌上花开，可缓缓归矣。"

问：昨天您在苏大作了《帝国审美心态和中国研究》的专题演讲，提出了伴随着全球化潮流而到来的审美规范问题，像星巴克、麦当劳这些全球连锁的消费空间，以超历史、去传统的形式呈现，表面上包容一切，自由，平等，惬意，仅关消费，但是背后还是有帝国的硬实力如军事实力作为支撑的，而且其所传递的信息也是极为西化的。如此一来，审美就不能不跟政治扯上关系。您也同时比较了这种审美规范同中国传统的“天下”观之间的区分和联系，指出不能将中国的“大同世界”与此类“资本的世界主义”相混淆。这似乎是您最近关心的议题？

答：过去的三年，我一直在探究世界主义、国际主义，以及中国政治文化的世界性问题，考察了十九世纪末以降的中国是怎样一步一步地走向世界，并自立于世界民族国家之林的。借由这个问题，我想反思革命以及社会主义遗产。我把这部专著命名为“China in the World: Internationalism, Geopolitics, and Aesthetic”，它包含八个章节，目前都已经完成，但仍在修改之中。因为这个研究，我有幸能与各国学者合作讨论中国传统的“天下”文化思路、政治实践及其在国际政治和文化交流融合中的意义。

问：事实上，我们知道，无论在国内还是国外，有关“天下”的讨论都已不在少数。比如约瑟夫·列文森（Joseph Levenson）的《梁启超与中国近代思想》、唐小兵的《全球空间与现代性的民族主义论述》都以梁启超为例，探讨了他的

"天下"观是如何步步缩变为"国家"观的。在这些已有的研究中，以及您同各国学者的交流过程中，对您最富启发性的观念和著作有哪些？

答：关于"天下"的问题，我个人觉得列文森的观点最有意思，值得我们继续推敲和发展。他在当时所提出的许多观念和想法，如今看来，仍有先见之明。这里我指的不是他的《梁启超与中国近代思想》或者《儒教中国及其现代命运》这两本书，而是他的另一本专著《革命与世界主义》。这本书出版于一九七一年，时值中国的"文化大革命"期间。在书中，他探讨了一种名为"共产主义的世界主义"。在他看来，毛泽东所说的"共产主义"和"第三世界"思想，事实上是同中国传统的"天下"观念一脉相承的，即他们所探求的"天下"并非是一个武力的天下，而是道德的天下、礼仪的天下。换句话说，"共产主义的世界主义"关乎的是道德或曰软实力在现代世界的流通和凝聚力。这种解读相当精彩，但也有它的致命伤，就是其背后的论述模式。列文森将中国的社会主义运动看成是对西方自由民主的威胁，这显然是受到冷战思维的影响。我们必须承认，国际主义原本就是社会主义运动的题中之义，它的发展趋势一定是全球化的，因为资本主义全球化了，社会主义为了克服其所带来的种种弊端和灾难也必然要全球化。因此，中国的社会主义实践进程，注定是要在其革命成功之后，团结亚非拉各国，从而去遏制资本主义势力的全球扩张和发展。虽然列文森很清楚地认识到了这一点，但是他却没法给予正面的肯定。这是他的不足，但是他敏锐的地方很多，比如他准确地剖析了国民党之“民族”与共产党之“民族”的具体差别。他说，国民党所提倡的“民族”背后，实际上是精英和官僚主义，或者说是传统和儒家，文化、历史、国粹是它理论的根基，由此，其所汲汲营建的事实上是一种文化民族主义。与之不同，共产党所谓“民族”之中包含着一种类似于民粹主义的思想，即它是建立在最大多数人利益的基础之上的，这正是People's Republic of China（中华人民共和国）的真实含义所在。他追问道，为什么共产主义的文化那么愿意吸收像英国、法国以及意大利文学中那些具有人民性、启蒙性和民主要素的作家作品，例如莎士比亚和巴尔扎克等人，关键的原因就在于共产党并没有完全把“人民”这个概念同一国一族联系在一起，它也指别国别族的人民。换句话说，列文森提出了一个关于“世界性的人民”或曰“世界公民”的观念，但很可惜，他没有将之全面发挥出来。事实上，借助于这个理解，我们可以清楚地解释中国后来的许多文学现象，比如五六十年代的中国文坛，外国文学怎么就顺理成章地成了我们审美的一部分，且毫无突兀之处。不过遗憾的是，整个中国研究领域没有人重视这一点，与此命运相似的还有“中国与第三世界联合”这个概念，它们都具有一个国际性的义涵在里面，但都被忽略了，所以，我觉得列文森的观点很值得再发挥一下。

问：“世界公民”的理念，同梁启超早年所提的“知有天下而不知有国家”的说法比较近似。但问题是，鉴于特殊的历史语境，我们又不能只知有世界而不知有国家，特别是晚清、抗日战争期间，情形更是如此。像刘禾的《帝国的话语政治：从近代中西冲突看现代世界秩序的形成》一书，更是直陈并没有所谓“文明冲突”，有的只是帝国的利益争斗，翻译背后所潜藏的正是民族国家的意志和话语实践。

答：但如果我们只将目光锁定在“国家”这个层面上，会带来许多问题。最直接的一个例子就是，很多人把中国在非洲和拉丁美洲的文化传播解读为一种帝国主义的文化侵略，这里面当然有它一定的合理性，但毫无疑问是片面的。刘禾仍然将晚清视为一个帝国，这是绝对有必要的。梁启超也试图将中国变成一个国家，因为民族国家的世界已经形成了，我们不能老是停留在文明的框架里面。没有国家，我们就无法面对和处理这个世界。但是，在康有为和梁启超那里，国家并不是真正的目的，而仅仅是一种生存的手段。这一点康有为十分清楚，梁启超也是如此，他的《新中国未来记》所传递的正是“天下”的观念，一国既成，然后是万邦来朝。它最终的目标还是世界性。毛泽东也可作如是观，他提天下的治理，带着某种诗意，即“天下”不能是列国林立、列强瓜分的天下，这当中必须有一个伦理、道德的框架来支撑和协调。现在我们提“和谐社会”，同样也包含有这种信息，因此不完全是一句空话。

问：那么同国内的研究相比，例如赵汀阳、罗志田、金观涛、刘青峰等人的研究，您的讨论会有什么不同？

答：总体而言，国内的研究还是流于概念的探讨，以及偏好于发掘东西方概念之间的差异。当然，这些讨论很有必要，但是如果想要把问题说清楚，我们还要纳入历史的视角。詹明信的教导是永远的历史化嘛！因此，我的研究更倾向于实证的和经验的分析，所用的材料基本上是思想史、文化史和文学作品的表述。如果仅仅只是纠缠于概念本身，那么讨论的意义就旁落了，这就好比我们要谈崇高，光讲康德、朱光潜、李泽厚的理解，就会变得很乏味，概念最终还要落实到实践中去检验。

问：每一个语词都有它自己的故事和历史，对它们的探讨必须获得相应的文本支撑。这种思考在您编撰的《革命话语关键词》一书中有着很直观的反映，书名就叫“Words and Their Stories: Essays on Revolutionary Discourse in China”。

答：这本书即将由荷兰博睿学术出版社出版，不少学者和读者都很感兴趣，询问我具体的出版日期。而说到文本，我个人以为，最难的问题是看你能不能从中读出东西。列文森就读出来了，他是通过翻译读出来的。根据香港中文大学出版社出版的《中国现代戏剧图书目录》，列文森仔细地研究了近五十部中国现代翻译戏剧集，通过分解这些戏剧翻译活动背后的动机和目标，他雄辩地揭示了为什么被翻译的是这些作品，而不是其他。回到“天下”的问题上来说，最近我写了一篇有关周立波的文章，探讨鲁艺时期由其主办的“世界文学讲座”为什么受到那么多人的追捧和欢迎。我们知道，当时的整个文化语境是要提倡工农兵文学，主张写社会主义现实主义的文章，而周立波却热衷于解读巴尔扎克、梅里美、司汤达等人。表面上看来，这似乎有点风马牛不相及，但你潜下心去看，会发现周立波从外国文学作品中读出来的价值观念、人民的历史以及历史的运动，都是和启蒙思想、马克思主义、社会主义一脉相承的，他所说的“人民”并不是狭隘的民族主义意义上的“人民”，也不是狭隘的“国民”，排挤、抗拒别国别族的文化创造。电影方面的情况，我最近有几篇文章都在讨论朝鲜战争的视觉呈现问题，其中之一就是《英雄儿女》，这部电影拍摄于一九六四年，彼时世界革命的呼声已日益高涨，虽说影片表现的是五十年代的战争，但是其中有关民族团结和民族交流的信息远远超越了战争的内容，战争场面仅仅占到整部影片的五分之一，剩下的部分都是在讲文艺宣传。通过朝鲜的歌舞和中朝军民之间的互助与鱼水之情，影片传导出一种国际主义的诉求，这种诉求不仅包含了殖民地人民的反殖民斗争诉求，同时也囊括了中国更早的对天下和谐的憧憬。这一点反映到中国的外交政策上就是互相尊重主权和领土完整、互不侵犯、互不干涉内政、平等互利、和平共处的五项基本原则，而具体到社会主义的历史观上就是“人民群众是历史的创造者”，它不再谈精英知识分子，或者说士大夫和天才这一类的概念。

问：我可不可以这样来理解您对“天下”的认知，即中国的文学和文化必须放在一个全球格局的背景中去审视和考察，尽管某一时期或某一时段的文学看起来像是自给自足的，比如延安时期，但实际上，它还是不能脱离与整个世界文学的关系。换句话说，中国文学不只是世界文学的一部分，它本身就包含拥抱世界的冲动和愿景。

答：关于这个问题，毛泽东有过一个很精彩的阐述，他在中共六届六中全会的政治报告中专门讨论了爱国主义和国际主义之间并行不悖的关系。他说："国际主义者的共产党员，是否可以同时又是一个爱国主义者呢？我们认为不但是可以的，而且是应该的……中国共产党人必须将爱国主义和国际主义结合起来。我们是国际主义者，我们又是爱国主义者，我们的口号是为保卫祖国反对侵略者而战……只有民族得到解放，才有使无产阶级和劳动人民得到解放的可能。中国胜利了，侵略中国的帝国主义者被打倒了，同时也就是帮助了外国的人民。因此，爱国主义就是国际主义在民族解放战争中的实施……这些爱国主义的行动，都是正当的，都正是国际主义在中国的实现，一点也没有违背国际主义。只有政治上糊涂的人，或者别有用心的人，才会瞎说我们做得不对，瞎说我们抛弃了国际主义。"

问：按照这个理解，可否说之前的中国研究有点过于倾向要将中国和西方划开，或者说，对中西之间的关系过分警惕。例如周蕾，一提到西方理论，她就自我盘诘，说她使用西方理论是否是在向它的霸权致敬。

答：后殖民论述最大的问题就在于它过于强调身份政治，将整体西方平面化、本质化，认为只要是西方的东西就一定是压制人的，甚至包括文字，只要你使用它，就是在向西方臣服。而事实上，西方的因素是多种多样的，专制霸权只是其中的一面，那些最具批评力和反思力的东西也源自西方，比如马克思主义和女性主义。与此相似的还有少数民族论述。只要一讲到少数民族，就一定是求解放求反压迫的，至于其内部更为血腥、野蛮的族群斗争则一律置若罔闻。此外，还有人民和阶级的概念。所以，概念的具体含义，还是要取决于它在历史上是怎么被使用的。语词总是不断变化，有时候甚至会完全走到它的反面。比如说阶级，现在我们不谈这个概念了，认为它有一种等级歧视在里面。但是，历史上的阶级是中国革命和现代性胜利的法宝。没有阶级一说，革命统一阵线、国共合作就无从谈起。这是一种诉求，一种求解共同利益的愿景。所以，历史的视角一定不能缺失。我们不能离开历史来看概念。

问：这一点很类似您对杜赞奇（Prasenjit Duara）《从民族国家拯救历史：民族主义话语与中国现代史研究》的批评，即我们不能撇开历史的语境来说“五四”的民族主义是一种话语霸权，它抹杀了别样的史迹和势力。“五四”话语也是在全面的社会动荡和帝国主义入侵的情况下，同其他话语相互竞争，才逐步赢得支持，成为主导话语的。换句话说，它自身包含了一个经典化的过程，而非一开始就是经典。

答：所有的话语都有一个崛起的过程，阶级也是如此。我们不能因为它将农民视为落后的、工人是先进的，就认为它很残酷、有偏见。试想，要是没有这种“先进-落后”的预设，“提高阶级意识”一说从何谈起呢？也正是因为有了阶级的假设，中国革命才有了目标和动力。这当中的辩证关系，毛泽东阐述得很清楚，可惜文学领域中没有人认真去研究它。

问：这么看来，您对“天下”的研究之中，还有一种很强的学科史反思意识在里面，即文学研究不可能是纯审美化、中立化、客观化的东西，它总是和政治或其他社会因素扭结在一起，还有就是，政治论述也可以成为文学研究的对象，如毛泽东的思想。

答：我所反思的内容主要包含两个方面，一是对美国学界冷战思维模式的检讨，二是对中国完全“告别革命”的质疑。刘再复和李泽厚提出“放逐诸神”、“告别革命”，将整个历史作了“政治-审美”的截然划分，但我以为这种断裂太过突然，好像整个时代可以在一夜之间幡然醒悟。要知道，革命的东西不一定是荒谬的、廉价的，毕竟它也培养了整整一代人。即便是将五六十年代的电影，像《青春之歌》、《白毛女》拿到美国的电影院去放映，它也激励和鼓舞了不少人。原因就在于这里面有一种普遍的追求在，比如对正义的求索。因此，我们不能用冷战的思维来处理这些共同的诉求，片面地认为东西之间一定是抗衡的，革命电影只是共产党的政治宣传，将文艺混同于政治。而反过来看，文学与艺术的纯审美化，则是两三百年以来资本主义发展的后果之一。愈趋精细的社会劳动分工和学科设置，使得艺术与社会区隔、认知与审美隔离、道德与法律无涉，好像审美的东西可以无关历史，可以完全摆脱改造社会的现实使命，从而成为一种纯粹的装饰，或者变为神秘的天才创作。

问：所以，您的研究倾向于谈实践。在“审美”的背后发现“帝国”的影子，在“帝国”的观念里又见证“天下”的诉求，从而铸就出一种张力十足的“帝国审美心态”和“天下中国”的理念。

答：在“天下”这个问题上，我主要倾向于谈它的道德实践，即康、梁以降的所谓大同世界，以及从乱世到平世的期待，是如何借由文化间的交流与文明的融合达成的，而非通过诉诸武力、列国纷争。其中，也涉及一些概念和定义上的探讨。我的做法是追查这些具有普遍性的概念是如何在特殊的论述语境中形成的。不过，这里面有一个很大的问题就是，概念与实践之间永远是有距离的。美好的设想也可能流于空谈。比如，康、梁提出的民德、民利，这在很大程度上是受到卢梭共和论、公民论的影响。在他们的期待中，真正的公民应当是超越一乡一党一国的利益，而探求一种公的境界、公的利益。他们能将心比心，摆脱个人的利益纠缠，而考虑他人。用孟子的话说，就是“与民同乐”。这是一个完美的道德境界，可是毫无疑问在实际操作上困难重重。到最后，我们还是要说“中国公民”或“法国公民”，这就成了一个矛盾的统一体。既为公民，就意味着超越了狭隘的民族主义，但冠以“中国”、“法国”，最终又回到了审美的利害关系上。

问：“帝国审美”就是这种利害关系的表现之一。您谈“帝国”主要是想借它表明什么，还有这个概念同时下流行的后殖民研究之间有什么关联？

答：后殖民的研究不太喜欢使用“帝国”这个概念，对它背后结构性的因素关注较少，探讨的多是软实力的问题。虽然它对霸权意识十分警惕，也在不断地反抗。但是，我觉得我们还是要对整个世界的体系和地缘政治有所把握。除了软实力，也应看到硬实力的作用，包括它的外交政策和外交策略。一旦我们注意到这一点，就不会草率地将朝鲜战争理解成“中国和朝鲜打美国”这个简单的意象，而是帝国主义试图立足东亚，拓展全球势力这一深植于资本主义发展的长远战略目标。换句话说，朝鲜战争并不是一个孤立的事件，它是两三百年来资本主义霸权发展的一个必然结果、一种突出表现。所以，后殖民的理论认为使用身体、文化表演或者模仿就可以颠覆它，事实上，并不是这么简单的。

问：如此看来，“帝国审美”根本就是帝国主义的一部分，它并非资本的全球流通所带来的一种普世情感，而是一种被规范的话语。如果说，“审美”是在寻求本雅明意义上的“灵韵”，那么，“帝国”就是韦伯所说的“祛魅”了。

答：对，祛别人的魅，并把自己的魅放进去。一个典型的案例就是，他们认为伊斯兰妇女只有摘除了面纱，穿着西方的服饰，才能算得上是真正的解放。在当代，整个西方世界仍然牢牢地占据着全球的话语权。我们总是觉得美国的媒体很自由，但实际上它被操控得很厉害。而且，很重要的一点是，美国人缺乏公民意识，他们对国家，对政治，特别是对大一统的问题，并没有多大的热情和关切。就我个人的教学经验而言，美国的研究生关心的只是学科内的知识，即那些非政治化的表述，像身体、表演等等，相反，中国的学生对民族、国家表现出相当大的热忱，包括作家在内，他们都在不断地思虑中国该如何进入国际社会。从这个意义上讲，文学是政治的一部分，或者说，文学本身就是一种政治。尽管刘锋杰对《历史的崇高形象》一书的讨论点出了“文学如何想象政治”这一题旨，但是，他可以进一步推敲什么是我们想要的政治，即政治作为一种建构新世界的行动和努力。政治实际上是在营建一个能让大众参与其中的社会环境，一个畅所欲言的公共空间，它并不是等级的压迫。等级可能避免不了，但是有等级不见得就有压迫。我们需要这样一个环境，来申说自己的不同遭际，改变自身，同时也改善人际关系，而文学必然在当中起着至关重要的作用，它改变着整个社会的伦理氛围，让不同的人体验到农民工、下岗工人以及其他社会方方面面的生活和情感。由此，文学就是一种政治行动。

问：文学锻造了一个“想象的共同体”，也形塑了一个话语的公共空间。既然谈到了您的《历史的崇高形象》，那我们就说一说这本书的情况吧。这本书好像受到了很大的欢迎，您当初是基于一种什么样的因缘来讨论整个二十世纪中国美学与政治关系的？

答：这本书会受到欢迎，完全在我的意料之外，而且有趣的是，左、中、右各派的人都对它表现出很大的兴趣。这本书是一九九七年出版的，动笔是在一九九一年。最初我只是对朱光潜、蔡仪、李泽厚、刘纲纪等人的美学思想比较喜欢，同时也读一些英美小说。可以说，那个时候完全是将美学视为一种纯学科性的知识、文学也是一种纯审美性的文本来认知的。但是，就在我一九八八年到达美国留学后一年，中国社会发生了巨大的变动。这对我的震动很大。于是，这就有了文学与政治这个选题，但我当时理解的政治是很肤浅的，将它等同于压迫和洗脑，于是，崇高也就几乎成了专制的代名词。正是从这个假定出发，我又进一步阅读王国维、鲁迅等人的作品，发现历史上的崇高有着完全不同的面相。王国维探求的崇高，目的在于建立一个能抵御西方列强的国家，而鲁迅的《摩罗诗力说》则提出“立意在反抗，指归在动作”的题旨。在这里，崇高又成了一种战斗力。此外，也有所谓“国家政治美学”，比如“文革”和李泽厚的某些论述。这种美学的意识形态在某种层面上是绝对必要的，因为它统摄人心。

问：但恰恰有关“文革”的讨论在中译本中被抽掉了。

答：如果审阅的人仔细读过这一章，那么他会发现，我讲的非但不是“文革”的专制，相反是要谈它的大鸣大放、打开闸门。

问：有点王朔《动物凶猛》的意思。

答：但美国的学者就特别喜欢这一部分，因为很多人对中国的记忆还是六十年代，学生放任、自由。所以说，凡事都有两面，我们不能只执一端。样板戏也是如此，它有“洗心革面”的部分，也有“万众归心”的内容，两面都要点出来。现在很多人做革命文学，认为里面从头到脚都是政治管束，所有的写作都是在宣扬政治文化。

问：孟悦对《白毛女》的解读有这个倾向。

答：她通篇都在谈“制造神话”的问题，但我个人觉得，革命不能没有神话，而且有神话也未必就是思想控制。整个现代历史就是一个造神史，鸳鸯蝴蝶派也好，新文学也好，他们都是在制造自己的神话。这个神是他们自己的神，因此，这种制造不完全是盲目的、没有目的的。陈小眉对样板戏的解读也有类似问题，她解读革命文学经典常常很重视健康向上的意义，然后又指出其政治压迫和后果。辩证地看，正面和反面在历史上它们是有必然联系的，两者不能割裂开来看。崇高也是如此，除了从概念上来区分，还要从历史的关联上来看。概念总是多面的，像丑恶的东西同时也可以是崇高的。比如残雪的小说写得十分恐怖，魑魅魍魉，人不像人，但是，恰恰是这种荒谬，在八十年代的政治教条压力下，就变成了解气的东西，使长期受压抑的人得到了一种发泄，令人震慑。我甚至能从中读出鲁迅所说的黑夜里的疯子突然大笑。这种东西要比王朔式的调侃更有力度。

问：您的另一本著作《全球化阴影下的历史与记忆》同之前香港牛津刊行的《历史与记忆：全球现代性的质疑》有什么不同？作了哪些修改？

答：最后一章，也就是关于“冷战记忆，帝国审美与中国研究”的内容是新写的。在行文中，我探讨了“作为资本形象的电影”问题，例证之一就是一九九八年由彭小莲导演的《上海纪事》。这部影片可以见出中国人的自我形象，显示与世界接轨的想象，试图以西方的发展观认识自己。我们只需比较一下它与经典影片《霓虹灯下的哨兵》，就会发现，整部影片完全消解了在上海解放过程中发挥巨大作用的解放军、工人、市民的形象，而解读为一个“资本女儿”力挽狂澜拯救上海经济脱离困境的故事，变成了“我”对国际资本、经济管理精英的偶像膜拜。

问：这就牵涉历史与叙事的问题，内中关联千丝万缕，异常繁杂。

答：但有一点可以肯定，叙事不可以妄意而为，历史也非我们手中任意拿捏的玩物。我之所以在昨天的演讲中把《霓虹灯下的哨兵》和《上海纪事》并举，就是想通过它们之间的差异，点明历史叙事中的形象转变问题。这个方法是我从埃里希·奥尔巴赫（Erich Auerbach）那里学来的。他总是通过一小段与另一小段间的对照来阐释文本，不仅直观清晰、自然流畅，而且发人深省，比如他对司汤达和巴尔扎克的解读，就使我们清楚地看到不同时代间的现实主义的关联、差异和演变。我自己也做过一个小的实验，就是借四部电影来谈爱情与政治间的多元纠葛关系。第一部是《聂耳》，影片中有一段是讲他和女友在上海龙华塔上告别，展望一个新的国家，是非常政治化和激情化的爱。第二部是《早春二月》，淡淡氤氲，整个基调非常柔和，是好莱坞式的爱。第三部是《芙蓉镇》，讲两个人扫街时的爱情，然后是性爱。最后我回到张艺谋的《我的父亲母亲》，这部影片关注乡村和儒家道统，讲述了一个为教育献身的故事。通过将这四部类型、风格、时代完全不同的影片放在一起，我发现了许多以前没有注意到的东西，领会到这当中的内容是非常丰富的，而且爱与政治的模式也不是一律的。

问：刘剑梅的《革命与情爱：二十世纪中国小说史中的女性身体与主题重述》这部书，用的就是类似的方法，她探讨了"革命+恋爱"这个公式在不同时代、地区间的变奏问题。事实上，在中国文学中似乎有这样一种传统，就是政治总是借着爱情来发力。从《桃花扇》到《玉梨魂》，再降至后来北岛的诗歌，都是这样，好像成了一个第三世界的政治寓言。

答：情感总是和一定的社会关怀联系在一起。纯粹的个人情感不是没有，但有时候，这种情感之所以纯粹，之所以私密温馨，恰恰在于它试图回避政治，其纯粹性恰好来自对抗污浊的世界，《芙蓉镇》就是如此。所以，情感问题的探索不能抽离整体社会而存在于情感结构中。还是毛泽东的老话，世上决没有无缘无故的爱，也没有无缘无故的恨。

问：这就是您反复强调的人是政治的动物，他的日常生活和情感表达都可以成为一种意识形态和审美对象。最后，感谢您能接受我们的访谈，谢谢！

*本篇最初发表于《东吴学术》二〇一一年第一期。